Uni-Taschenbücher 395

UTB

Eine Arbeitsgemeinschaft der Verlage

Birkhäuser Verlag Basel und Stuttgart
Wilhelm Fink Verlag München
Gustav Fischer Verlag Stuttgart
Francke Verlag München
Paul Haupt Verlag Bern und Stuttgart
Dr. Alfred Hüthig Verlag Heidelberg
J. C. B. Mohr (Paul Siebeck) Tübingen
Quelle & Meyer Heidelberg
Ernst Reinhardt Verlag München und Basel
F. K. Schattauer Verlag Stuttgart-New York
Ferdinand Schöningh Verlag Paderborn
Dr. Dietrich Steinkopff Verlag Darmstadt
Eugen Ulmer Verlag Stuttgart
Vandenhoeck & Ruprecht in Göttingen und Zürich
Verlag Dokumentation Pullach bei München

Herbert J. Klausmeier
Richard E. Ripple

Moderne Unterrichtspsychologie

Band II
Lernen im Unterricht

Übersetzt von Christine und Wulf Weinmann

Ernst Reinhardt Verlag München Basel

KLAUSMEIER, Herbert J., lehrt an der Universität Wisconsin, USA, als o. Professor
RIPPLE, Richard, E., lehrt an der Cornell Universität, USA

Titel der Originalausgabe:
Learning and Human Abilities
Educational Psychology, third edition

ISBN 3-497-00737-4

Printed in Germany
Einbandgestaltung: Alfred Krugmann, Stuttgart
Satz und Druck: Ilmgaudruckerei Paffenhofen/Ilm
Aufbindung: Sigloch, Stuttgart

Vorbemerkung

Die in erster Linie als Lehrbuch für Studierende an Pädagogischen Hochschulen gedachte *»Moderne Unterrichtspsychologie«* erscheint in vier Bänden, die inhaltlich aufeinander abgestimmt sind.

Band I Lernen und menschliche Fähigkeiten
Band II Lernen im Unterricht
Band III Lernen und Lernerfolg
Band IV Forschungsmethoden und Meßverfahren

Jeder Band enthält ein Namens- und Schlagwortverzeichnis, sowie den jeweiligen Kapiteln zugeodnete weiterführende Literaturangaben. Soweit Übersetzungen greifbar sind, wird auf diese verwiesen; ebenso ist die wichtigste deutschsprachige Literatur vermerkt. Zusätzlich enthalten die Bände I, II und III am Ende eine entsprechende Einzelbibliographie. Die Kapitel der 4 Textbände sind durchgehend unterteilt, um Verweise zu vereinfachen und dem Leser eine schnelle Orientierung zu ermöglichen. Die zwischen die einzelnen Kapitel bzw. Unterkapitel eingeschobenen Fragen (Kursivdruck!) sollen dem Studierenden die Zusammenfassung und Vertiefung der wichtigsten Informationen erleichtern.

Frau E. Troschke, München, danken wir für die Übersetzung von Kapitel 6 des vorliegenden Bandes.

Die Übersetzer
C. & W. Weinmann
Institut für Kinderforschung
und Unterrichtspsychologie
der Universität München
8 München 60, Wehnerstraße 23, Telefon 88 44 42

Inhalt

4. Erziehungs- und Unterrichtsziele

Viel von dem, was in der Schule zu lernen ist, wird nicht von Lehrern, sondern von anderen Personen entschieden. Hierfür gibt es einen einfachen Grund: Viele Lehrer wissen nicht, wie Lernziele konstruiert werden, oder ergreifen nicht genügend Initiative, um sie zu formulieren. In diesem Kapitel nehmen wir daher eine ausführliche Besprechung von Lernzielen vor, die ja eine wichtige Komponente des im Kapitel 1 des I. Bandes dargestellten Unterrichtssystems ausmachen. Zunächst beschreiben wir Merkmale von Lernzielen, damit klar wird, auf welche verschiedene Art und Weise man Lernzielaussagen formulieren kann. Als nächstes geben wir einige Beispiele für Erziehungsziele an, um zu zeigen, welche globalen Zielvorstellungen manche Einzelpersonen und Gruppen im Hinblick auf die öffentliche Erziehung haben. Danach gehen wir auf Unterrichtsziele ein, um denen, die diese speziellen Lernziele formulieren müssen, eine Hilfestellung zu bieten.

4.1 Merkmale der Lernziele

Ziele innerhalb der Schule werden von vielen unterschiedlichen Personen und Gruppen formuliert, hauptsächlich von Philosophen, die Erziehung als wichtigen Teil der gesamten menschlichen Erfahrung betrachten, von erziehungsinteressierten Laien und von Personen im Bereich der Erziehung, die nicht Lehrer sind (*Ammons*, 1969). Die Ziele werden aus verschiedenen Gründen formuliert; es gibt also nicht nur eine einzige beste Zielformulierung. Abb. 4.1 zeigt, wie Ziele entsprechend der folgenden vier Merkmale variieren können: Zweckbestimmung, Lernergebnisse, Genauigkeit und Detail. Wir wollen auf diese vier Merkmale nun näher eingehen.

4.1.1 Zweckbestimmung der Lernziele

Lernziele werden mit einer vierfachen Zweckbestimmung verfaßt: (1) zur Information und Beeinflussung unterschiedlicher Bevölkerungsgruppen; (2) zur Bereitstellung von Richtlinien für Entscheidungen in bezug auf allgemeine Erziehungsprogramme innerhalb eines Schulsystems oder einer Schule; (3) zur Bereitstellung von Richtlinien für Lehrerentscheidungen in bezug auf ein Unterrichtsprogramm für einen oder mehrere bestimmte Schüler; (4) zur Angabe genauer Informationen über die inhaltliche Seite von Tests und Unterrichtsmaterialien, speziell in bezug auf programmiertes Material. All dies sind legitime Zweckbestimmungen von

Lernzielen und beeinflussen wesentlich die Art von Lernzielaussagen.

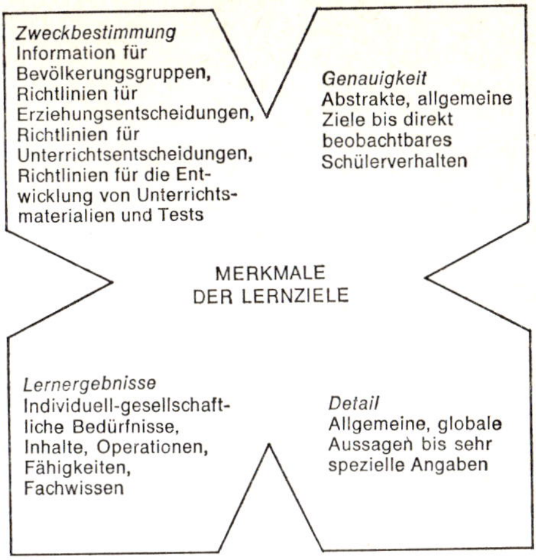

Abb. 4.1. Merkmale der Lernziele

Information von Bevölkerungsgruppen

Es gibt hauptsächlich drei Personengruppen, die mit der öffentlichen Erziehung zu tun haben, jedoch nicht unmittelbar für den Unterricht eines bestimmten Kindes bzw. einer Gruppe von Kindern verantwortlich sind, nämlich außerschulische Regierungsstellen, die das Geld für Schulen bereitstellen, Eltern, die besonders daran interessiert sind, was mit ihren Kindern geschieht, sowie Lehrpersonal, das mit Zielen befaßt ist, die über ihren eigenen Fachbereich hinausgehen. Bei den für diese Personengruppen verfaßten Zielen handelt es sich gewöhnlich um Kurzaussagen von sehr allgemeiner, interdisziplinärer Natur.

Auf dieser Ebene werden Ziele ganz allgemein und etwa wie folgt beschrieben:

Förderung der intellektuellen Entwicklung aller Kinder und Jugendlicher,
Befähigung der Schüler zu wirtschaftlicher Unabhängigkeit,
Entwicklung tatkräftiger Staatsbürger,
Förderung der sozialen Entwicklung und effektiver menschlicher Beziehungen,

Aufbau eines moralischen und ethischen Charakters,
Erreichung individueller Selbstverwirklichung.
(Bebell, 1968)

Auf dieser sehr allgemeinen Ebene kann ein Erziehungsziel durch zusätzliche Informationen erläutert werden. Nehmen wir beispielsweise die folgende Empfehlung 10, die wir aus 33 von der *National Education Association* (*NEA* 1963) gemachten Empfehlungen herausgreifen. In ihr geht es um die Rolle der Schule bei der intellektuellen Entwicklung, dem ersten Ziel in der voranstehenden Liste, nur wird hier näher ausgeführt, was man unter intellektueller Entwicklung versteht (die angeführte Empfehlung wird in der *NEA*-Veröffentlichung, der dieser Abschnitt entnommen ist, näher erörtert).

Empfehlung 10

Hauptanliegen der Schule ist der Unterricht in Fertigkeiten wie Lesen, Aufsatzschreiben, Zuhören, Sprechen (sowohl der Muttersprache als auch von Fremdsprachen) und Rechnen ... weiter geht es um kreative und disziplinierte Denkmethoden, einschließlich der Methoden der Informationsbeschaffung und der Anwendung von Wissen ... um die Fähigkeit zu selbständigem, unabhängigem Lernen ... um eine grundlegende Bildung in den Geistes-, Sozial- und Naturwissenschaften sowie der Mathematik ... um Verständnis in Literatur, Musik und Malerei ... um Unterricht in hygienischer und körperlicher Erziehung.

Es gibt Bildungsaufgaben, die von der Schule am besten zusammen mit anderen sozialen Einrichtungen erfüllt werden können: die Entwicklung von Wertvorstellungen und Idealen ... soziale und staatsbürgerliche Kompetenz ... Berufsvorbereitung.

Die Entscheidung darüber, welche Schulfächer bzw. außerschulischen Aktivitäten aufzunehmen oder auszuschließen sind, sollte sich an folgenden Kriterien orientieren: (a) den Prioritäten der betreffenden Schulen oder anderen Einrichtungen; (b) Daten über Lernende und Gesellschaft sowie dem neuesten Forschungsstand der akademischen Fächer; (c) den der jeweiligen Schule und Gemeinde zur Verfügung stehenden Personal- und Sachmitteln. (*NEA*, 1963, S. 126)

Aussagen wie die zwei oben zitierten sollen zeigen, welches Ideal die Schulen nach Meinung bestimmter Personen anstreben sollten, darüberhinaus dienen sie dem Zweck, die Unterstützung eines großen Teils der Bevölkerung für die öffentliche Erziehung sicherzustellen. Einer der Gründe, weshalb man in manchen Fällen nicht ausführlicher wird, liegt darin, daß man sich dadurch eine weiter gestreute Unterstützung erhofft. Jedermann wird wahrscheinlich darin übereinstimmen, daß es die Aufgabe der Schule sei, die intellektuelle Entwicklung aller Kinder und Jugendlicher zu fördern. Man kann jedoch verschiedener Ansicht darüber sein, ob alle Schüler eine Fremdsprache fließend beherrschen lernen, sich in Mathematik bis hin zur Trigonometrie und ähnlichem auskennen sollen.

Bereitstellen von Richtlinien für Erziehungsentscheidungen

Krathwohl (1965) hat Lernziele auf drei für Erzieher notwendigen Operationalisierungsebenen beschrieben. Die abstrakteste Stufe enthält allgemeine Aussagen von der Art der Empfehlung 10. Für Erzieher, die mit der Abfassung von Unterrichtsprogrammen für alle Schüler vom Kindergarten bis zur Höheren Schule beschäftigt sind, bieten solch allgemein gehaltene Aussagen eine Hilfe.

Auf der nächsten Ebene sind genauere Lernzielangaben in Form von Verhaltensbeschreibungen notwendig. Man könnte in Verbindung mit der Empfehlung 10 in bezug auf Lesen und Rechnen genauere Lernzielangaben darüber formulieren, was die Kinder in der Anfangsphase lernen müßten:

Jedes Kind erkennt 250 geschriebene Wörter.
Jedes Kind schreibt die Zahlen von 0 bis 100.

Vermutlich wären Lehrer nach sorgfältiger Analyse von Lernzielen dieser Art in der Lage, Unterrichtsprogramme zu organisieren und Tests oder Bewertungsverfahren zu entwickeln.

Auf der dritten Ebene werden noch weiter operationalisierte Lernzielangaben benötigt für Personen, die zwar keine ausgesprochenen Fachleute sind, jedoch mit der Abfassung von Unterrichtsmaterialien und Tests zu tun haben. Beispielsweise wäre es Aufgabe des Fachmannes, die entsprechenden 250 Wörter genau anzugeben und darüberhinaus festzulegen, in welcher Reihenfolge diese im Unterrichtsmaterial vorkommen. Mit dieser Information versehen könnte auch ein Nichtfachmann Unterrichtsmaterial schreiben bzw. Tests entwickeln.

Bereitstellung von Richtlinien für Unterrichtsentscheidungen

Wir empfahlen in Kapitel 1 des I. Bandes, daß Lehrer und anderes Unterrichtspersonal, das unmittelbaren Kontakt mit Schülern hat, auch die Verantwortung für die unterrichtlichen Lernziele eines jeden Schülers tragen sollten. Auch die Schüler selbst können an der Formulierung von Lernzielen auf dieser Ebene teilnehmen. Allerdings brauchen Lehrer nicht jedes Jahr völlig von vorne damit anzufangen, sämtliche Lernziele für jeden einzelnen Schüler aufzustellen. In jeder Schule sollte sich vielmehr mit der Zeit ein detaillierter Satz unterrichtlicher Lernziele ansammeln, den jeder Lehrer begutachtet und ergänzt. In jedem Jahr sollte jeder Lehrer zur Weiterentwicklung dieses Lernzielsatzes beigetragen haben. Hieraus können Lehrer und Schüler jeweils geeignete Lernziele entnehmen. Beispielsweise können Schüler und Lehrer innerhalb der Social Studies darüber diskutieren, ob die Auswirkungen der Westwinde auf das Klima von Kalifornien oder auf das von Nord Dakota Lerngegenstand sein soll, wobei die endgültige Entscheidung hierüber bei den Schülern liegen mag.

Nach einem dreijährigen Erfahrungsaustausch mit Lehrern beschrieben *Otto* und *Peterson* (1969) Fertigkeiten im Lesen und hierauf bezogene Lernziele in Form einer Lernzielsammlung, die für den Lehrkörper einer Schule als Richtschnur dienen sollte. Nehmen wir den Bereich Wort-Erkennung: Die erste Fertigkeit in der Wort-Erkennung besteht im »Aufnehmen von Reim-Elementen«; die genauer beschriebenen unterrichtlichen Lernziele lauten wie folgt:

Wort-Erkennung, Stufe A

1. Aufnehmen von Reim-Elementen
   a) Wörter
      Lernziel:
      Kind kann angeben, ob sich (a) zwei vom Lehrer ausgesprochene Wörter (Mann — Bann, locken — Glocken, wo — Floh) und/oder (b) ob sich die Bezeichnungen zweier Gegenstände reimen oder nicht (d. h. »ähnlich klingen«).
   b) Sprüche und Verse
      Lernziel:
      1. Kind kann Wörter, die sich reimen, aus bekannten Versen (»Das ist der Daumen, der schüttelt die Pflaumen«) und aus Unsinn-Versen (Pi-pa-po — Ene-mene-do), die der Lehrer vorliest, herausfinden.
      2. Kind kann das fehlende Wort in einem vom Lehrer vorgelesenen Reim ersetzen (z. B.: »Schwan weiß wie Schnee — schwimm über den . . .«).
      (*Otto* u. *Peterson*, 1969, S. 25)

Die vorstehenden Lernziele sind wahrscheinlich ausführlich genug, um dem Lehrer Entscheidungen zu erleichtern, sie lassen ihm jedoch auch gewisse Freiheiten und fördern seine Eigeninitiative. Zur Vorbereitung von Unterrichtsmaterial oder Testbatterien wären noch erheblich stärker operationalisierte Angaben notwendig; wir werden hierauf später in Verbindung mit den Merkmalen Genauigkeit und Detail zurückkommen.

4.1.2 In Lernzielen enthaltene Lernergebnisse

In Kapitel 3 des 1. Bandes wurden Lernergebnisse im kognitiven, psychomotorischen und affektiven Bereich behandelt. In einem kurz gefaßten Überblick stellten wir die von *Bloom* (1956) beschriebenen Lernziele im kognitiven Bereich dar. Die Lernzielbeschreibungen waren so gehalten, daß sie auf jeden beliebigen inhaltlichen Bereich, etwa Englisch, Naturwissenschaften, Mathematik oder Social Studies, bezogen werden konnten. Wir stellten auch Lernziele im affektiven Bereich, wie sie *Krathwohl, Bloom* und *Masia* (1964) formulierten, dar. Die Arbeit von *Bloom* und *Krathwohl* veranschaulicht, wie Lernziele unterschiedliche Lernergebnisse beinhalten können. Weiter wurden in Kapitel 3 des I. Bandes verschiedene Fähigkeiten beschrieben. Auch diese bilden eine psychologische Grundlage zur Konstruktion von Erziehungs- und Unterrichtszielen, die Lernergebnisse einer bestimmten Art enthalten.

Es folgen nun einige Beispiele, die Lernzielaussagen in jedem der genannten Bereiche veranschaulichen. Die Beispiele variieren in bezug auf Genauigkeit und Detail. Die jeweiligen Leerstellen in der runden Klammer geben an, wo der Leser etwas seinen Interessen Entsprechendes für die in Kursivschrift gedruckten Beispiele einsetzen kann. Jede Lernzielaussage beginnt mit einem Verb; der Schüler ist als Subjekt zu denken.

A. Kognitiver Bereich

1. Lernt, wie man (   ) *naturwissenschaftliche Begriffe* erfassen lernt.
2. Versteht (   ) *Begriffe* in bezug auf (   ) die soziale Welt.
3. Löst (   ) mathematische Aufgaben der Art: 5—3 = ... richtig.
4. Erfindet eine originelle und neue Hypothese in bezug auf (   ) *die Lösung des Armenproblems.*
5. Wendet seine Fähigkeit, (   ) *zur Zahl 10 die vierte Potenz von 7 zu addieren,* an.
6. Wählt zwei von fünf gegebenen Kriterien aus, mit denen er die Angemessenheit seines (   ) *Verhaltens in der Schule* beurteilt.

B. Psychomotorischer Bereich

1. Vollführt (   ) *normale psychomotorische Aktivitäten schnell, genau und gut koordiniert.*
2. Stellt ein (   ) *Bild, das seine eigenen Gedanken ausdrückt,* her.
3. Spielt (   ) *Tennis* mit schnellen, koordinierten Bewegungen.
4. Läuft (   ) 2 Meilen in 25 Minuten.

5. Tippt ( ) *30 Wörter pro Minute)* mit 2 oder weniger Fehlern in jeweils 5 Zeilen.

C. Affektiver Bereich

1. Bewertet ( ) *die Amerikanische Lebensweise.*
2. Beschreibt auf zwei Seiten seine Eigenverantwortung in bezug auf die Erlangung ( ) *wirtschaftlicher Unabhängigkeit.*
3. Spricht täglich mit Personen einer anderen Rasse und ( ) *gibt an, lieber eine Person einer anderen Rasse heiraten zu wollen.*

Hochspezialisierte Wissenschaftler in einem Fach wie Physik oder Geschichte sind gewöhnlich nicht sehr vertraut mit den neuen Erkenntnissen in bezug auf menschliches Lernen und menschliche Entwicklung. Sie kennen auch die Erziehungspraktiken nicht besser als andere gebildete Eltern, die sich mit Erziehung nicht intensiv beschäftigt haben. Viele von ihnen ziehen es daher vor, Ziele nur stoffinhaltlich und nicht verhaltensbezogen zu bestimmen. Sie stellen beispielsweise lediglich eine Liste mit den in einem Kurs zu bearbeitenden Themen zusammen, ohne genauer festzulegen, was der Schüler nach Abschluß des Kurses *wissen* oder *tun* können soll.

In diesem Zusammenhang räumt der auf musische Fächer spezialisierte *Eisner* (1967, 1969) ein, daß Lernziele in Fächern wie Mathematik, Sprachen und Naturwissenschaften genau beschrieben werden können. In diesen Bereichen kann man Unterrichtsziele so formulieren, daß sie beschreiben, was ein Schüler, der den Stoff gut gelernt hat, *tun* kann. Die Ziele können weiter so genau formuliert werden, daß es möglich ist, das Schülerverhalten zu messen, um festzustellen, inwieweit er die Ziele erreicht hat. *Eisner* weist jedoch darauf hin, daß Lernziele in den musischen und vielleicht auch in anderen Fächern, in denen neuartige oder kreative Reaktionen erwünscht sind, oder wo die Schüler eigene Ideen und Gefühle ausdrücken sollen, nicht ohne weiteres in Form von Schülerverhaltensweisen schon vor Unterrichtsbeginn festgelegt werden können.

4.1.3 Genauigkeit und Detail

Im völligen Gegensatz zu *Eisner* beschrieb *Mager* (1962) Verfahren zur Entwicklung expliziter, detaillierter Unterrichtsziele. In ähnlicher Weise empfehlen *Gagné* (1965 b) *Lindvall* und *Bolvin* (1967) sowie *Popham, Atkin* und *Raths* (1968) explizite und detaillierte Lernzielangaben, um exakte Einzeldaten für die Entwicklung von Unterrichtsprogrammen zur Verfügung zu stellen. *Mager* (1962) faßte seine Gedanken folgendermaßen zusammen:

1. Die Beschreibung eines Lernziels ist eine Zusammenstellung von Ausdrücken oder Zeichen, die eine Ihrer Unterrichts*absichten* verdeutlichen.
2. Ein Lernziel verdeutlicht Ihre Absicht in dem Maße, wie Sie beschrieben haben, was der Lernende *tun* muß, um zu zeigen, daß er das Lernziel erreicht hat, und woran Sie diesen Lernerfolg messen wollen.
3. Zur Beschreibung des Endverhaltens (was der Lernende *tun* wird):
   a) bestimmen und benennen Sie das Gesamtverhalten.
   b) bestimmen Sie die wichtigen Bedingungen, unter denen das Verhalten geäußert werden soll (Hilfsmittel bzw. Einschränkungen, oder beides).
   c) bestimmen Sie den Beurteilungsmaßstab für das als ausreichend geltende Verhalten.
4. Beschreiben Sie jedes Lernziel gesondert; je mehr Einzelbeschreibungen Sie angeben, desto größer ist die Wahrscheinlichkeit, daß Sie Ihre Absicht verdeutlichen.
5. Wenn Sie jedem Lernenden eine Ausfertigung Ihrer Lernzielbeschreibung geben, werden Sie selbst nicht mehr viel zu tun haben. (*Mager*, 1962, S. 53).

Die Bestimmung und Benennung des Gesamtverhaltens, die Definition der wichtigen Bedingungen, unter denen das Verhalten auftreten soll, sowie die Definition der Kriterien des als ausreichend geltenden Verhaltens erfordern eine kurze Erläuterung. Mit Verbformen, die ein Tun beinhalten, wird das Gesamtverhalten bestimmt und benannt. *Mager* wies darauf hin, daß Verben wie »schreiben«, »bestimmen«, »vergleichen« und »gegenüberstellen« genauere Verhaltensindikatoren sind als Verben wie »wissen«, »würdigen« und »glauben«. Ein Radio »reparieren« etwa ist genauer, d. h. leichter beobachtbar und auswertbar, als »verstehen« oder »wissen« wie man ein Radio repariert.

In bezug auf die Bedingungen, unter denen ein Endverhalten getestet oder beobachtet werden soll, führte *Mager* Beispiele an wie »ohne Hilfsmittel«, »mit bestimmten Hilfsmitteln« und »mit einer gegebenen Interkorrelationsmatrix«. Ein vollständiges Beispiel ist das folgende: »Gegeben ist eine lineare algebraische Gleichung mit einer Unbekannten; der Lernende muß fähig sein, die Unbekannte ohne Zuhilfenahme von Hilfsmitteln, Tabellen oder Rechenhilfen zu bestimmen (*Mager*, 1962, S. 26).

So werden das Tun des Schülers und die Bedingungen, unter denen dies stattfindet. genau festgelegt.

Das als ausreichend erachtete Verhalten – die Leistungshöhe – wird ebenfalls festgelegt. Wenn die Aufgabe als vollkommen gelöst gelten soll, so muß der Schüler innerhalb einer bestimmten Zeit eine festgelegte Prozentzahl, wie z. B. 80 oder 100 erreichen usw. Ein Beispiel für alle drei Charakteristika eines unterrichtlichen Lernziels ist das folgende: Der Schüler löst sieben lineare Gleichungen ohne irgendwelche Hilfsmittel innerhalb von 30 Minuten.

Wir haben also darauf hingewiesen, daß es notwendig ist, Lernziele für unterschiedliche Zwecke zu formulieren und aufzustellen, daß sie eine Vielfalt von Lernergebnissen beinhalten und daß sie auf unterschiedlichen Ebenen der Genauigkeit und des Details aufgestellt werden. *Mager* bevorzugte möglichst detaillierte Lernzielangaben, damit Lehrer und Schüler wissen, was an jedem Tag gelernt werden soll und darüberhinaus über die Mittel zur Beobachtung und Beurteilung des Lernerfolgs verfügen. Ebensosehr brauchen Schüler und Lehrer aber auch einen allgemeineren Überblick über das, was während eines Semesters, eines Jahres usw. auf sie zukommt.

Blooms Lernzielauffassung, die der früher beschriebenen *Krathwohls* ähnlich ist, scheint vernünftig:

> Es verhält sich doch so, daß nicht alle Erziehungszwecke genau festgelegt werden können oder sollten. Allerdings ... sollten die Erziehungszwecke und Angaben über Veränderungen innerhalb der Erziehung (Lernziele) soweit als möglich explizit gemacht werden, wenn diese untersucht werden sollen, wenn Lehren und Lernen den jeweiligen Bedürfnissen entsprechend verbessert oder verändert werden sollen, und wenn jede neue Schülergruppe den ihr gemäßen erzieherischen Einflüssen ausgesetzt werden soll (*Bloom*, 1969, S. 30).

Ein weiterer wichtiger Punkt ist, daß viele Personen, die ein Fachgebiet, in dem sie sich gut auskennen, auch gut beschreiben können, nun über viele Wege verfügen, um Wesentliches zur Verbesserung der erzieherischen Praxis beizutragen. Ganz besonders wichtig sind heutzutage bessere Unterrichtsmaterialien und darauf bezogene Beurteilungsverfahren. Sowohl aus Gründen der eigenen geistigen Stimulation als auch aus Gründen der praktischen Übung von möglicherweise hohem sozialem Wert sollte jeder, der mit Erziehung zu tun hat, lernen, wie man Lernziele auf den verschiedenen Operationalisierungsstufen (Genauigkeit und Detail) für wenigstens zwei oder drei der angegebenen Zwecke, einschließlich gedruckter audiovisueller und anderer Unterrichtsmaterialien, formuliert.

4.1. Nehmen Sie an, daß alle Lehrer innerhalb eines bestimmten Schulsystems das Folgende als Erziehungsziel dieses Schulsystems akzeptieren: »Herausbildung eines moralischen und ethischen Charakters«. Welche Schlüsse ließen sich, wenn Sie dies wüßten, über die Mehrheit der Lehrer dieses Systems ziehen?

a) Sie sind in bezug auf das, was man unter moralischem Verhalten der Schüler versteht, einer Meinung.

b) Sie verwenden einige Zeit während der Woche darauf, um über ethischen Charakter zu unterrichten.

c) Sie beurteilen die moralische Entwicklung aller ihrer Schüler so systematisch wie deren intellektuelle Entwicklung.

d) Sie verfahren so, als ob die Schule jenes besondere Lernziel gar nicht hätte.

4.2. Bewerten Sie die folgenden Lernzielaussagen aufgrund der nachstehenden Kriterien:

a) Es ist (ist nicht) ausreichend explizit, einen Test zu entwickeln, um zu beurteilen, ob der Schüler das Lernziel erreicht hat.

b) Es wird ( ) wird nicht ( ) ein beobachtbares Verhalten bezeichnet.

c) Die Bedingungen, unter denen das Verhalten auftreten soll, werden ( ) werden nicht ( ) definiert.

d) Das Kriterium für das als ausreichend geltende Verhalten wird ( ) wird nicht ( ) definiert.

1. *Erkennt 240 der 250 Wörter in einem (genauer Titel eines Lesebuchs).*
2. *Entwickelt effektive mündliche Sprachfertigkeiten.*
3. *Gibt an, ob sich zwei vom Lehrer ausgesprochene Wörter reimen oder nicht.*
4. *Beurteilt die amerikanische Lebensweise.*
5. *Kann eine bestimmte (genaue Angaben!) Ansprache innerhalb einer Minute fehlerlos und ohne Einsagen vortragen.*
6. *Schreibt unterrichtliche Lernziele mit den in diesem Kapitel beschriebenen Merkmalen.*

4.3. In diesem Kapitel diskutierten wir vier Zwecke in bezug auf Lernziele. Welcher dieser Zwecke wird von den sechs oben angeführten Lernzielen (4.2.) am besten erfüllt?

4.2 Erziehungsziele

Man kann Erziehungs- und Unterrichtsziele nach den vier genannten Merkmalen folgendermaßen unterscheiden: der *Zweck* eines Erziehungsziels besteht darin, Bevölkerungsgruppen zu informieren oder Richtlinien zur Entwicklung eines Erziehungsprogramms für alle Schüler eines Schulsystems oder einer einzelnen Schule bereitzustellen; der Zweck eines Unterrichtsziels besteht in der Bereitstellung von Richtlinien für Entscheidungen in bezug auf das Unterrichtsprogramm eines einzelnen Schülers bzw. einer bestimmten Schülergruppe. Die im Erziehungsziel enthaltenen *Lernergebnisse* sind lediglich grobe Angaben darüber, was Schüler lernen können; die in Unterrichtszielen enthaltenen Lernergebnisse sind präzise Beschreibungen der Verfahren und Inhalte usw., die ein oder mehrere Schüler zu lernen haben. Bei Erziehungszielen handelt es sich um relativ allgemein gehaltene Aussagen; Unterrichtsziele dagegen sind Aussagen über *explizite und detaillierte Verhaltensweisen,* die Schüler bei der Zielerreichung zeigen sollen.

In diesem Unterkapitel beschäftigen wir uns mit Aspekten einiger allgemein gehaltener Lernzielformulierungen in bezug auf die Elementar- und Sekundarstufe. Das Ausgangsmaterial zu diesen Lernzielangaben wurde von verschiedenen Personen bzw. Gruppen erarbeitet. Alle Lernzielaussagen wurden im Rahmen einer *kostenlosen allgemeinen Schulpflicht für alle amerikanischen Kinder und Jugendliche* entwickelt. Daß dies nicht nur bloße Worte auf Papier sind, beweist das folgende Zitat:

> Die öffentliche Erziehung in Amerika ist generell kostenlos und in vielerlei Hinsicht nahezu einheitlich. Unsere Vorstellungen haben sich in bezug auf diese grundsätzlichen Charakteristika während der zurückliegenden hundert Jahre weiterentwickelt, und wir bemühen uns um eine Angleichung der wirklichen Verhältnisse an diese Gedanken. 1870 absolvierten nur 2 Prozent aller 17jährigen das Abitur. Dieser Prozentsatz hat sprunghaft zugenommen. 1965 waren es 72 Prozent. Die Zahlen bezüglich der Hochschulabsolventen sind ebenfalls interessant: von 1869—70 waren es 8936; 1964—65 betrug die Zahl 1 337 000. In diesem Zeitraum nahm die US-Bevölkerung um nicht ganz das Fünffache zu, während sich die Zahl der Abiturienten um das 149fache erhöhte.
>
> Ein Vergleich der Zahlen der Schüler, die bis zum Abitur durchhalten, mit den entsprechenden Zahlen anderer Nationen ist aufschlußreich. In den Vereinigten Staaten sind dies 70 Prozent eines Schülerjahrgangs. An zweiter Stelle folgt Japan mit 57 Prozent, gefolgt von England und Deutschland mit 12 bzw. 11 Prozent.
>
> In diesen Daten steckt weit mehr, als die bloßen Prozentsätze vermuten lassen. Fachleute haben einen Schulerfolgsindex entwickelt, der die relativen Chancen der Schüler in bezug auf die Erreichung der letzten Klasse der Höheren Schule unter Berücksichtigung des sozialen Status der jeweiligen Familie angibt. Dieser Index zeigt, daß das amerikanische System nicht so selektiv oder diskriminierend ist, wie das anderer Staaten. Beispielsweise erreichen in Amerika mehr als zweieinhalbmal so viele Schüler der Arbeiterklasse das Abschlußjahr wie in England. Noch extremer ist das Verhältnis zwischen den USA und Deutschland, nämlich 7 : 1.
>
> Die Vereinigten Staaten tun also mehr für die Erziehung ihrer Jugendlichen als die meisten anderen Industrienationen. Und dies mit der geringsten Voreingenommenheit gegenüber den sozial schwächer Gestellten (*Polley,* 1969, S. 13).

Freilich — und dies wissen wir alle — benachteiligt das amerikanische Erziehungssystem gerade die Kinder der sozial Schwachen. Der folgende Abschnitt läßt jedoch erkennen, daß die Schwierigkeiten weniger in den Zielen als vielmehr in der Erziehungspraxis liegen:

Wir wissen mit ausreichender Sicherheit, daß die Kinder von Hilfsarbeitern oder angelernten Arbeitern — wobei es gleichgültig ist, ob es sich um Schwarze oder Weiße handelt — in der Schule nicht so gut abschneiden, wie es eigentlich sein sollte. Dies ist nicht nur ein Problem der Vereinigten Staaten. Es handelt sich um eine weltweite Erscheinung. Darin liegt eine gewisse Ironie. Gerade die Kinder, die der Erziehung am meisten bedürfen, erfahren durch den Erziehungsprozeß die größte Benachteiligung.

Hierfür gibt es viele Gründe und die Problematik ist vielschichtig. Aber ebenso sicher ist es, daß in unserem Erziehungssystem Möglichkeiten zur Bewältigung dieser Probleme liegen, und daß wirkungsvolle Maßnahmen zu ihrer Bewältigung ergriffen werden können. Die amerikanischen Schulen werden die volle Unterstützung der Gesellschaft mit all ihren Einrichtungen im Kampf um die Beseitigung dieser Unzulänglichkeiten benötigen — Unzulänglichkeiten, die die durchaus vorhandenen Vorzüge des amerikanischen Erziehungssystems untergraben und folglich nicht toleriert werden können (*Polley*, 1969, S. 15).

4.2.1 Elementarerziehung

Eines der besten Lernzielmodelle innerhalb der Elementarerziehung wurde vom *Mid-Century Committee on Outcomes in Elementary Education* entwickelt (*Kearney*, 1953). Abb. 4. 2 veranschaulicht die in einem dreidimensionalen System angeordneten Lernziele. Die erste Dimension stellt eine Zeitskala dar, die die ersten 9 Schuljahre in drei gleich lange Abschnitte teilt. Die Abb. zeigt zwar keine auf die jeweiligen Zeitabschnitte bezogenen detaillierten Lernziele, das Komitée schlug jedoch bestimmte Lernziele vor, die von den meisten Schülern aller Wahrscheinlichkeit nach am Ende des 3., 6. und 9. Schuljahres erreicht sein würden.

Die zweite Dimension beinhaltet die in den neun waggrecht angeordneten Spalten dargestellten allgemeinen elementaren Lernbereiche: körperliche Entwicklung, Gesundheit, Körperpflege; individuelle soziale und emotionale Entwicklung; ethisches Verhalten, Normen, Werte; soziale Beziehungen; die soziale Welt; die physikalische Welt; ästhetische Entwicklung; Kommunikation; quantitative Beziehungen.

Die dritte Dimension bezeichnet die Art der zu erwartenden Verhaltensänderungen bzw. Lernergebnisse: Wissen und Verstehen; Fertigkeit und Kompetenz; Einstellung und Interesse; Verhaltensmuster. Die *determinierenden Bedingungen* können nicht so wie Wissen, Fertigkeit, Einstellung und Verhalten als »Lernergebnisse bezeichnet werden. Determinierende Bedingungen be-

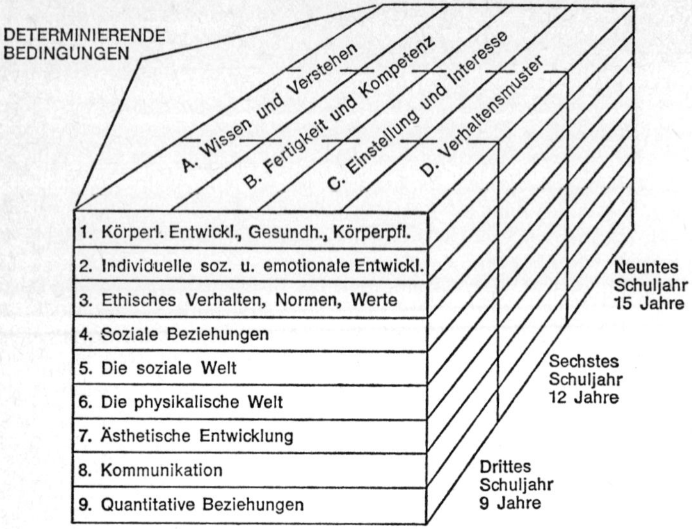

Abb. 4.2. Verhaltenskontinuum, das die Beziehungen zwischen allgemeinen Curriculumbereichen und Haupt-Verhaltenskategorien veranschaulicht (*Kearney*, 1953, S. 38).

ziehen sich auf den biologischen und soziologischen Kontext, in dem Kinder, Lehrer und andere Personen innerhalb der Schule interagieren. Es ist möglich, daß sich diese determinierenden Bedingungen über einen längeren Zeitraum hinweg, etwa während zweier oder dreier Generationen, infolge effizienterer Lernprozesse auf Seiten der Schüler verändern. D. h. sowohl das Wesen der Schüler selbst als auch deren Umgebung könnte sich verändern.

Wenn Eltern, andere Laien und Fachleute zum erstenmal mit diesen Lernzielen konfrontiert werden, geraten sie oft einigermaßen in Verlegenheit, weil die Lernziele nicht richtig zu den einzelnen Unterrichtsfächern zu passen scheinen. Es trifft zu, daß der Bereich Kommunikation sich ohne weiteres mit Lesen, Rechtsschreiben und Muttersprache, der Bereich quantitative Beziehungen mit Arithmetik oder Mathematik, der Bereich physikalische Welt mit Naturwissenschaft und Geographie, usw. in Verbindung bringen läßt. Das Komitée machte aber keine Angaben darüber, daß die Lernziele in Verbindung mit ganz speziell organisierten Lernstoffen ereicht werden sollten. Damit nämlich Schüler Wissen und Fertigkeiten im Hinblick auf Ziele wie soziale Beziehungen, ethisches Verhalten, individuelle soziale und emotionale Entwicklung erreichen können, bedarf es nicht nur der stofflichen Inhalte, sondern auch mannigfaltiger Erfahrungen mit Lehrern und anderen Schülern.

Manche Lernziele lassen sich in der Schule leichter als andere erreichen; beispielsweise können wir Kindern sprachliche Fertigkeiten und Kenntnisse über die physikalische Welt leichter vermitteln als eine gesunde emotionale und soziale Entwicklung. Das Zuhause und die Nachbarschaft üben auf die emotionale und soziale Entwicklung einen stärkeren Einfluß aus als auf sprachliche Fertigkeiten und quantitative Beziehungen. Dennoch kann und sollte die Schule versuchen, jedes Kind in jedem der neun Curriculumbereiche zu fördern.

4.2.2 Sekundarerziehung

Bei vielen Amerikanern rief der 1957 erfolgte Start des ersten russischen Satelliten Verwirrung und Panik hervor, besonders da die amerikanische öffentliche Erziehung wiederholt zum Sündenbock für das verlorene »Rennen« mit Rußland gestempelt wurde. (Noch immer erfahren unsere Schulen Kritik derselben Art, aber man vergißt dabei zu erwähnen, wieviel unser öffentliches Erziehungssystem ganz offensichtlich zur gegenwärtigen Erforschung des Weltraums, einschließlich der Mondlandungen, beigetragen hat. *James B. Conant* (1959), ehemaliger Präsident der Harvard Universität und berühmter Chemiker, fand eine konstruktive Antwort auf die negative Kritik und die Forderung nach Rückkehr zum westeuropäischen Schulsystem — Gymnasien für einige wenige Schüler und technische, Handels- oder ähnliche Schulen für die übrigen. Er führte eine umfassende Untersuchung über die amerikanischen Höheren Schulen durch.

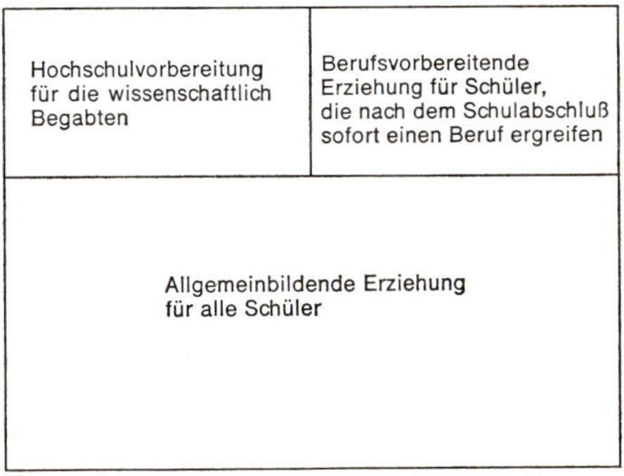

Abb. 4.3. Verteilung der Bildungsschwerpunkte innerhalb einer *Comprehensive High School*: allgemeinbildende Erziehung, Hochschulvorbereitung, berufsvorbereitende Erziehung.

Conant erkannte klar die Kräfte im amerikanischen Leben, die unser kostenloses, öffentliches Schulwesen und insbesondere die *Comprehensive High School* hervorgebracht haben. Alle Schüler einer Gemeinde besuchen eine Comprehensive High School. Alle erhalten eine allgemeinbildende Erziehung. Es gibt allerdings dabei einige Kurse für Schüler, die später studieren wollen, und ebenfalls Kurse für Schüler, die nach dem Schulabschluß einen Beruf ergreifen möchten (vgl. Abb. 4.3.). Die zeitliche Aufteilung der drei Ausbildungstypen ist je nach Schüler unterschiedlich, und *Conant* vertritt die Meinung, daß es keine rigide festgelegten »Lernzüge« bzw. Curricula geben solle.

Bei seiner Untersuchung stellte *Conant* viele hervorragende Eigenschaften sowie einige Unzulänglichkeiten der *Comprehensive High School* fest. Er empfahl, die Grundprinzipien der *Comprehensive High School*-Erziehung beizubehalten, und faßte die Rolle dieser Schulen folgendermaßen zusammen:

> ... Die drei Hauptziele einer *Comprehensive High School* sind: erstens, eine allgemeinbildende Erziehung für alle zukünftigen Staatsbürger; zweitens, gute Wahlmöglichkeiten für diejenigen, die die erworbenen Fertigkeiten unmittelbar nach Schulabschluß anwenden möchten; drittens, eine befriedigende Ausbildung für diejenigen, deren Berufsweg von einer zusätzlichen Hochschulausbildung abhängt (*Conant*, 1959, S. 17).

Conant arbeitete 21 Empfehlungen zur Verbesserung des öffentlichen Sekundarschulwesens aus. Jedermann, der sich für Erziehung interessiert – sei es Kindergarten oder Höhere Schule, – sollte sich mit diesen Empfehlungen auseinandersetzen, auch wenn man nicht mit ihnen übereinzustimmen braucht. In der Tat wären wohl wenige außer *Conant* mit allen 21 Empfehlungen einverstanden. Beispielsweise hat man mit Recht kritisiert, daß er die Lernziele der allgemeinbildenden Erziehung nur in Form der Anzahl der Schuljahre bzw. Semester, die man in den verschiedenen Unterrichtsfächern zum Schulabschluß benötigt, angegeben hat. Er führte nicht weiter aus, was Schüler mit unterschiedlichen intellektuellen Fähigkeiten durch Teilnahme an einem bestimmten Fach erreichen sollten, und er machte keine Angaben in bezug auf sein eigenes Bewertungssystem, das ihn zu dieser oder jener Empfehlung kommen ließ. Die Gründe für diese Kritik leuchten eher ein, wenn man die folgenden zwei Empfehlungen betrachtet:

Empfehlung 7

Modifizierte Programme zur Entwicklung marktbezogener Fertigkeiten

Für Mädchen sollten Programme verfügbar sein für Ausbildung in Maschineschreiben, Stenographie, Handhabung von Buchungsmaschinen, Hauswirtschaft oder einem speziellen Zweig der Hauswirtschaft, der durch Weiterstudium auf einem College zum Beruf der Diätassistentin führen könnte. Falls die Einzelhandelsgeschäfte in einer bestimmten Gemeinde entsprechende Stellen für Schulabgänger anbieten können, sollten Kurse wie Warenkunde und Warenverteilung Teil des Curriculums sein. In einer ländlichen Gemeinde sollte auch Landwirtschaft unterrichtet werden. Je nach Gemeinde sollten für Jungen Kurse in bezug auf Handel und Industrie angeboten werden. Für solche berufsvorbereitende Kurse müßte im elften und zwölften Schuljahr jeweils ein halber Tag zur Verfügung stehen. Für jeden speziellen Zweig sollte ein beratendes Komitee, bestehend aus Vertretern des Managements und der Praxis, eingesetzt werden. Für diese Programme stehen Mittel des Bundes zur Verfügung.

Die Schulverwaltung sollte ständig die Beschäftigungslage in den Sparten beobachten, für die berufsvorbereitender Unterricht erteilt wird. Wenn in einer bestimmten Sparte keine Beschäftigungsmöglichkeiten mehr in der betreffenden Gemeinde gegeben sind, sollte kein diesbezüglicher Unterricht mehr erteilt werden. Die Verwaltung sollte bereit sein, neue berufsvorbereitende Programme einzuführen, sobald sich entsprechende Beschäftigungsmöglichkeiten in der Gemeinde oder in der betreffenden Gegend ergeben. In manchen Gemeinden sollten Fortgeschrittenenkurse zur technischen Ausbildung eingerichtet werden; diese Programme enthalten oft mehr Mathematik als normale Kurse für das Baugewerbe oder Automechaniker. Schüler, die am Unterricht zur Entwicklung marktbezogener Fertigkeiten teilnehmen, sollten auch in Englisch, Social Studies und anderen für den Schulabschluß notwendigen Fächern unterrichtet werden. Darüber hinaus sollte man darauf achten, daß diese Schüler nicht von den übrigen isoliert sind. Gemeinschaftsräume könnten hierbei eine positive Rolle spielen ... (*Conant*, 1959, S. 52).

Empfehlung 9
Programme für wissenschaftlich begabte Schüler

Jede Schule sollte über bestimmte Richtlinien verfügen, mit deren Hilfe die Studienberater alle wissenschaftlich begabten Jungen und Mädchen bei der Entscheidung über deren Wahlfächer unterstützen können. In der Schule, von der ich spreche, sollte folgendes Programm als Minimum gelten:

Vier Jahre Mathematik, vier Jahre Fremdsprache, drei Jahre Naturwissenschaft, und zwar zusätzlich zu den ohnehin erforderlichen vier Jahren muttersprachlichen Unterricht und dem dreijährigen Unterricht in Social Studies; insgesamt also achtzehn Kurse einschließlich der Hausaufgaben innerhalb von vier Jahren. Dieses Unterrichtsprogramm erfordert mindestens fünfzehn Stunden Hausarbeit pro Woche.

Viele wissenschaftlich begabte Schüler werden eine zweite Fremdsprache lernen oder einen zusätzlichen Kurs in Social Studies absolvieren wollen. Da diese Schüler zwanzig oder mehr Kurse inklusive Haus-

> aufgaben bewältigen können, kann man diese zusätzlichen Fächer an das Minimalprogramm anhängen. Wenn täglich sieben oder acht Schulstunden gehalten werden (vgl. Empfehlung 12), ist es möglich, noch mindestens einen zusätzlichen Kurs ohne Hausaufgaben (z. B. Kunsterziehung oder Musik) pro Schuljahr in den Stundenplan aufzunehmen.
>
> Wenn eine Schule ihren wissenschaftlich begabten Schülern und deren Eltern ein wissenschaftlich orientiertes Minimalprogramm, zu dem auch Mathematik und eine Fremdsprache gehören, empfiehlt, so stehen die Studienberater vor dem Problem einer möglichst frühzeitigen Auswahl der entsprechenden Schüler. Auf eine nationale Basis bezogen, könnten sich auch unter den 10 oder 20 Prozent der nächst niedriger begabten Gruppe noch viele Schüler befinden, die nach Absolvieren eines etwas weniger anspruchsvollen Unterrichtsprogramms für ein wissenschaftliches Studium geeignet wären (*Conant*, 1959, S. 57).

Empfehlung 9 sieht zwar wie eine rigide Vorschrift aus, es gibt aber auch eine andere Empfehlung, in der sich *Conant* für schülerbezogene individuelle Programme ausspricht, die z. B. auch dem wissenschaftlich begabten Schüler die Möglichkeit geben, sich in den musischen Fächern zu betätigen. Er würde Schüler nicht nach bestimmten Ausbildungszügen einteilen, wie z. B. Hochschulvorbereitung oder Berufsvorbereitung. Außerdem, wenn ein begabtes Mädchen eine starke Abneigung gegenüber Mathematik hätte, müßte sie nicht unbedingt einen vierjährigen Mathematikkurs belegen. In ähnlicher Weise wäre es nach *Conant* auch nicht erforderlich, daß uninteressierte Mädchen oder Jungen das dritte naturwissenschaftliche Jahr belegen.

4.2.3 Schulen in Slums und Vororten

Im weiteren Verlauf seiner Untersuchung über die amerikanische Erziehung ging *Conant* besonders auf die Schulen in den Slums großer Städte ein. Schon 1961 wies er darauf hin, daß die Erziehungsprobleme in den Slums und Vororten sich sehr von jenen in kleinen unabhängigen Städten, die nicht Teil eines Großstadtkomplexes sind, unterscheiden:

> Die schwierige Aufgabe für eine Slum-Schule besteht darin, dafür zu sorgen, daß die Schüler sofort nach Verlassen der Schule eine Arbeitsstelle bekommen und behalten, und jene Schüler, die besser begabt sind, dazu zu ermutigen, einen qualifizierteren Beruf durch eine weitere Ausbildung anzustreben ... In den Vororten dagegen, wo 80 Prozent oder mehr der Schulabgänger eine Hochschule besuchen, ist das Hauptinteresse der Eltern darauf gerichtet, ihren Kindern den Zugang zu einer möglichst angesehenen Hochschule zu verschaffen ... für die Leh-

rer besteht die Hauptschwierigkeit darin, den Ehrgeiz der Familie mit den Fähigkeiten der Kinder in Übereinklang zu bringen (*Conant*, 1961, S. 1—2).

Nach *Conant* bieten weder die Vorort- noch die Slum-Schulen eine umfassende Bildung im echten Sinne (= comprehensive) an, obwohl die Probleme in den letzteren natürlich weit größer sind; in den Slum-Schulen wächst unter unseren Augen der »soziale Sprengstoff« an.

Dieser Prozeß hält immer noch an. Die *Elementary and Secondary Education Act of 1965* (Grund- und Sekundarschul-Gesetz), die Bundesmittel für die Erziehung der Benachteiligten zur Verfügung stellte, war die erste groß angelegte bundesweite Reaktion auf dieses Problem. Wir müssen uns dennoch darüber im klaren sein, daß noch weit größere Anstrengungen auf allen Ebenen notwendig sind — sowohl auf Bundes-, staatlicher und örtlicher Ebene als auch durch einzelne Bürger — um eine merkliche und dauerhafte Verbesserung zu erzielen.

4.2.4 Erziehung und soziale Bedürfnisse

Zur selben Zeit als *Conant* die Probleme des amerikanischen Sekundarschulwesens untersuchte, setzte die *National Education Association* einen Ausschuß zur Untersuchung sämtlicher Schulstufen ein (*NEA*, 1963). Wie aus den folgenden sechs Empfehlungen zu entnehmen ist, sind die von dieser Kommission erarbeiteten Lernziele, die auf problematische individuelle und soziale Bedürfnisse ausgerichtet sind, von besonderem Interesse (Empfehlung 10 wurde bereits am Anfang dieses Kapitels zitiert):

Empfehlung 9

Der Lehrplan sollte enthalten: (a) Möglichkeiten zur Entwicklung der insgesamt sehr unterschiedlichen individuellen Fähigkeiten; (b) eine gemeinsame, für das Wohlergehen des Einzelnen und der Nation unerläßliche Grundlage an Wissen, Werten und Fertigkeiten.

Das Unterrichtsprogramm kann nicht für alle dasselbe sein, wenn diese Ziele erreicht werden sollen. Den individuellen Unterschieden sollte von qualifizierten Lehrern durch Diagnostizierung der jeweiligen Lernbedürfnisse und durch eine entsprechende Vielfalt des Lernstoffes, der Lernmaterialien und Unterrichtsmethoden Rechnung getragen werden.

Empfehlung 11

Die Schulen können nationale Probleme wie Arbeitslosigkeit und Kriminalität der Jugend bekämpfen helfen durch: (a) Ausschöpfen der intellektuellen und kreativen Fähigkeiten *aller* Kinder und Jugendlichen in den Schulen; (b) Früherkennung potentieller Schulversager und Straffälliger; (c) Entwicklung geeigneter Programme zur Verstärkung der schulischen Anstrengungen dieser Jugendlichen; (d) Teilnahme an Kooperationsprogrammen mit Eltern, Gemeindegruppen und Organisationen — Handel und Industrie, Arbeiterschaft, Dienstleistungsbetrieben, Regierungsstellen sowie den vielen Einrichtungen für die Jugend.

Empfehlung 12

Die objektive Diskussion umstrittener Fragestellungen sollte einen wichtigen Teil des Lehrplans ausmachen. Der Lehrer sollte seinen Schülern helfen, relevante Informationen zu erkennen, Techniken zur kritischen Analyse zu erwerben, selbständige Urteile zu fällen und diese auch zu äußern und zu begründen. Der Lehrer sollte seinen Schülern auch dabei helfen, sich auf die Notwendigkeit einer ständigen objektiven Überprüfung strittiger Fragen aufgrund neuer Informationen und veränderter gesellschaftlicher Bedingungen einzustellen.

Empfehlung 13

Zur Förderung der Kritikfähigkeit der Schüler in bezug auf gegenwärtige Fragen sollte das Curriculum entsprechende Unterrichtsmöglichkeiten über gesellschaftliche Machtverhältnisse und Strömungen vorsehen. Je nach ihrem Gewicht innerhalb der modernen Gesellschaft sollten Fragen wie internationale Beziehungen, wirtschaftliches Wachstum, Verstädterung, Bevölkerungswachstum, Naturwissenschaft und Technologie sowie Massenmedien behandelt werden.

Empfehlung 14

Das schulische Curriculum sollte Gelegenheit zur Auseinandersetzung mit politischen und sozialen Ideologien, insbesondere dem Kommunismus, bieten. Dabei sollte großer Wert auf ein rational begründbares Vorgehen gelegt werden. Diese Fragen sollten vom Standpunkt unserer modernen Welt aus betrachtet und an geeigneter Stelle im Unterrichtsprogramm behandelt werden. Falls man in der Höheren Schule eine spezielle Unterrichtseinheit über den Kommunismus für notwendig erachtet, sollte diese das schon zuvor erworbene diesbezügliche Wissen ergänzen und vertiefen.

Wie auch in anderen Curriculumbereichen sollten die Entscheidungen darüber, was und wie unterrichtet werden soll, auf von der Schulverwaltung und den Lehrern des örtlichen Schulsystems entwickelte Richtlinien zurückgehen. Bei der Formulierung und Anwendung dieser Richtlinien sollten Lehrer und Verwaltungsbeamte wissenschaftlich verfügbare Materialien zu Hilfe nehmen und in ihren Entscheidungen auch von einer informierten öffentlichen Meinung unterstützt werden.

Empfehlung 15

Die Schule kann ein für jeden einzelnen Schüler wohl ausgewogenes

Curriculum anbieten, wenn sie über ein umfassendes Unterrichtsprogramm verfügt, individuelle Fähigkeiten und Leistungen rechtzeitig und regelmäßig überprüft und auswertet, sowie aufgrund sorgfältiger Beratung zustande gekommene, auf individuelle Bedürfnisse zugeschnittene Programme bereithält.

Um Einseitigkeiten, die durch begrenzte finanzielle Unterstützung bestimmter Unterrichtsfächer u. ä. entstehen können, zu vermeiden, sollte man eine generelle Finanzierung des Gesamtprogramms vorsehen. Dies erfordert örtliche, staatliche und bundesweite Unterstützung (*NEA*, 1963, S. 125—129).

4.4. Es ist bekannt, daß unsere Erziehungseinrichtungen gerade den Kindern der Armen oft am wenigsten nützen. In welchem Umfang führen Sie dies auf wirtschaftliche, politische, religiöse und rassische Aspekte zurück? Inwieweit hängt dies mit bestimmten Präferenzen der Lehrer und anderer Schulbeamter zusammen?

4.5. Notieren Sie zwei oder drei unterrichtliche Lernziele in bezug auf die neun vom Mid-Century Committee on Outcomes in Elementary Education aufgestellten Lernbereiche.

4.6. Welche allgemeinen Lernzielaussagen sind Ihrer Meinung nach am wichtigsten bzw. unwichtigsten? Sind bestimmte Lernziele im Hinblick auf bestimmte Gruppen, etwa der armen Landbevölkerung, wichtiger als andere? Versuchen Sie, eine Hierarchie aufzustellen von »sehr wichtig« bis »nicht wichtig«.

4.7. Welche Schwerpunkte sollten bei zukünftigen Lernzielaussagen Berücksichtigung finden? Weltoffenheit? Geschichtssinn? Der Mensch und die Natur? Lebensphilosophie? Technologische Kontrolle?

4.3 Unterrichtsziele

In bezug auf unterrichtliche Lernzielentscheidungen nimmt der Lehrer eine Schlüsselstellung ein. Er kann Unterrichtsziele für einen Schüler oder eine Schülergruppe formulieren, wenn zwei Bedingungen erfüllt sind: (1) Die wichtigeren *Lernergebnis-Kategorien*, die Schüler in bezug auf die verschiedenen Curriculumbereiche lernen sollen, müssen indentifiziert und beschrieben werden. Beispielsweise sollten naturwissenschaftliche und andere Begriffe und Prinzipien, die Schüler einer bestimmten Alters- oder Schulstufe zu lernen haben, von Fachwissenschaftlern der entsprechenden Gebiete, Lernpsychologen und Lehrern aufgestellt werden. (2) Auch die unterschiedlichen *Stufen*, auf denen diese Lernergebnisse von den Schülern erreicht werden können, bedürfen der Identifikation und Beschreibung. In diesem Sinne sollten auch Sie nach der Lektüre dieses Kapitels eine klarere Vorstellung darüber gewonnen haben, was unterrichtliche Lernziele sind, sodaß Sie nun in der Lage sind, selbst Beispiele für Unterrichtsziele zu finden, ihre Merkmale anzugeben, zwischen Erziehungs- und Unterrichtszielen zu unterscheiden und Ihre Kenntnisse über Lernziele zum Aufstellen von Unterrichtszielen zu gebrauchen.

Frayer, Frederick & Klausmeier (1969) haben ein Modell zur Lernzielkonstruktion entwickelt und auf einige Grundbegriffe von Englisch, Mathematik, Naturwissenschaft und Social Studies angewandt, das Lehrern und Erziehern bei der Konstruktion von Lernzielen im Hinblick auf bestimmte Grundbegriffe als Vorbild dienen kann. Wir gehen hierauf in diesem Abschnitt näher ein und erläutern jeweils einen Begriff aus dem Fach Mathematik und Englisch. Danach stellen wir einige auf das Lesen bezogene unterrichtliche Lernziele dar.

4.3.1 Unterrichtsziele: Begriff Viereck

Zur Formulierung von Lernzielen und darauf bezogenen Testaufgaben und -verfahren bedarf es ausreichender Kenntnisse über den betreffenden Grundbegriff und anderer verwandter Grundbegriffe. Man muß zumindest wissen, aufgrund welcher Merkmale unterschiedliche Dinge derselben Klasse angehören, und man muß die Merkmale, durch die sich Dinge ein und derselben Klasse unterscheiden, kennen, z. B. Rechtecke und Parellelogramme sind Vierecke, weil beide vier Seiten haben, aber Rechtecke unterscheiden sich von Parallelogrammen in bezug auf die Größe ihrer Winkel. Wichtig zu wissen ist auch das folgende: Vorhandensein und Fehlen der Merkmale, Vorhandensein und Fehlen des Grundbegriffs, verbale Definition des Grundbegriffs, Benennen der übergeordneten, beigeordneten und untergeordneten Grundbegriffe, eine oder mehrere notwendige Bedingungen des Grundbegriffs sowie bestimmte Probleme, deren Lösung den Gebrauch des Grundbegriffs bzw. Grundprinzips erfordert.

Im Zusammenhang mit *Viereck* muß man u. a. insbesondere wissen, daß Quadrate, Rechtecke, Parallelogramme, Rhomben, Trapeze und Rauten Vierecke sind. Alle diese Vierecke weisen dieselben vier Merkmale auf; es handelt sich um geschlossene, ebene, einfache Figuren, und alle haben vier Seiten. Die sechs unterschiedlichen Vierecke unterscheiden sich voneinander durch die beiden Merkmale: Größe entsprechender Winkel und Parallelität der Seiten. Zur Formulierung von Lernzielen und entsprechender Testverfahren muß man über die 13 folgenden Informationen inbezug auf Vierecke verfügen, einschließlich der soeben genannten:

1. Vorhandensein der Merkmale eines Vierecks, z. B. geschlossene Figuren:

2. Nichtvorhandensein der Merkmale, z. B. nicht geschlossene Figuren:

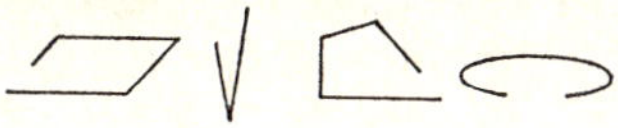

3. Grundbegriff: Viereck

4. Beispiele für den Grundbegriff:

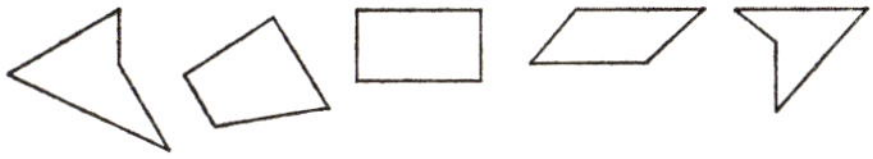

5. Beispiele für das Fehlen des Grundbegriffs

6. Für die Definition aller Vierecke relevante Merkmale: geschlossene Figur, ebene Figur, einfache Figur, vier Seiten (vier Winkel).
7. Merkmale, durch die sich Vierecke voneinander unterscheiden: Größe sich entsprechender Winkel, Parallelität der Seiten. Diese beiden Merkmale sind zur Bestimmung einer Figur als Viereck *irrelevant*. Das gleiche gilt für Merkmale wie Umfang und Lage der Figur.
8. Begriffsdefinition: eine ebene, geschlossene, einfache Figur mit vier Seiten.
9. Übergeordneter Grundbegriff: Vieleck.
10. Beigeordneter Grundbegriff: Dreieck, Fünfeck, Sechseck.
11. Untergeordneter Grundbegriff: Trapez, Raute, Parallelogramm, Rechteck, Rhombus, Quadrat. (Diese unterscheiden sich voneinander in bezug auf die Größe der einander entsprechenden Winkel und die Parallelität der Seiten).
12. Verwendung des Grundbegriffs in einem Prinzip: Der Umfang eines Vierecks ist gleich der Summe aller vier Seiten.
13. Anwendung des Grundbegriffs zur Lösung eines Problems: Berechne den Umfang eines gegebenen Vierecks.

Zu jeder der vorstehenden Informationen führen wir im folgenden einige als *explizite Verhaltensweisen* formulierte Lernziele an. Bei der einen Lernzielart hat der Schüler aus einer Anzahl möglicher Antworten die korrekte *auszuwählen*. Die andere Lernzielart verlangt, daß er die korrekte Lösung für eine gestellte Aufgabe *produziert*. Wie wir bereits früher in diesem Kapitel ausgeführt haben, können Lernziele auf unterschiedlichen Ebenen von Genauigkeit und Detail formuliert werden. Die Verhaltensweisen des Auswählens und Produzierens werden genau beschrieben; daher enthalten sie keine kognitiven Operationen, wie z. B. Erkennen, Analysieren, Hypothesen bilden, Schlußfolgern und Bewerten, die beim Erlernen der Grundbegriffe eine Rolle spielen. Sie geben auch nicht an, wie ein Unterrichtsprogramm zu organisieren wäre, damit Schüler diese Lernziele erreichen.

Im folgenden Modell stehen in der linken Spalte Lernziele, die den 13 bereits aufgeführten Punkten entsprechen. Die Lernziele sind so formuliert, daß sie auf viele Begriffe – nicht nur auf den Begriff viereckig – anwendbar sind. Die mit »a« versehenen verlangen das *Auswählen* der korrekten Antwort, während die mit einem »b« bezeichneten die *Produktion* der korrekten Antwort erfordern. In der rechten Spalte befinden sich auf das Viereck bezogene Testitems. Bei den Items, die sich auf Lernziele mit ungeraden Nummern beziehen, handelt es sich um solche mit Mehrfachwahlen, wobei der Schüler die richtige Antwort *auswählen* muß. Bei den auf Lernziele mit ungeraden Nummern bezogenen Testitems muß der Schüler die richtige Antwort *produzieren.*

Explizite Lernziele
(auf viele Begriffe anwendbar)

Musteraufgaben
(auf das Viereck bezogen)

1a. Wählt ein Beispiel des gegebenen Merkmals aus (geschlossene Figur).

1a. Welche Zeichnung stellt eine *geschlossene Figur* dar?

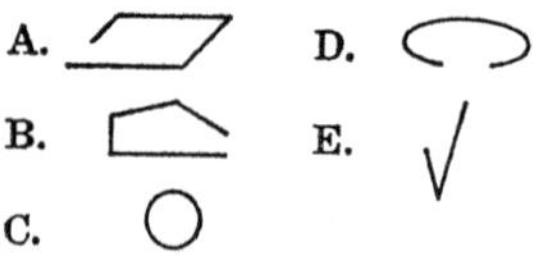

1b. Produziert ein Beispiel des gegebenen Merkmals (geschlossene Figur).

2a. Wählt den Namen des Merkmals aus, wenn ein Beispiel des Merkmals (geschlossene Figur) gegeben wird.

2b. Produziert den Namen des Merkmals, wenn ein Beispiel des Merkmals (geschlossene Figur) gegeben ist.

2b. Welche Bezeichnung paßt auf alle drei Figuren?

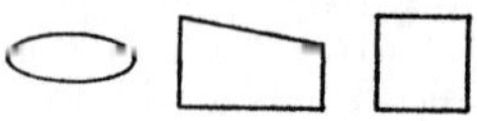

3a. Wählt ein Beispiel des Begriffs aus, wenn die Begriffsbezeichnung (Viereck) angegeben ist.

3b. Produziert ein Beispiel des Begriffs, wenn die Begriffsbezeichnung (Viereck) gegeben ist.

3a. Welche Figur ist ein Viereck?

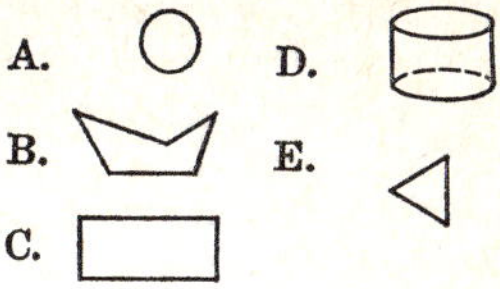

4a. Wählt die Bezeichnung des Begriffs aus, wenn ein Beispiel davon (Viereck) gegeben ist.

4b. Produziert die Bezeichnung des Begriffs, wenn ein Beispiel davon (Viereck) gegeben ist.

4b. Zeichne eine ebene Figur, die *kein* Viereck ist.

5a. Wählt ein nicht passendes Beispiel für den Begriff aus, wenn die Begriffsbezeichnung (Viereck) gegeben ist.

5a.  Diese Figur ist ein

A) Parallelogramm
B) Quadrat
C) Rhombus
D) Viereck
E) Rechteck

5b. Produziert ein nicht passendes Beispiel für den Begriff, wenn die Begriffsbezeichnung (Viereck) gegeben ist.

6a. Wählt die Bezeichnung des relevanten Merkmals (4 Seiten) des Begriffs aus, wenn die Begriffsbezeichnung gegeben ist.

6b. Produziert den Namen des relevanten Merkmals (4 Seiten) des Begriffs, wenn die Begriffsbezeichnung gegeben ist.

6b. Führt alle für das Viereck relevanten Merkmale auf.

7a. Wählt den Namen eines irrelevanten Merkmals (vier rechte Winkel) des Begriffs aus, wenn dessen Bezeichnung gegeben ist.

7a. Nicht alle Vierecke haben

A) vier rechte Winkel
B) vier Seiten
C) geschlossene Seiten
D) gerade Seiten
E) vier Winkel

7b. Produziert den Namen eines irrelevanten Merkmals (vier rechte Winkel) des Begriffs, wenn dessen Bezeichnung gegeben ist.

8a. Wählt die Begriffsbezeichnung (Viereck) aus, wenn dessen Definition gegeben ist.

8b. Produziert die Begriffsbezeichnung (Viereck), wenn dessen Definition gegeben ist.

8b. Alle ebenen geschlossenen Figuren mit vier Seiten können als . . . bezeichnet werden.

9a. Wählt eine Begriffsbezeichnung (Vieleck) aus, die der gegebenen übergeordnet ist.

9b. Produziert eine Begriffsbezeichnung (Vieleck), die der gegebenen übergeordnet ist.

9b. Dreiecke und Vierecke kann man als . . . bezeichnen.

10a. Wählt eine Begriffsbezeichnung (Fünfeck) aus, die der gegebenen beigeordnet ist.

10a. Was trifft zu?
A) Vieleck und Viereck sind einander beigeordnete Begriffe
B) Rechteck und Viereck sind einander beigeordnete Begriffe
C) Dreieck und Viereck sind einander beigeordnete Begriffe
D) Kreis und Viereck sind einander beigeordnete Begriffe

10b. Produziert eine Begriffsbezeichnung (Fünfeck), die der gegebenen beigeordnet ist.

11a. Wählt eine Begriffsbezeichnung (Trapez) aus, die der gegebenen untergeordnet ist.

11a. Was trifft zu?
A) Alle Sechsecke sind auch Vierecke.
B) Alle Trapeze sind auch Vierecke.
C) Alle Kreise sind auch Vierecke.
D) Alle Dreiecke sind auch Vierecke.
E) Alle Fünfecke sind auch Vierecke.

11b. Produziert eine Begriffsbezeichnung (Trapez), die der gegebenen untergeordnet ist.

12a. Wählt das Prinzip aus, das zwei Begriffe verbindet, wobei die Begriffsbezeichnungen gegeben sind.

12b. Produziert das Prinzip, das zwei Begriffe verbindet, wobei die Begriffsbezeichnungen gegeben sind.

12b. Was ist der Umfang eines Vierecks?

13a. Wählt die richtige Antwort aus, indem ihr ein Prinzip auf ein gegebenes Problem anwendet.

13b. Produziert die richtige Antwort durch Anwenden eines Prinzips auf ein gegebenes Problem.

13a. Wie findet man den Umfang des untenstehenden Vierecks?

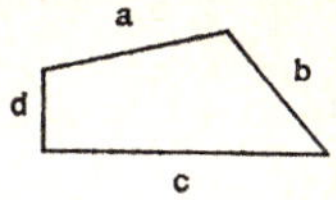

A) a × b
B) a × b × c × d
C) a + b
E) 2a + 2b

Die Lernziele gestatten natürlich auch noch andere als die angeführten Aufgaben. Beispielsweise können die Testaufgaben unter 1 und 2 für alle möglichen Merkmale des Vierecks und vieler anderer Begriffe formuliert werden. In ähnlicher Weise könnte man auch zusätzliche Aufgaben für andere Viereck-Arten und deren Beziehungen untereinander formulieren. Die Lernziele 10 bis 13 könnten weggelassen werden, wenn man sich lediglich mit dem grundlegenden Lernen eines bestimmten Begriffs und nicht mit den Beziehungen zu anderen Begriffen, Prinzipien und Problemlösungen befassen wollte.

Manche Begriffe werden nicht durch ihre Merkmale definiert. In diesem Fall sind die Lernziele 1, 2, 6 und 7 nicht geeignet. Beispielsweise kann ein Begriff durch Synonym- oder Gegensatzbegriffe (schön – hübsch, schön – häßlich) definiert werden, wobei anstelle des Merkmals der Synonym- oder Gegensatzbegriff tritt.

Frayer (1969) verwendete vorstehendes Modell von Lernzielen zur Entwicklung von Unterrichtsmaterialien über geometrische Begriffe sowie zur Beurteilung des Wissens, bzw. der Leistungshöhe der Schüler vor und nach dem Unterricht. (Vgl. Band III, Kap. 11.2.3.) Dasselbe Modell findet auch bei der Formulierung von Testaufgaben in anderen Sachbereichen Verwendung. Ein Lehrer, der sich darin auskennt und darüber hinaus Begriffe analysieren kann, spart bei der Lernzielformulierung und beim Verfassen von Testaufgaben zur Beurteilung der Schülerleistungen viel Zeit.

4.3.2 Unterrichtsziele: Begriff Suffix

Es folgen nun Lernziele für den Begriff *Suffix* sowie darauf bezogene Mehrfachwahl-Aufgaben. Wir führen hier nur die Lernziele mit geraden Zahlen auf, die ein *Auswählen* der richtigen Antworten erfordern.

Lernziele	*Entsprechende Testaufgaben*
2a. Wählt die Merkmalsbezeichnung (Nachsilbe) aus, wenn ein Beispiel gegeben ist.	In »Gelegenheit macht Diebe« nennt man *heit*: A) Zusatz zu einem Wort B) Pluralform C) Zusammenziehung D) Präfix E) Wortstamm
4a. Wählt ein nicht passendes Beispiel eines Begriffs, wenn die Begriffsbezeichnung (Suffix) gegeben ist.	Welcher Teil (kursiv) ist *kein* Suffix? A) Katz*e* B) lang*sam* C) sorg*fältig* D) renn*t* E) geh*end*
6a. Wählt die relevante Merkmalsbezeichnung eines Begriffs aus, wenn die Begriffsbezeichnung (Suffix) gegeben ist.	Was aus dem folgenden ist notwendig, um ein Suffix zu bilden? A) ein Wortstamm B) eine Form von *sein* C) eine Periode D) ein Großbuchstabe E) ein Präfix
8a. Wählt die Begriffsbezeichnung (Suffix) aus, wenn dessen Definition gegeben ist.	Den Zusatz am Ende eines Wortes nennt man A) Suffix B) Schlußsilbe C) Hilfswort D) Präfix E) Einzahl
10a. Wählt eine Begriffsbezeichnung aus, die der gegebenen übergeordnet ist.	Alle Suffixe sind: A) Wortteile B) Zusammenziehungen C) Präfixe D) Modi E) Mehrzahl

12a. Wählt das Prinzip aus, das zwei Begriffe verbindet, wenn die Begriffsbezeichnungen gegeben sind.

Was trifft sowohl auf Suffixe als auch auf Pluralbildungen zu?

A) Ein Suffix kann an Wörter angehängt werden, um die Mehrzahl zu bilden.
B) Alle Mehrzahlbildungen sind Suffixe.
C) Alle Suffixe sind Mehrzahlbildungen.
D) Suffixe können nur an Mehrzahlbildungen angehängt werden.

Wir gehen nicht davon aus, daß ein Schüler das ganze vorstehende Wissen über Suffixe in einer Unterrichtseinheit oder sogar während eines ganzen Jahres aufnimmt. Vielmehr wird sich dies über mehrere Jahre hinziehen. Der Begriff Suffix wird in einem kumulativen Lernprozeß erworben, und zwar von dem Augenblick an, wo der Schüler zum erstenmal einige weniger unterschiedliche Hinzufügungen zum Wortstamm wahrnimmt und diese alle gleich behandelt, bis er alle Suffixe richtig einordnen, definieren und auf ähnliche Begriffe beziehen kann und Suffixe richtig gebraucht. Dasselbe gilt für den Begriff Viereck. *Wiviott* (1970) stellte fest, daß kein einziger Fünftkläßler einen länger dauernden Test über Vierecke, der auf den vorstehenden Lernzielen aufgebaut war, bewältigen konnte; einige, aber bei weitem nicht alle Achtkläßler, waren erfolgreich, und die meisten, aber nicht alle Elftkläßler, schafften dies ganz.

4.3.3 Unterrichtsziele: Fertigkeiten

Otto und *Peterson* (1969) unterscheiden beim Lesen sechs Fertigkeitsbereiche. Die drei ersten Bereiche sind Worterkennung, Verständnis und Leseverhalten. Jeder Fertigkeitsbereich wird in aufeinanderfolgende Stufen von Subfertigkeiten weiter aufgegliedert. Für die Subfertigkeiten werden dann unterrichtliche Lernziele formuliert. Diese unterrichtlichen Lernziele sollten ausreichend explizit und genau sein, damit Lehrer sie zur Entwicklung eines Unterrichtsprogramms sowie zur Bestimmung des Schülerfortschritts anwenden können; man beabsichtigte allerdings nicht den Grad an Genauigkeit, der notwendig ist, um Unterrichtsmaterial und Tests herzustellen. Am Anfang dieses Kapitels wurden die Lernziele für »Worterkennung, Stufe A: 1. Aufnehmen von Reimelementen« aufgeführt. Die übrigen Lernziele, die sich auf drei andere Subfertigkeiten der Stufe A beziehen, lauten wie folgt:

2. Erkennt Ähnlichkeiten und Unterschiede
   a) Bilder (Formen)
   Lernziel
   Das Kind kann einer gegebenen Figur form- und lagemäßig identische Figuren zuordnen, z. B. 
   b) Buchstaben und Zahlen
   Lernziel
   Das Kind kann den Buchstaben — groß oder klein — oder die Zahl in einer Reihe angeben, der/die identisch mit einem gegebenen Buchstaben oder einer gegebenen Zahl ist. (Das Kind deutet auf den Buchstaben oder die Zahl, der/die gleich dem ersten Buchstaben oder der ersten Zahl in einer Reihe ist: P:BTPK; s:szec; 9:6098.)
   c) Wörter und Ausdrücke
   Lernziel
   Das Kind kann das Wort oder den Ausdruck in einer Reihe angeben, der mit einem gegebenen Wort oder Ausdruck identisch ist (z. B. *Hand:* Wand/Narr/Hund/Hand; *hin und her:* auf und ab/hin und her/vorwärts und rückwärts).
3. Unterscheidet Farben
   Lernziel
   Das Kind kann vom Lehrer angegebene Farben identifizieren (z. B. blau, grün, schwarz, gelb, rot, orange, weiß, braun, lila). (Das Kind sucht aus vier Farben die vom Lehrer angegebene heraus, z. B.: angegebene Farbe = *blau,* Wahlmöglichkeit = *blau, schwarz;* das Kind wählt die richtige Kreide und legte diese in eine Schachtel mit der vom Lehrer angegebenen Farbe.)
4. Erfaßt Anfangs-Konsonanten
   Lernziel
   Der Lehrer spricht zwei bekannte Wörter aus (z. B. Fenster — Farbe, Junge — nehmen, Banane — Donner), wobei das Kind angeben kann, welche Wörter mit demselben und welche nicht mit demselben Buchstaben beginnen (*Otto & Peterson,* 1969, S. 26 bis 27).

Es bedarf keiner in aller Breite beschriebener Lernzielaussagen, um die erwünschte Endleistung eines Schülers nach einer bestimmten Unterrichtsdauer zu beschreiben. Beispielsweise subsumiert das folgende, explizit formulierte Lernziel alle vorausgegangenen Lernziele und darüber hinaus noch viele andere: erkennt visuell die ersten 250 Wörter, die die ersten drei Bände (einer bestimmten Lesebuchreihe) enthalten. In ähnlicher Weise könnten die in den einzelnen Lernzielen bezüglich des Vierecks angeführten Leistungen in wenigen kurzen Sätzen zusammengefaßt werden. Auf diese Weise kann die *Art* der gewünschten Endleistung mit wenigen Worten umschrieben werden. In diesem Fall verfügt man natürlich nicht über ausreichend genaue Informationen über die aufeinanderfolgenden Schritte, durch die die Endleistung *erreicht* werden soll.

Es erübrigt sich auch, Mehrfach-Wahl-Tests oder andere schriftliche Testverfahren zu konstruieren, um zu beurteilen, ob ein Schüler bestimmte Kenntnisse über einen Begriff oder über ein anderes Lernergebnis erworben hat. Man betrachte die unterrichtlichen Lernziele in diesem Abschnitt. Man wird feststellen, daß sie so formuliert sind, daß der Lehrer direkt *beobachten* kann, ob der Schüler die Information oder Fertigkeit erworben hat oder nicht. In den meisten Fällen wird der Schüler außerdem selbst wissen, ob dies der Fall ist.

4.8. Wählen Sie einen Begriff aus, der eine Menge von Dingen in derselben Weise klassifiziert, wie es beim »Viereck« der Fall ist. Sie könnten den Begriff unterrichtliches Lernziel *oder irgendeinen anderen Begriff, bei dem Sie über genügend Kenntnisse verfügen, wählen. Dann führen Sie wie beim Viereck die Merkmale des Begriffs, deren Vorkommen und Nichtvorkommen, eine Definition, einen über- und untergeordneten Begriff, so vorhanden, sowie ein Prinzip, in dem der Begriff verwendet wird, auf. Anschließend verfassen Sie eine Reihe unterrichtlicher Lernziele, die das Verhalten eines Schülers, der den Begriff auf der von Ihnen gewünschten Stufe erworben hat, beschreiben. Entnehmen Sie diese den 13 Verhaltensweisen des Auswählens und Produzierens, in dem dargestellten Modell, oder modifizieren Sie diese eventuell. (Wenn Sie diese Aufgabe bewältigen, sind Sie in der Lage, einen Begriff zu analysieren und darauf bezogene unterrichtliche Lernziele zu formulieren, und zwar auf einer Stufe, die das Vermögen der meisten erfahrenen Lehrer übersteigt. Außerdem sind diese Fähigkeiten auf die meisten Begriffe anwendbar. Versuchen Sie, diese Aufgabe jetzt so gut wie möglich zu erfüllen, aber vielleicht ist es ratsam, nach der Lektüre von Kap. 5, das sich mit Unterrichtsmaterialien und Kap. 11, das sich mit Begriffen und Prinzipien befaßt, wieder hierauf zurückzukommen.)*

4.9. Es ist schwierig, Fertigkeiten zu bestimmen, die die Voraussetzung für andere Fertigkeiten bilden. Glauben Sie, daß man bei der Festsetzung eines jeden Lernstoffs so verfahren könnte, wie beim Lesen? Welche Lerninhalte haben vermutlich ähnliche Sequenzen von Fertigkeiten und Subfertigkeiten, und welche nicht?

4.4 Zusammenfassung

Lernzielaussagen über *Erziehungsziele* werden von ganz verschiedenen Einzelpersonen und Gruppen auf zwei Ebenen formuliert.

Auf einer sehr allgemeinen Ebene soll eine Aussage über Erziehungsziele die Öffentlichkeit informieren, sowie deren Unterstützung sicherstellen. Auf einer weniger allgemeinen Ebene stellt eine andere Aussage Richtlinien für die Entwicklung eines Erziehungsprogramms für alle Schüler eines Schulsystems oder einer einzelnen Schule zur Verfügung. *Unterrichtliche Lernziele* werden ebenfalls auf zwei Ebenen der Genauigkeit und des Details formuliert. Auf einer weniger expliziten Ebene werden unterrichtliche Lernziele zu dem Zweck formuliert, daß ein Lehrer, der den Lernstoff hinreichend gut kennt, ein entsprechendes Unterrichtsprogramm für einen Schüler oder eine Gruppe von Schülern aufstellen und darüber hinaus Tests oder Beobachtungsschemata zur Beurteilung der Schülerleistungen entwickeln kann. Auf einer expliziteren Ebene können genauere unterrichtliche Lernzielaussagen getroffen werden, damit Autoren, die mit dem Lernstoff nicht speziell vertraut sind, unterrichtliche Materialien und Tests verfassen können.

Bestimmte Gruppen in Amerika stehen auf dem Standpunkt, daß es nach wie vor angebracht ist, eine hochqualifizierte Erziehung für *alle* amerikanischen Kinder und Jugendlichen anzustreben. Sechs Bildungsziele für alle Schüler, die zumindest auf der verbalen Ebene weithin anerkannt werden, sind: intellektuelle Entwicklung, wirtschaftliche Unabhängigkeit und Berufsmöglichkeiten, Staatsbürgerschaft und staatsbürgerliche Verantwortung, soziale Entwicklung und menschliche Beziehungen, moralischer und ethischer Charakter, sowie Selbstverwirklichung. Es ist nur zu offensichtlich, daß diese Ziele im ganzen gesehen in diesem Jahrhundert bisher nicht erreicht wurden. Darüber hinaus verhält es sich nun ganz augenscheinlich so, daß wir, wenn wir physisch überleben wollen, zusehen müssen, daß sowohl Erziehung als auch Gesellschaft im allgemeinen der Ausrottung von Krieg, Armut und Umweltverschmutzung höchsten Vorrang einräumen.

Unterrichtliche Lernziele beschreiben die Verhaltensweisen, die der Schüler bei Erreichung eines jeden Lernziels zeigen wird, näher. Diese Verhaltensweisen können in Form von direkt beobachtbaren Handlungen beschrieben werden, wie z. B. »sagt«, »schreibt«, »produziert«, »identifiziert«, »führt aus« usw. Sie können auch in Form von Operationen, auf die aufgrund von Testergebnissen oder direkter Beobachtung geschlossen werden wie z. B. »versteht«, »analysiert«, »wertet aus«, »wendet an«, »bewertet«. Unterrichtliche Lernziele können explizit und prägnant formuliert werden, wie z. B. das folgende: »in einem 15 Minuten langen Test schreibt ein Schüler 48 von 50 Wörtern, die aus einer Anzahl von 5000 Wörtern eines schulischen Rechtschreib-Curriculums zufällig ausgewählt wurden, korrekt«. Man könnte auch für jedes einzelne Wort in diesem Curriculum ein Lernziel aufstellen, insgesamt also 5000. Unterrichtliche Lernziele sollten hinreichend ausführlich formuliert werden, so daß sowohl Schüler als auch Lehrer wissen, was gelernt werden soll. Man sollte in der Ausführlichkeit jedoch nicht so weit gehen, daß die Aufstellung des Lernziels für den Lehrer zu viel Zeit in Anspruch nimmt, und daß der Schüler keinen klaren Überblick über den Gesamtzusammenhang des Unterrichtsprogramms gewinnen kann. Die Formulierung der Lernziele soll sich also nach den beabsichtigten Zwekken richten.

4.5 Weiterführende Literatur

Association for Supervision and Curriculum Development: To nurture humaneness: Commitment for the 70's. Washington, D. C.: The Association, 1970.

Dieses 255 Seiten starke Jahrbuch enthält 22 kurze Kapitel, in denen Personen unterschiedlicher Berufe und Fachrichtungen ihre Standpunkte in bezug auf die Wichtigkeit der Einzelpersönlichkeit vertreten.

Bloom, B. S. ed.: Taxonomy of educational objectives. Handbook I: Cognitive domain. New York: McKay, 1956. Deutsche Ausgabe: Taxonomie von Lernzielen im kognitiven Bereich, Weinheim u. Basel, 2. Aufl. 1973.

Die Aufstellung der Lernziele ist zugleich eine Beschreibung von Fähigkeiten. Kap. 2, S. 25—43 (deutsche Ausgabe S. 24—53) gibt eine gute Einführung in das Wesen von Fähigkeiten.

Brezinka, W.: Was sind Erziehungsziele? Zeitschrift für Pädagogik, 1972, Nr. 4, S. 497—550.

Versuch der Präzisierung des pädagogischen Grundbegriffs »Erziehungsstil«.

Frey, K.: Theorien des Curriculums. — Weinheim u. Basel 1971.

Gibt einen verhältnismäßig umfassenden Überblick über in- und ausländische Curriculumansätze und diskutiert sehr eingehend die unterschiedlichen Lernzielkonstruktionen.

Gardner, J. W.: Excellence: Can we be equal and excellent too? New York: Harper & Row, 1961.

In diesem 171seitigen Paperback analysiert ein Erziehungspsychologe und früherer Gesundheits- und Erziehungsminister drei sich gegenseitig bekämpfende Kräfte innerhalb der amerikanischen Gesellschaft: vererbtes Vorrecht, Gleichberechtigung und Wettbewerb.

Gardner, J. W.: Self-renewal: The individual and the innovative society. New York: Harper & Row, 1963.

Dieser 141seitige Paperback beschreibt die Bedingungen, die im Individuum und in der Gesellschaft gegeben sein müssen, damit eine permanente Erneuerung möglich ist.

Klausmeier, H. J., O'Hearn, G. T. eds.: Research and development toward the improvement of education. Madison, Wisc.: Dembar Educational Research Services, 1968, S. 42—86.

Fünf wissenschaftliche Artikel beschreiben die Forschung und Entwicklung seit 1950 in Englisch, Mathematik, Lesen und Naturwissenschaften. Jeder der Autoren hat einen wichtigen Beitrag zur Curriculumentwicklung geliefert.

Krathwohl, D. R., Bloom, B. S., Masia, B. B.: Taxonomy of educational objectives. The classification of educational goals. Handbook II. Affective domain. New York: McKay, 1964.

Der Band ist ähnlich aufgebaut wie der von *Bloom* herausgegebene (siehe oben). Es wird eine Klassifikation für den affektiven Lernzielbereich vorgeschlagen.

Mager, R. F.: Preparing objectives for programmed instruction. Palo Alto, Cal.: Fearon, 1962; deutsche Ausgabe: Lernziele und programmierter Unterricht, Weinheim u. Basel, 4.—9. Aufl. 1969.

Dieses kurze programmierte Lehrbuch ist nützlich für denjenigen, der sich für die Abfassung von sehr detaillierten, expliziten Unterrichtszielen interessiert.

Möller, Ch.: Technik der Lernplanung. — Weinheim, Basel, 1969.

Dieser 226 Seiten starke Paperback diskutiert — unter Einbeziehung vorliegender Lernzieltaxonomien wie der *Bloom*schen — Kriterien, Möglichkeiten und Definitionen der Lernzielableitung.

Ojemann, R. H.: Should educational objectives be stated in behavioral terms? In Ripple, R. E., ed. Readings in learning and human abilities. New York: Harper & Row, 2nd ed. 1971.

Ojemann unterscheidet zwischen »offenem Verhalten« in testähnlichen und anderen Situationen, gibt Beispiele und beschreibt Meßverfahren.

Popham, W. J., Eisner, E., Sullivan, H. J., Tyler, L.: Instructional objectives. Chicago: Rand McNally, 1969.

Diese 142seitige AERA-Monographie beschreibt verschiedene Arten unterrichtlicher Lernziele, sowie Genauigkeit und Detail ihrer Formulierung.

Ziechmann, J.: Curriculumkonstruktion. — Bad Heilbrunn, 1973.

Auf 269 Seiten handelt der Autor Theorie und Praxis der Curriculumkonstruktion in der Bundesrepublik ab. Die Verfahren zur Ermittlung und Hierarchisierung von Lernzielen werden ausführlich dargestellt.

5. Unterrichtsmaterialien und Unterrichtstechnologie

Oft ist es notwendig, einer großen Anzahl von Schülern dieselbe Information gleichzeitig zu vermitteln. Zu diesem Zweck hat man unterschiedliche Methoden entwickelt, z. B. Fernsehunterricht, Vorlesungen und Tonfilme. Dabei muß man die individuellen Unterschiede zwischen Schülern in speziell drei Lerndimensionen berücksichtigen — das, was jeder Schüler lernt, die Mittel, durch die er es lernt und die Geschwindigkeit, mit der er es lernt. Für diesen Zweck hat man andere Methoden und Systeme entwickelt.

Zur Berücksichtigung individueller Unterschiede greift man zu Einzel- und Kleingruppen-Unterricht verschiedener Art.

Normalerweise enthält jede Unterrichtsmethode unabhängig von ihrem Lernziel, eine Kombination dreier Variablen — Schüleraktivität, Lehreraktivität und Unterrichtsmaterialien. Die Bedeutung der dritten Komponente — also der Unterrichsmaterialien — wurde in den letzten Jahren immer mehr erkannt. Es ist also nicht überraschend, daß Pädagogen und viele andere — einschließlich Psychologen, Fachwissenschaftler, Ingenieure und Fachleute auf dem Gebiet der Elektronik — während der beiden vergangenen Jahrzehnte sich hauptsächlich damit beschäftigt haben, eine Vielfalt unterrichtlicher Lernmaterialien sowie entsprechende Geräte und Verfahren zu entwickeln. Die daraus resultierende Anwendung von Prinzipien der Physik, Elektronik, Chemie, des Lernens sowie der Meßmethoden auf den Unterricht nennt man *Unterrichtstechnologie.*

Dieses Kapitel gibt einen Überblick über die unterschiedlichen Arten der Unterrichtsmaterialien und ihrer möglichen Anwendung. Anschließend behandeln wir drei Methoden, die während der vergangenen Jahrzehnte besonders erfolgreich weiterentwikkelt werden konnten — nämlich Fernsehunterricht, programmierte Unterweisung und Computer-unterstützter Unterricht. In diesem Kapitel sollen speziell Informationen vermittelt werden, die die Entscheidung darüber, welche Materialien für welchen Unterrichtszweck, erleichtern. Außerdem wollen wir Lehrer dazu ermutigen, sich selbst mehr um die Entwicklung besserer Unterrichtsverfahren und -materialien zu bemühen.

5.1 Materialtypen und Verwendungsweisen

Zahl und Vielfalt unterrichtlicher Lernmaterialien nehmen konstant und schnell zu. Eine bestimmte Art eines qualitativ hochwertigen Lernmaterials kann bei der Erreichung bestimmter Lernziele bessere Dienste leisten als eine andere Art. Daneben versteht es sich von selbst, daß nicht alle Lernmaterialien qualitätsmäßig gleichwertig sind; außerdem ist es sehr schwer, die jeweilige Qualität zu bestimmen, wenn man das entsprechende Material noch nicht ausprobiert hat. Wir müssen, um diese Punkte etwas abzuklären, einen kurzen historischen Überblick über Unterrichtsmaterialien und der entsprechenden Technologie geben. Dann folgt eine Beschreibung der Typen und Verwendungsweisen dieser Materialien. Am Schluß gehen wir auf neuere Versuche zur Sicherstellung einer besseren Qualität der Lernmaterialien vor deren Vertrieb ein.

5.1.1 Kurzer historischer Überblick über Unterrichtsmaterialien und -technologie

Lumsdaine (1964) beschreibt, was Physik, Mathematik und Verhaltenswissenschaft zur Entwicklung von Unterrichtsmaterialien und -gerät beigetragen haben. Er bezeichnet diese Entwicklungen als Erziehungstechnologie. Abb. 5.1 veranschaulicht die Zusam-

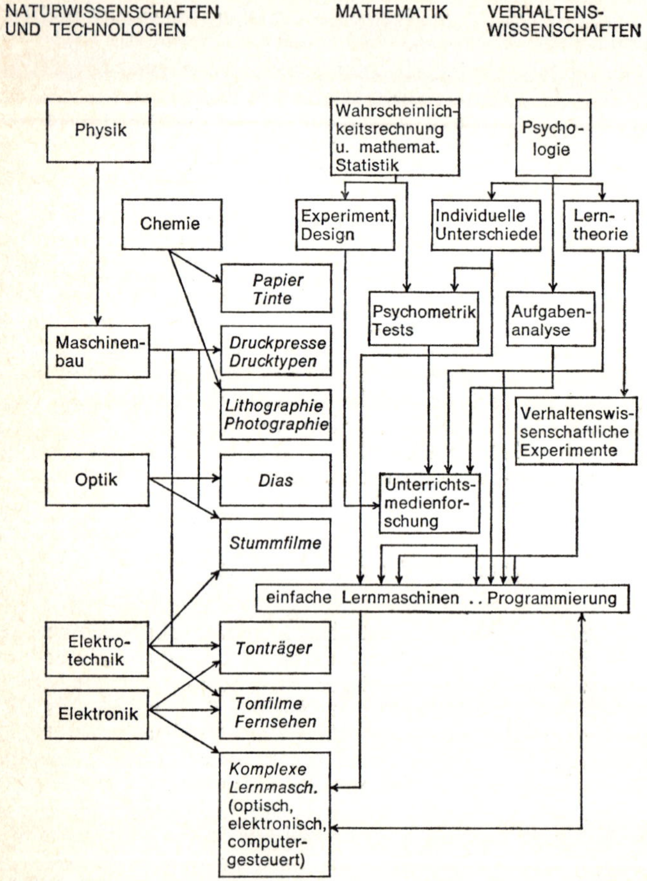

Abb. 5.1. Zusammenhänge zwischen physikalischen und verhaltenswissenschaftlichen Entwicklungen in bezug auf Erziehungstechnologie (*Lumsdaine*, 1964, S. 375).

menhänge. Wir wollen die in der Abbildung enthaltenen Informationen vor allem unter historischen Gesichtspunkten betrachten. In der zweiten Kolonne abwärts stehen folgende Wörter: »Papier«, »Tinte«; »Druckpresse«; »bewegliche Drucktypen«; »Lithographie«, »Photographie«; »Dias«; »Stummfilme«; »Tonträger«; »Tonfilme«; »Fernsehen«; »komplexe Lernmaschinen (optisch, elektronisch, computergesteuert)«.

Es fällt auf, daß ungefähr die Hälfte dieser Medien erst im 20. Jahrhundert gefunden wurden. Auch das meiste, was Mathematik und Verhaltenswissenschaften zur Unterrichtstechnologie beigetragen haben, hatte seinen Ursprung in diesem Jahrhundert. Experimentelles Design, Psychometrisches Testverfahren, Lerntheorie, Aufgabenanalyse, Unterrichtsmedien-Forschung, einfache Lernmaschinen, Programmierung — alles Produkte des 20. Jahrhunderts. Es ist klar, daß bis jetzt noch nicht Zeit genug war, die vielen Anwendungsmöglichkeiten all dieser Bereiche in bezug auf die Erziehung zusammenzustellen. Es wurden bisher auch noch nicht genügend finanzielle Mittel in die Erprobung bereits vorgenommener unterrichtlicher Anwendungen investiert. Es darf jedoch erwartet werden, daß auf diesem Gebiet in nächster Zukunft erhebliche Fortschritte zu erzielen sind.

5.1.2 Verwendungsmöglichkeiten verschiedenartiger Materialien

Erfahrene Lehrer mit spezieller Kenntnis über Unterrichtsmaterialien und -geräte können wertvolle Informationen darüber erteilen, welche Materialien am besten für bestimmte Zwecke zu verwenden sind. Es gibt auch eine beträchtliche Forschung in bezug auf die Leistungsfähigkeit bestimmter Materialien und Vergleichsuntersuchungen und zwar unterschiedliche Materialien, die jedoch zur Erreichung derselben Lernziele konstruiert wurden. Beispielsweise beurteilte *Allen* (1967) hochwertige Materialien in unterschiedlichen Medien. Er erarbeitete ein grobes Raster über die Effektivität von Medien in bezug auf globale Lernziele, das wir in Tab. 5.1 wiedergeben. Prüfen Sie diese sorgfältig im Hinblick auf Ihre eigenen Interessen bezüglich Lernstoff und Klassenstufe. Vielleicht werden Sie nach der Lektüre dieses Kapitels und späterer Kapitel wieder hierauf zurückgreifen wollen, insbesondere da vier spätere Kapitel vier der in Tab. 5.1 enthaltenen Lernziele näher behandeln.

Allen (1967) faßte auch nützliche Informationen über elf Gerätearten zusammen, deren Kosten, das Vorhandensein entsprechender Einrichtungen und Anlagen zu ihrer Verwendung und Aspekte ihrer Herstellung (siehe Tab. 5.2). Allerdings sollte man

Tabelle 5.1. *Beziehungen zwischen Unterrichtmedien und Lernzielen*

Art des Unterrichtsmediums	Lernen von Faktenwissen	Lernen visueller Identifikationen	Lernen von Prinzipien, Begriffen und Regeln	Lernen von Verfahrensweisen	Ausführen gekonnter Wahrnehmungsmotorischer Akte	Entwickeln wünschenswerter Haltungen, Einstellungen u. Motivationen
Dias	*mittel*	**hoch**	*mittel*	*mittel*	niedrig	niedrig
Filme	*mittel*	**hoch**	**hoch**	**hoch**	*mittel*	*mittel*
Fernsehen	*mittel*	*mittel*	**hoch**	*mittel*	niedrig	*mittel*
3-dimensionale Gegenstände	niedrig	**hoch**	niedrig	niedrig	niedrig	niedrig
Tonträger	*mittel*	niedrig	niedrig	*mittel*	niedrig	*mittel*
Programmierte Unterweisung	*mittel*	*mittel*	*mittel*	**hoch**	niedrig	*mittel*
Demonstration	*niedrig*	*mittel*	niedrig	**hoch**	*mittel*	*mittel*
Gedruckte Lehrbücher	*mittel*	niedrig	*mittel*	*mittel*	niedrig	*mittel*
Mündliche Darbietung	*mittel*	niedrig	*mittel*	*mittel*	niedrig	*mittel*

Quelle: *Allen*, 1967, S. 28.

diese Informationen wegen der unterschiedlichen Qualität ähnlich gearteter Materialien, des schnellen Fortschrittes der Technologie sowie der wechselnden Anwendungen in verschiedenen Fachbereichen und auf verschiedene Stufen lediglich als allgemeine Richtschnur betrachten. Beispielsweise werden nur die wenigsten Einrichtungen über eine voll verkabelte Video-Anlage verfügen (vgl. Punkt 9 in der Tabelle); immerhin besitzen viele Schulen Fernsehgeräte und können Programme empfangen, auch wenn sie selbst keine Programme herstellen können. Desgleichen (vgl. Punkt 10) sind Lernmaschinen nicht sonderlich viel verbreitet, aber man kann programmierte Textbücher ebenso leicht verwenden wie andere Bücher, und davon gibt es sehr viele.

5.1.3 Qualitative Verbesserung von Unterrichtsmaterialien

Einschließlich der Lehrbücher werden Unterrichtsmaterialien zu dem Zweck gekauft, sie auf einer ganz bestimmten Stufe einzusetzen, wobei erwartet wird, daß Schüler durchschnittlicher Intelligenz die meisten Wörter lesen und neues Wissen aus dem Studium der Lehrbücher gewinnen können. Leider erfüllen manche Lehrbücher diese Erwartung nicht. Vor kurzem hielt *Klausmeier* ein Seminar ab, in dem es darum ging, aus Lehrbüchern der 4. Klasse diejenigen einfachen und zusammengesetzten Wörter herauszusuchen, die die zentralen Begriffe darstellten. Einige dieser Wörter wurden dann auf Karten geschrieben und in der 5. Klasse ausprobiert, um festzustellen, ob die Kinder diese Wörter lesen und verstehen konnten. Es stellte sich heraus, daß in den Lehrbüchern des 4. Schuljahres in Mathematik und Naturwissenschaft viele Wörter enthalten waren, die sogar Schüler des 5. Schuljahres, die durchschnittlich und überdurchschnittlich gut lesen konnten, nicht erfassen und bei mündlicher Darbietung auch nicht verstehen konnten. *Hilton* (1969) stellt fest, daß, seit sich Fachwissenschaftler neuerdings intensiver an der Abfassung von Lehrbüchern beteiligen, der Lesbarkeit des Materials und dessen Schwierigkeit für Schüler weniger Aufmerksamkeit gewidmet worden ist. Das Ergebnis ist, daß immer mehr Schüler die Lehrbücher einfach nicht gut genug lesen können, um daraus zu lernen.

Des öfteren werden Bedenken darüber geäußert, daß Unterrichtsmaterialien vor dem schulischen Einsatz nicht ausreichend getestet würden. In diesem Zusammenhang besteht ein Hauptzweck der durch die *Elementary and Secondary Education Act* von 1965 eingesetzten regionalen pädagogischen Laboratorien in der Entwicklung von Curriculummaterialien. Auch die vom Bund eingerichteten Forschungs- und Entwicklungszentren verfolgen — zu einem geringeren Grad — dasselbe Ziel. Die Aufgabe beider

Tabelle 5.2. *Kosten und andere Gesichtspunkte bezüglich unterschiedlicher Unterrichtsmedien*

Instrument	Verwendete Medien	Hinweise zur Materialproduktion	Vorhandensein entsprechender Einrichtungen	Ausstattungskosten
1. Filmstreifen oder Diaprojektor	35 mm Filmstreifen oder 5 x 5 Dias	Nicht teuer; kann in kurzer Zeit örtlich hergestellt werden	Gewöhnlich verfügbar; erfordert verdunkelbaren Raum	niedrig
2. Tageslichtprojektor	Folien mit Bildern und graphischen Darstellungen	billig, kann in kurzer Zeit örtlich hergestellt werden	vorhanden, kann bei Tageslicht verwendet werden	niedrig
3. Schaubilder oder Poster	Bilder	sehr billig; können in sehr kurzer Zeit örtlich hergestellt werden	vorhanden; keine Spezialausrüstung notwendig	sehr niedrig
4. Filme (Gruppenvorführungen)	16 mm Ton- oder Stummfilme	Muß speziell hergestellt werden; Tonfilme sind teuer und brauchen zur Herstellung ca. 6-12 Mt.	normalerweise vorhanden; erfordert verdunkelbaren Raum	mäßig
5. Filme als Endlosschleifen (8 mm stumm) für Einzelvorführungen	8 mm Stummfilme	normalerweise spezielle Herstellung notwendig; kurzfristig und nicht sehr teuer	normalerweise nicht vorhanden; muß speziell beschafft werden, damit es dem Unterrichtsprogramm angepaßt werden kann	niedrig für Einheit aber mäßig für Gruppen
6. Tonbandgerät	1/4″ Tonbänder	einfach u. nicht teuer; örtlich verfügbar	vorhanden	niedrig

7. Plattenspieler	Platten mit 33 1/3, 45 oder 78 U/min.	normalerweise nur kommerziell produzierbar	normalerweise vorhanden	niedrig
8. Anschauungsmodelle	3dimensionale Modelle	unterschiedlich in Komplexität und Herstellungsschwierigkeit; einzelne Teile leicht erhältlich	vorhanden	schwankt von niedrig bis hoch
9. Video-Anlage	Live-Darstellungen, Filme, Video-Aufnahmen, Standbilder	erfordert normalerweise umfangreiches und gut ausgebildetes Personal	normalerweise nicht vorhanden	mäßig bis hoch
10. Lernmaschinen und programmierte Textbücher	Programmiertes Material	Manche Programme handelsmäßig verfügbar; muß normalerweise für jeden Kurs speziell vorbereitet werden	normalerweise nicht vorhanden	niedrig pro Einheit, aber mäßig für Gruppen
11. Systemkombinationen	Fernsehen (auch Video), Filme, Bilder, Tonträger	Komplex: wahrscheinlich örtlicher Service notwendig, um speziellen Anforderungen zu genügen	normalerweise nicht vorhanden	mäßig bis hoch

Organisationen besteht darin, neue Produkte zu entwickeln sowie festzustellen, wie gut Schüler mit speziellen Merkmalen mit diesem Material lernen, bevor dieses kommerziell verbreitet werden darf.

Lange (1967) beschreibt einen wiederholten Kreislauf von Entwicklung, Test und Revision programmierten Unterrichtsmaterials, wodurch sichergestellt werden soll, daß das Material für die Schüler, die damit umgehen sollen, geeignet ist. Abbildung 5.2 veranschaulicht in den Schritten A bis J die gesamte Sequenz. Prüfen Sie die Schritte einmal selbst durch, als ob Sie einige wenige gedruckte Materialien für Schüler zu entwickeln hätten, wie z. B. eine oder mehrere Unterrichtsstunden. Es braucht sich dabei nicht um programmiertes Material von der Art, wie es später in diesem Kapitel beschrieben wird, zu handeln. Sie sind wahrscheinlich ohne weitere Kenntnisse dazu in der Lage, einen geeigneten Lerninhalt im Hinblick auf ein bestimmtes Fach (A) auszuwählen und einige darauf bezogene Verhaltensziele (B-1) für Schüler, deren Merkmale sich nach Schul- und Altersstufe sowie des früheren Leistungsstandes (B-2) bestimmen können, aufzustellen. (Die Beurteilung von Schülermerkmalen wird in den Kapiteln 17 und 18 des 4. Bandes behandelt.) Sie werden sich an dieser Stelle mit den Schritten C, D, E, H, I und J noch nicht befassen wollen. Achten Sie jedoch darauf, daß D eine Verhaltensanalyse sowie eine Beschreibung der Unterrichtssequenz zur Erreichung der Lernziele erforderlich macht. Dies bedeutet, daß sie eine Analyse treffen, was der Schüler zur Erreichung der von Ihnen formulierten Endziele lernen oder tun muß, sowie der Lernsequenz, die von Anfang bis Ende durchlaufen werden muß, vorzunehmen haben.

F-1 weist darauf hin, daß zunächst eine Zielgruppe von Schülern bestimmt werden muß, für die das Material gedacht ist. Eine kleine Stichprobe davon wird einem Vortest unterzogen, damit man über deren Merkmale Bescheid weiß. Man könnte ihre Merkmale einfach grob einschätzen. Dann stellt man eine Erstfassung des gedruckten Materials her und bestimmt und entwickelt die auditiven und visuellen Materialien und Geräte. Die Schritte G-1 und G-2 zeigen an, daß dieses Material mit jeweils neuen Gruppen von 3 Schülern nacheinander ausprobiert wird, bis alle 3 im Endtest 90 oder mehr Prozent richtige Antworten erzielen; dieser Endtest dient als echtes Maß für die Erreichung der Endziele.

Wenn das Material diese Aufgaben hinreichend gut erfüllt, wird es für den Feldversuch (G-3) vorbereitet. Wenn das Material in mehreren Schulen in verschiedenen Gegenden des Landes mit einer verhältnismäßig großen Schülerzahl so funktioniert wie es soll, geht es in die Endproduktion. Wenn nicht, geht man in der

Revision so weit als nötig zurück, z. B. nach G-3, F-2 oder sogar bis D und B-1.

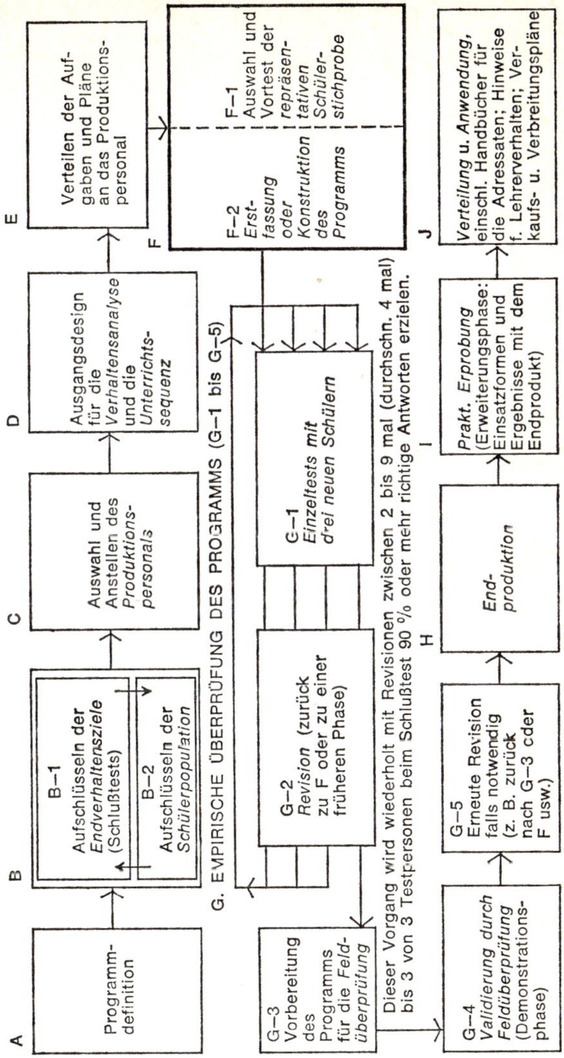

Abb. 5.2. Verallgemeinertes Flußdiagramm über das Entwickeln und Testen programmierter Unterrichtsmaterialien (*Lange*, 1967, S. 58)

Wir wiesen darauf hin, daß die vorstehende Sequenz die Entwicklung und Evaluation programmierter Unterrichtsmaterialien darstellt. Sie erscheint gleichermaßen relevant für andere Arten von Unterrichtsmaterial, nur daß Spezialisten der jeweiligen Fachgebiete bei A und ebenso bei F-2 zur Validierung des Inhalts hinzugezogen werden sollten, und daß eine umfangreichere Überprüfung im Feld notwendig wird. Der Vergleich des speziell hergestellten Materials mit anderen Materialien zum Nachweis darüber, welches der Materialien besser geeignet ist, stellt einen Teil der Überprüfung im Feld dar.

Diese Art von Entwicklung und Evaluation von Unterrichtsmaterial erfordert einen erheblichen Zeit- und Geldaufwand. Weder einzelne Autoren, noch kommerzielle Verlage investieren normalerweise so viel, wie die vorstehend beschriebene Sequenz zeigt. Wir wiesen jedoch bereits darauf hin, daß die Bundesregierung ein solches Vorgehen durch Laboratorien und entsprechende Zentren unterstützt. Darüberhinaus werden allmählich große, vom Bund unterstützte Curriculumprojekte notwendig, in denen die Materialien im Feld evaluiert und die Ergebnisse zusammengefaßt werden. Außerdem sollte es zur Zuständigkeit eines jeden Schulsystems gehören, Materialien zu evaluieren, um herauszufinden, wie effektiv verschiedenartige Materialien in bezug auf Kinder mit bestimmten Merkmalen sind, wenn sie unter klar definierten Bedingungen eingesetzt werden. Bisher gibt es weder genügend Fachleute auf dem Gebiet der Evaluation, noch genug Geld, um sowohl die Qualität des Materials zu garantieren als auch es so einzusetzen, daß die bestmöglichen Ergebnisse gewährleistet sind. Unglücklicherweise basiert die Evaluation von Unterrichtsmaterialien innerhalb eines Schulsystems sehr oft auf Kriterien, die lediglich die äußere Erscheinungsform betreffen, aber nicht auf Inhalt, Anwendbarkeit und Schwierigkeitsgrad basieren. Bisher haben sich Lehrer nicht ausreichend damit befaßt, wie der auf die Materialien zurückzuführende Lernerfolg der Schüler festgestellt werden kann. Außerdem gibt es Lehrer, denen es lieber ist, wenn andere für sie entscheiden, was ihre Schüler lernen sollen.

5.1. Bewerten Sie dieses Lehrbuch auf derselben Basis, die Allen *zur Bewertung verschiedener Arten von unterrichtlichen Medien in Tab. 5.1 verwendete. Vergleichen Sie Ihre Bewertung mit seinen Ratings über Lehrbücher allgemein. Beachten Sie auch, daß* Allen *Filme für bestimmte Zwecke viel höher einschätzte als Lehrbücher. Würden Sie selbst Filme für dieselben Zwecke ebenso hoch bewerten? Warum verwendet man im Unterricht nicht mehr Filme?*

5.2. Welche Medien könnte man außer gedruckten Büchern in einem Kurs über Erziehungspsychologie sinnvoller Weise noch verwenden? Bis zu welchem Grad können Medien überhaupt einen Lehrer bei unterrichtlichen Tätigkeiten in der Schule ersetzen?

5.3. Inwieweit ist es möglich, daß die Unterrichtstechnologie Lehrer und Schüler versklavt oder manipuliert? Wie müßten Lehrer sein oder sich verhalten, damit dies geschehen könnte?

5.2 Unterrichtsfernsehen

Man hegte große Erwartungen als das unterrichtliche Fernsehen (ITV = instructional television) in den fünfziger Jahren seinen Anfang nahm. Die ersten Resultate fielen jedoch sehr viel geringer aus als versprochen, und die unvermeidliche Desillusionierung setzte ein. Immerhin waren die späten sechziger Jahre nach entsprechenden Erfahrungen durch bessere Unterrichtsprogramme und einen effektiveren Einsatz der Programme durch Lehrer gekennzeichnet. Inzwischen hat sich durch Fallstudien und andere Forschungstechniken genug Information angesammelt, so daß man endgültige Aussagen über Schülerleistungen im Zusammenhang mit ITV, Einstellungen gegenüber ITV, dem Unterrichtsfernsehen allgemein günstige Bedingungen, Grenzen des Unterrichtsfernsehens und über spezielle Bedingungen, die schulisches Lernen durch Unterrichtsfernsehen erleichtern, machen kann. Inzwischen ist auch zweierlei klar geworden: der Lehrer, dessen Schüler Fernsehunterricht erhalten, kann viel zur Effektivität des Lernens beitragen. Hinzu kommt, daß es immer mehr Möglichkeiten gibt für diejenigen, die Studio- oder Fernsehlehrer werden wollen.

5.2.1 Schülerleistung und Einstellungen gegenüber dem Unterrichtsfernsehen

Schüler lernen durch Unterrichtsfernsehen dann erfolgreich, wenn bestimmte Bedingungen bezüglich des Fernsehprogramms und dessen Verwendung durch den Lehrer hinreichend gut erfüllt sind. Auch die Einstellungen der Schüler gegenüber dem Unterrichtsfernsehen variieren, was auf klar definierte Bedingungen zurückgeführt werden kann.

Schülerleistung

Chu und *Schramm* (1968) werteten 207 Untersuchungen mit 421 Einzelvergleichen zwischen Unterrichtsfernsehen und konventionellem Unterricht aus. Die Ergebnisse dieser Vergleiche sind in Tab. 5.3 dargestellt. Von 202 Vergleichen auf Hochschulebene bevorzugten 14 % den konventionellen Unterricht, 11 % das Unterrichtsfernsehen und die restlichen 75 % gaben keine signifikanten Unterschiede in bezug auf die Unterrichtsleistung. Auf der Sekundarschulebene sprachen sich 13 % der Vergleiche für normalen Klassenzimmerunterricht und 20 % für Unterrichtsfernsehen aus. Auf der Primarstufe waren nur 6 % für konventionellen Unterricht und 16 % für Unterrichtsfernsehen. Ein Vergleich der signifikanten Unterschiede zeigt, daß das Unterrichtsfernsehen auf der Primar- und Sekundarstufe effektiver war als auf der Hochschulebene. (Man beachte jedoch, daß es keinen signifikanten Unterschied zwischen Unterrichtsfernsehen und konventionellem Unterricht bei 67 % der Vergleiche auf der Hochschulebene und 78 % auf der Primarstufe gab.)

Tabelle 5.3. *Ergebnisse aus 421 Vergleichen zwischen Unterrichtsfernsehen und konventionellem Unterricht*

	Keine signifikanten Unterschiede		Fernsehen effektiver		Konventioneller Unterricht effektiver	
	Zahl	Prozent	Zahl	Prozent	Zahl	Prozent
Primarstufe	50	78	10	16	4	6
Sekundarstufe	82	67	24	20	16	13
Hochschule	152	75	22	11	28	14
Erwachsene	24	73	7	21	2	6
Summe	308		63		50	

Quelle: *Chu* & *Schramm*, 1968, S. 7

Obwohl die Unterschiede zwischen den drei Schulstufen gering sind, versuchen *Chu* und *Schramm* die Faktoren, die möglicherweise zu den Unterschieden beigetragen haben, zu klären. Eine mögliche Interpretation bezieht sich auf die Tatsache, daß der Schüler beim Unterrichtsfernsehen keinen unmittelbaren Feedback erhält. Je höher die Schulstufe, desto komplexer ist das Lernmaterial, und umso notwendiger wird ein entsprechender Feedback. Auf den höheren Schulstufen wird die Schülerleistung also beim Unterrichtsfernsehen niedriger, weil kein entsprechender Feedback einsetzt. Eine andere mögliche Erklärung für die größere Effektivität bei Kindern der Primarstufe wäre die, daß während der fünfziger und sechziger Jahre, als diese Forschungsarbeit geleistet wurde, jüngere Kinder im allgemeinen fernseherfahrener waren als ältere. Eine dritte mögliche Erklärung besteht darin, daß der Fernsehlehrer normalerweise ein höheres Prestige für jüngere Kinder hat. Aus diesem Grund lernen jüngere Kinder möglicherweise mehr, weil sie besser aufpassen und weil sie den Fernsehlehrer besser nachahmen. Schließlich haben Lehrer der Primarstufe ihrerseits eine positivere Einstellung gegenüber dem Unterrichtsfernsehen als Hochschullehrer.

Unterrichtsfernsehen scheint in bezug auf alle Fachgebiete gleichermaßen effektiv zu sein, wie Tab. 5.4 zeigt.

Tabelle 5.4. *Effektivität des Fernsehens in unterschiedlichen Fachgebieten*

Fach	Anzahl der Vergleiche	Prozentzahl der Fernsehgruppen, die ebensogut oder besser als konventionelle Gruppen abschnitten
Geisteswissenschaften	45	95.5
Social Studies	77	89.6
Mathematik	56	89.2
Sprachen	77	88.3
Naturwissenschaft	100	86.0
Verschiedenes	40	75.0

Quelle: *Chu* & *Schramm*, 1968, S. 10

Die Fernsehgruppen schnitten in bezug auf fünf unterschiedliche Fachgebiete gleich gut bzw. besser als die Kontrollgruppen ab, und zwar in allen Vergleichen zwischen 86 und 95 %. Diese Ergebnisse sollten, wie *Chu* und *Schramm* betonen, nicht so interpretiert werden, als ob alle Schulen ihren Unterricht auf Fernsehunterricht umzustellen hätten:

> Dies bedeutet jedoch nicht, daß der Unterricht in irgendeinem Fach vollkommen auf Fernsehunterricht umzustellen wäre. Wir werden noch später Gelegenheit haben, darauf hinzuweisen, daß das Fernsehen gegenwärtig nirgendwo in der Welt dazu benutzt wird, den *gesamten* Unterricht zu übernehmen. Es wird immer kombiniert mit Klassenzimmerunterricht, beaufsichtigten Lerngruppen oder einem anderen Mittel, um die Lernprozesse der Adressaten anzuregen und zu steuern. Was die Ergebnisse allerdings nahezulegen scheinen, ist, daß Fernsehen nicht notwendigerweise fachgebunden ist. Es kann in vielen Bereichen eingesetzt werden. Wo es auf Demonstrationen oder besonderes Fachwissen ankommt, ist es hervorragend geeignet. Wo bestimmte Lernprozesse einen andauernden Wechsel zwischen Schüler und Lehrer erfordern, ist es weniger wirkungsvoll. Es eignet sich für jedoch nahezu alle Fachgebiete, wenn es benötigt und sinnvoll eingesetzt wird (*Chu* u. *Schramm*, 1968, S. 10).

Einstellungen des Schulpersonals

Tab. 5.5 veranschaulicht die Einstellungen von Lehrern und anderem Schulpersonal (in Hagerstown, Maryland) gegenüber unterschiedlichen Aspekten des Unterrichtsfernsehens.

Tabelle 5.5. *Prozentzahlen verschiedener Gruppen von Lehrern und Verwaltungsbeamten, die mit bestimmten Aussagen über Unterrichtsfernsehen übereinstimmten (Hagerstown, 1965)*

Aussagen	Verwaltungsbeamte	Lehrer d. Primarstufe I	Lehrer d. Primarstufe II	Lehrer d. Sekundarstufe I	Lehrer d. Sekundarstufe II
Sehr oder etwas hilfreich beim Unterrichten	83.3	76.9	80.9	62.5	40.9
Vermittelt Erfahrungsbereiche	98.7	98.4	96.4	90.0	76.3
Bereichert und erweitert das Curriculum	91.1	94.2	90.7	77.8	76.0
Beschränkt oder reduziert das Curriculum	3.8	3.3	6.4	15.3	18.6
Hat keinen Effekt auf das Curriculum	5.0	2.5	2.8	6.9	5.4
Verbessert die Curriculumplanung	91.0	94.0	88.0	81.0	66.0
Verbessert die Qualität des Gesamtprogramms	97.0	94.0	88.0	81.0	66.0

Quelle: *Chu* u. *Schramm*, 1968, S. 62.

Die Reihenfolge von der höchsten zur niedrigsten Bewertung des Unterrichtsfernsehens ist: Verwaltungsbeamte, Primarstufe I, Primarstufe II, Sekundarstufe I und Sekundarstufe II. Selbst auf den beiden Sekundarstufen waren etwa 75 % der Lehrer der Meinung, daß das Unterrichtsfernsehen den Schülern reichere Erfahrungen vermittelt und das Curriculum bereichert und erweitert. Die unterschiedlichen Einstellungen der Lehrer gegenüber dem Unterrichtsfernsehen beziehen sich vermutlich auf die folgenden fünf Faktoren: (1) wie sie den Grad der Bedrohung der Rolle der Lehrperson einschätzen, (2) wie sie die Wahrscheinlichkeit, daß mechanischer Unterricht den direkten Kontakt mit den Schülern ersetzen könnte, einschätzen, (3) wie sie die Effektivität des Unterrichtsfernsehens einschätzen, (4) welche Schwierigkeiten sie bei der Verwendung moderner Techniken auf sich zukommen sehen und (5) inwieweit sie Experimenten in der Erziehung mißtrauen oder vertrauen (*Chu* und *Schramm*, 1968).

Einstellungen der Schüler

Chu und *Schramm* führen aus, daß die Einstellungen von Schülern gegenüber dem Unterrichtsfernsehen denen der Lehrer entsprechen:

Die Forschung über Einstellungen in bezug auf das Unterrichtsfernsehen verfügt nur über einige wenige stichhaltige Leitlinien. Es läßt sich eine Tendenz erkennen, daß auf den frühen Schulstufen positivere Einstellungen gegenüber dem Unterrichtsfernsehen bestehen als auf späteren, aber dies trifft nicht immer zu. Es steht mit ziemlicher Sicherheit außer Zweifel, daß das Unterrichtsfernsehen auf allen Schulstufen und in bezug auf alle Sachgebiete sowohl akzeptiert als auch abgelehnt wird. Vielmehr hängen die Einstellungen gegenüber dem Unterrichtsfernsehen davon ab, wie und unter welchen Bedingungen es eingesetzt wird, und nicht so sehr von Schulstufe und Fachgebiet. Die Einstellung des Schülers gegenüber dem Unterrichtsfernsehen scheint eng damit zusammenzuhängen, wie er die Qualität und das Interesse für den Kurs einschätzt, wie frustriert er davon ist, daß er bis zum Ende der Sendung warten muß, um Fragen stellen zu können, wie er Unterrichtsalternativen gegenüber dem Unterrichtsfernsehen einschätzt und wie er die äußeren Bedingungen, unter denen der Fernsehunterricht stattfindet, beurteilt. Die Einstellungen des Lehrers gegenüber dem Unterrichtsfernsehen scheinen eng damit zusammenzuhängen, inwiefern das Fernsehen den gegenwärtigen Status sowie die zukünftige Stellung des Lehrers im Klassenzimmer beeinflußt, sowie damit, wie effektiv es in der Klasse eingesetzt werden kann. Wenn es gelingt, den Lehrer echt am Unterrichtsfernsehen zu beteiligen, und wenn man ihm hilft, seine neue Rolle zu lernen, dann werden sich seine eigenen verbesserten Einstellungen vermutlich auf die Einstellungen der Schüler auswirken, und er wird wahrscheinlich mehr dazu in der Lage sein, das Fernsehen effektiv in das Unterrichtsgeschehen zu integrieren — was sowohl auf Schüler- als auch auf Lehrerseite zu einer positiveren Einstellung führen wird (*Chu* u. *Schramm*, 1968, S. 72).

5.2.2 Allgemein günstige Bedingungen für das Fernsehen

Schramm (1968) berichtet über seine Erfahrungen, die er mit dem Unterrichtsfernsehen in einigen unterentwickelten Ländern gemacht hat. Wenn das Unterrichtsfernsehen einen optimalen Beitrag zum schulischen Lernen leisten soll, müssen fünf allgemeine Bedingungen erfüllt sein, denn das Unterrichtsfernsehen arbeitet am besten, (1) wenn es um die Lösung eines klar definierten Unterrichtsproblems geht, (2) wenn es voll in ein Lehr-Lern-System integriert ist, (3) wenn es finanziell angemessen unterstützt wird, (4) wenn es sich an eine verhältnismäßig große Schülerzahl richtet und (5) wenn es hinreichend geplant ist.

1. Lösung eines klar definierten Problems

Man erwartet vom Unterrichtsfernsehen nicht, daß es den gesamten Unterricht prägt. Wenn es allerdings lediglich eine untergeordnete Ersatzfunktion ausübt, lassen sich normalerweise keine meßbaren Vorteile gegenüber dem gewöhnlichen Klassenzimmerunterricht feststellen. Wenn jedoch in einem bestimmten Fachgebiet ein vollständiges Fernsehcurriculum zur Verfügung steht, das durch direkten Unterricht ergänzt wird, lassen sich hervorragende Ergebnisse erzielen. Im folgenden sind fünf spezielle Einsatzarten des Unterrichtsfernsehens sowie eine repräsentative, allerdings nicht vollständige Liste mit Orten samt Einsatzangabe angeführt: *Förderkurse:* Columbien, Hagerstown, MPATI (Midwest Program on Airborne Television Instruction), Niger, Nigeria, Samoa; *Erziehertraining:* Algerien, Columbien, Hagerstown, Italien, Nigeria, Samoa; *Schulerweiterung:* Chicago, Italien, Japan, Peru; *Unterricht in Grundfähigkeiten:* Italien, Elfenbeinküste, Peru; *Erwachsenenerziehung und Gemeindeentwicklung:* Columbien, Italien, Peru, Samoa (*Chu* u. *Schramm*, 1968, S. 16).

Eine kurze Zusammenfassung der Situation in Hagerstown, Maryland, zeigt, wie das Unterrichtsfernsehen zur Unterrichtsverbesserung beitragen kann:

> Hagerstown war weder das beste noch das schlechteste amerikanische Schulsystem, als es sich 1956 dem Fernsehen zuwandte. Man wollte naturwissenschaftlichen Unterricht nicht nur im Sekundarbereich, sondern bereits auf der Primarstufe anbieten, mit dem Fremdsprachenunterricht bereits früh auf der Primarstufe anfangen, in allen Schulen Fachunterricht für Kunsterziehung und Musik erteilen und in den Höheren Schulen fortgeschrittene Kurse in Mathematik und Naturwissenschaft einrichten. Viele Primarstufenlehrer waren nicht bereit, qualifizierte naturwissenschaftliche oder fremdsprachliche Kurse zu geben; es fehlte sowohl an qualifizierten Kunsterziehern und Musiklehrern als auch an anderen. Für all dies neue Lehrer anzustellen, würde eine zu große Belastung für den Haushalt bedeutet haben, auch wenn man solche Lehrer hätte bekommen können. Darüber hinaus wurden neue Schulgebäude notwendig, und es entstand die Frage, ob man nicht Platz und Geld sparen könnte, wenn man große Fernsehzimmer sowie kleine Gruppenarbeitszimmer schaffen würde. Als sich dann die Gelegenheit ergab, sich am Unterrichtsfernsehen zu beteiligen und wirklich qualifizierten Unterricht auszunutzen, wagte Hagerstown diesen Schritt und ist bisher mit den Ergebnissen voll zufrieden (*Chu* u. *Schramm*, 1968, S. 17).

2. Integration innerhalb eines Lehr-Lern-Systems

Unterrichtsfernsehen funktioniert am besten, wenn es Teil eines integrierten Lehr-Lern-Systems ist, d. h. Teil einer Team-Teaching-Situation. Das Team setzt sich zusammen aus einem Studio- oder Fernsehlehrer, dem normalen Klassenzimmerlehrer und eventuell einem weiteren Lehrer, der an Lehrbüchern oder anderen Unterrichtsmaterialien arbeitet. Zwischen Studio- und Klassenzimmer-Lehrer besteht die Notwendigkeit zu dauernder gemeinsamer Planung und Diskussion. *Schramm* u. a. fassen diese Vorgehensweise folgendermaßen zusammen:

> Im Endeffekt laufen die neuen Unterrichtsmedien durch ihre Beschaffenheit auf eine Art von Team-Teaching hinaus. Dabei handelt es sich nicht genau um dasselbe, was man sonst an modernen Schulen unter »Team-Teaching« versteht, wo sich nämlich der Begriff üblicherweise auf die Verteilung spezieller Aufgaben in bezug auf eine große Schülergruppe unter mehrere Lehrer und Assistenten bezieht. Aber es handelt sich um dasselbe Prinzip. Jeder Lehrer hat eine spezielle Aufgabe, für die er sich voraussichtlich am besten eignet. Bei diesem Medium vereinen mehrere Lehrer ihre Anstrengungen, um ihren Teil zur Stimulation der Lernaktivität des Schülers beizutragen, indem einer den Input vornimmt, einer für den Empfang verantwortlich ist und ein anderer eventuell die Aufbereitung von Text- bzw. Übungsmaterialien vornimmt. Wenn die Medien für Erwachsenenbildung verwendet werden (man denke etwa an Landwirtschaft als mögliches Fachgebiet), so mag der Lehrer auf der Senderseite ein Fortbildungsspezialist sein, der Supervisor auf der Empfängerseite ein Diskussionsleiter, während die Materialien von einer Gruppe eines Landwirtschaftlichen Forschungsinstituts stammen können. Aber die Verteilung der Aufgaben bleibt dieselbe. Es liegt auf der Hand, daß eine derartige Verteilung und Kombination von Aufgaben klare und gemeinsam verantwortete Lernziele, den Willen zur Zusammenarbeit, sorgfältiger Planung, sowie eine entsprechende Ausbildung in den speziell erforderlichen Fähigkeiten verlangt (*Schramm, Coombs, Kahnert* & *Lyle*, 1967, S. 97).

3. Finanzielle Unterstützung

In der frühen Phase des Unterrichtsfernsehens rechnete man damit, daß diese Art des Unterrichts die Kosten für die Erziehung eines Schülers erheblich reduzieren würde. Mittlerweile hat man erkannt, daß, wenn das Unterrichtsfernsehen sachgemäß eingesetzt wird, es den Klassenzimmer-Lehrer nicht ersetzen kann, noch sollte. Auch sollte das zahlenmäßige Schüler-Lehrer-Verhältnis nicht zugunsten der Verminderung von Kosten für die Einrichtung und den Betrieb der Fernsehanlage und das dafür notwendigen Mitarbeiterstabes verschlechtert werden.

4. Ausstrahlung an große Schülerzahlen

Um die Kosten in vernünftigen Grenzen zu halten, müssen dieselben Fernsehunterrichtsstunden an eine relativ hohe Schülerzahl ausgestrahlt werden. Beispielsweise betrugen die Herstellungskosten für *Patterns in Arithmetic* (PIA), ein Mathematikprogramm für sechs Klassenstufen, 500 000 Dollar. Im ersten Jahr nach seiner Entwicklung erreichte es ungefähr 500 000 Kinder, hauptsächlich in Stadtzentren und wirtschaftlich armen ländlichen Gegenden. Einige zusätzliche, wenn auch nicht besonders hohe Kosten entstanden dadurch, daß das Programm auch an bestimmten Schulen verwendet wurde; an Schulen, die bereits für Fernsehunterricht ausgestattet waren, blieben die Kosten bescheiden. *Patterns in Arithmetic* ist ein kompletter Fernsehkurs für die Klassen 1–6 (*Van Engen & Parr,* 1969). Das Material besteht aus 336 Unterrichtsstunden auf Videoband, einem Schülerarbeitsbuch für jede Klassenstufe sowie einem entsprechenden Lehrerhandbuch. In jeden der aufeinanderfolgenden Kurse flossen die neuesten Forschungsergebnisse des *Wisconsin Research and Development Center for Cognitive Learning* ein. Das Programm beansprucht zur Vermittlung grundlegender mathematischer Begriffe eine bzw. zwei wöchentliche Fernseh-Viertelstunden. Jeder Sendung folgen Arbeitsaufgaben für die Schüler. Hinweise für den Lehrer behandeln die jeweiligen Lernziele und verweisen auf programmbezogene Tätigkeiten. Der Klassenzimmer-Lehrer ist ein integrierter Bestandteil des Unterrichtsteams. Das Programm kann in städtischen und isolierten ländlichen Schulsystemen innerhalb des Empfangsbereichs eines Fernsehsenders oder in Schulen mit einer voll verkabelten Video-Anlage eingesetzt werden. Das PIA erweist sich in Situationen als besonders effektiv, wo Schüler häufig wechseln und wo Lehrer für die Vermittlung moderner mathematischer Konzepte und Fertigkeiten nicht besonders gut ausgebildet sind. Außerdem können die Schüler durch Sehen und Hören lernen; nur wenig Wissen muß durch Lesen erworben werden.

5. Hinreichende Planung

Eine angemessene Planung des Unterrichtsfernsehens bedeutet, daß Zeit und Mühe für die Entwicklung einer Produktionskapazität aufgewendet werden müssen, geeignete Empfangsgeräte beschafft und andere wichtige Vorbedingungen zu schaffen sind und daß die Klassenzimmer-Lehrer auf ihre neue Rolle vorbereitet werden müssen. Der erforderliche Zeitaufwand hängt von der Qualität der Ausbildung des Lehrkörpers ab. In unterentwickelten Nationen und in kleineren Schulbezirken der Vereinigten Staaten mit niedrigem sozio-ökonomischem Status wird ein größerer Aufwand nötig sein als an gut ausgestatteten Schulen mit entsprechend ausgebildeten Lehrern und einem ausreichenden technischen Stab.

5.2.3 Grenzen des Unterrichtsfernsehens

Selbst unter den besten Unterrichtsbedingungen handelt es sich beim Unterrichtsfernsehen notwendigerweise um eine einseitige Kommunikation, die zur gleichzeitigen Versorgung einer großen Schülerzahl mit identischen Informationen dient. Da die Kommunikation einseitig verläuft und der Lehrer eher zu seiner Kamera als direkt zu seinen Schülern spricht, kann er natürlich nicht wissen, ob er beispielsweise zu schnell oder zu langsam vorgeht, ob er schwierige Stellen erklären sollte oder ob die Schüler ihm überhaupt zuhören. Wegen der Einseitigkeit der Kommunikation kann der Schüler keine Fragen stellen, nicht um Erklärungen bitten oder eine Diskussion in Gang bringen, bevor die Fernsehdarbietung abgelaufen ist. In ähnlicher Weise hat der Fernsehlehrer auch keine Möglichkeit für Feedback oder Verstärkung.

Eine zweite Begrenzung des Unterrichtsfernsehens besteht darin, daß die Lehrgeschwindigkeit für alle Zuschauer gleich ist. Verbunden mit der üblichen Praxis, daß eine große Schüleranzahl gleichzeitig unterrichtet wird, bedeutet dies, daß auf die unterschiedliche Auffassungsgabe der Schüler keine Rücksicht genommen werden kann.

Hier hat der Film Vorteile gegenüber dem Fernsehen, ebenso wie das Tonband in den Händen eines geschickten Lehrers Vorteile gegenüber dem Radio hat. Der Lehrer kann den Film zu jeder geeigneten Zeit einsetzen und die Vorführung für bestimmte Schüler so oft als notwendig wiederholen. Außerdem kann der Film jederzeit angehalten und Zeit für Fragen oder Diskussionen zur Verfügung gestellt werden. Allerdings werden die meisten Vorteile des Films gegenüber dem Unterrichtsfernsehen verschwinden, wenn dem Lehrer zuverlässige Video-Recorder genauso zur Verfügung stehen, wie dies bei Filmprojektoren der Fall ist.

5.2.4 Spezielle Bedingungen, die das Lernen der Schüler erleichtern

Chu und *Schramm* (1968) stellten 37 Gesichtspunkte über die bisherigen Erfahrungen mit dem Unterrichtsfernsehen zusammen. Die meisten davon betreffen Produktionsfragen. Beispielsweise scheint es im Hinblick auf die Schülerleistung belanglos zu sein, ob man einen großen oder kleinen Bildschirm verwendet, ob man in Farbe oder Schwarz-Weiß sendet, mit Trickfilm arbeitet oder nicht, oder ob man eine dramatische Darbietung an Stelle einer sachlich erläuternden wählt. Unter Berücksichtigung der speziellen Bedingungen, unter denen das Unterrichtsfernsehen in Schulen empfangen und *eingesetzt* wird, kam man zu acht Grundprinzipien, (Die meisten dieser Prinzipien stammen aus der Forschung über Film- bzw. andere Medien – sind also nicht vom Fernsehen direkt abgeleitet, jedoch auf dieses anwendbar.)

1. *Motivation.* Untersuchungen über den Zusammenhang zwischen Motivation und Medien sind identisch mit Untersuchungen über andere Unterrichtsverfahren. Beispielsweise erbringen Schüler, denen man Geld zur Belohnung versprochen hat, bessere Leistungen als andere. Ebenso lernen Schüler mehr aus Filmen, an denen sie interessiert sind, als aus solchen, an denen sie weniger interessiert sind.

2. *Informations-Feedback.* Wenn es praktisch keine Forschungen über die Auswirkungen des Informations-Feedbacks beim Unterrichtsfernsehen gibt, so kann man doch beim Film auf entsprechende gründliche Untersuchungen zurückgreifen. Diese Forschungen belegen, daß Schüler ein Informations-Feedback so schnell als möglich erhalten sollten, damit festgestellt werden kann, ob sie den beabsichtigten Lernstoff bewältigt haben. Als praktisch hat sich die Anwendung eines kurzen Tests unmittelbar nach der Fernsehdarbietung erwiesen, wobei die Schüler den Test selbst auswerten.

3. *Übungen.* Ein Schüler kann während oder nach einer Fernsehdarbietung unsichtbar oder offen reagieren. Wenn er dies unsichtbar tut, so hat der Lehrer natürlich keine Möglichkeit, herauszufinden, welcher Art diese Reaktion ist. Aus diesem Grund kann der Lehrer entsprechende Übungsaufgaben bzw. Fragen entwickeln, um den Schüler unmittelbar nach der Fernsehdarbietung zu offenen Reaktionen zu veranlassen. In mehreren Experimenten mit Filmen hat sich gezeigt, daß die Schülerleistung durch solche Übungen erhöht wird. Außerdem ist eine Übung mit unmittelbarem Feedback, wobei der Schüler sofort feststellen kann, ob seine Antwort richtig ist, effektiver als bloße Übung ohne Feedback.

4. *Notizen.* Notizen während einer Fernsehdarbietung stören den Lernprozeß, wenn hierfür nicht gesonderte Zeit durch Pausen in der Fernsehdarbietung zur Verfügung steht. Das Anfertigen von Notizen wirkt sich beim Unterrichtsfernsehen vermutlich schädlicher aus als im normalen Klassenzimmer-Unterricht, weil der Klassenzimmer-Lehrer normalerweise den Unterricht verlangsamt oder eine Pause einlegt, wenn er sieht, daß sich Schüler Notizen machen. (Der Studio-Lehrer sieht seine Schüler natürlich nicht.)

5. *Lehrer-geleitete Weiterarbeit.* Man hat Versuche durchgeführt, um festzustellen, welche Verfahren höhere Schülerleistungen erbringen: eine Wiederholung der Fernsehaufnahme oder die anschließende Weiterarbeit mit dem Lehrer. Es stellte

sich heraus, daß die Weiterarbeit mit dem Lehrer oder eine Diskussion mit erläuternden Informationen bessere Resultate erzielte als eine Wiederholung der Fernsehsendung. Noch bessere Resultate wurden allerdings erzielt, wenn nach einer ersten Fernsehdarbietung eine Lehrer-geleitete Arbeitsphase einsetzte und dann die Sendung wiederholt wurde.

6. *Lärm.* Lärm kann durch den Sender, Empfänger oder externe Ursachen entstehen. Wenn es beim Lernen mehr auf das Hören ankommt, wirkt sich Lärm störend aus. Dagegen gewöhnen sich Schüler sehr gut an Lärm, wenn die zu lernende Information vorwiegend visuell vermittelt wird.

7. *Sichtwinkel.* Immer, wenn Lernen vorwiegend visuell erfolgt, beeinflußt der Sichtwinkel den Lernerfolg. Das Fernsehbild unterscheidet sich in vielen Punkten vom realen Gegenstand, z. B. auch dimensional. Weil dem Fernsehbild die dritte Dimension fehlt, erscheint es Schülern, die weit links oder rechts vom Mittelpunkt sitzen, verzerrt. Dies gilt für relativ kleine Fernsehschirme in besonderem Maße.

8. *Entfernung.* Auch eine zu nahe oder zu entfernte Sitzposition beeinflußt das Sehen. Wenn also detaillierte visuelle Informationen dargeboten werden, ist es wichtig, daß man im richtigen Winkel und in der richtigen Entfernung zum Empfänger sitzt.

Chu und *Schramm* veröffentlichten ihre Untersuchung im Jahre 1968. 1970 beschrieb ein anderer Bericht mit dem Titel »TV Comes of Age in the Classroom« (etwa: Das Unterrichtsfernsehen mausert sich) zwei bemerkenswerte Schritte vorwärts in der Verwendung des Fernsehens im Jahre 1969 — *»Sesame Street«* und *»Patterns in Arithmetic«*. Einige kurze Auszüge aus diesem Artikel vermitteln etwas von der Atmosphäre und der Zielrichtung der beiden Programme:

»Sesame Street« ist ... eine schnell ablaufende, technisch glänzende Mischung der Madison Avenue Kunst: Trickfilme, kurze und pointierte Parodien, Handpuppen, Lieder und Geschichten. Aber die wiederholten »Werbeeinblendungen« stellen die Buchstaben des Alphabets vor anstatt Seife oder Haferflocken, und der Inhalt eines jeden Spots ist sorgfältig auf erzieherische Absichten hin berechnet. Sogar die Gäste — Stars wie Mahalia Jackson, Burt Lancaster und Pete Seeger — sind in das im voraus sorgfältig ausgearbeitete Lernzielschema eingepaßt ...

Alles spricht gegenwärtig dafür, daß »Sesame Street« ein Riesenerfolg war. Ein praktischer Beweis hierfür ist die Tatsache, daß John W. Macy, Jr., Präsident der Public Broadcasting Corporation, vorgeschlagen hat, daß ein weiteres gleichartiges Experiment auf einem anderen Erziehungsgebiet, etwa der Erwachsenenbildung ... in Angriff genommen werden sollte, um zu zeigen, daß »Fernsehen richtig eingesetzt, das bisher effektivste Werkzeug zur Massenerziehung sein kann«. Die Langzeitwirkung auf die Schulen selbst, wenn es sich herumsprechen sollte, daß gute Erziehung in der Art der »Sesame Street« zugleich eine lustvolle Erfahrung für den Lernenden darstellt, bleibt erst noch abzuschätzen.

»Patterns in Arithmetic« stellt ein weniger offensichtliches Abgehen von den Traditionen des Unterrichtsfernsehens dar, kann jedoch ebenfalls weitreichende Auswirkungen haben. Sein Grundgedanke ist, daß man das Fernsehen zur Einführung neuer mathematischer Begriffe in Schulen verwenden und diese gleichzeitig Tausenden von Lehrern vermitteln könnte ...

Wie bei der »Sesame Street« gingen die Urheber von »Patterns in Arithmetik« so vor, daß sie ihre ersten Arbeitsergebnisse zusammen mit den tatsächlichen Adressaten — in diesem Falle zwischen 30 und 100 Lehrern jeder Schulstufe in der Gegend von Madison, Wisconsin — in den Jahren 1965—66 und 1966—67 ausprobierten. Alle paar Wochen trafen sich die Lehrer mit den an der Programmentwicklung Beteiligten zur Auswertung der Sendungen und es kam durchaus vor, daß einige Programmteile aufgrund dieser Sitzungen gänzlich neu geschrieben wurden ...

Die beiden großen Erfolge von 1969—70 eröffnen dem Unterrichtsfernsehen sehr gute Zukunftsaussichten. Beide Techniken lassen sich offensichtlich auch auf viele andere Erziehungsgebiete anwenden. Und vielleicht ist das beste daran, daß gezeigt werden konnte, daß es mehr als einen Weg gibt, die ungeheuren Kosten und die Anwendungsprobleme des mächtigen elektronischen Mediums zu bewältigen (*Editors*, Education, U.S.A. 1970, S. 50—55).

5.4. Sie sehen vermutlich seit Ihrer Kindheit das normale Fernsehprogramm, und möglicherweise verfügen Sie auch bereits über einige Erfahrungen mit dem Unterrichtsfernsehen. Was, wenn überhaupt, lernen Sie aus Fernsehsendungen, was Sie aus gut bebildertem, gedrucktem Material nicht so leicht aufnehmen würden? Haben Sie Argumente gegen das kommerzielle und das unterrichtliche Fernsehen? Könnte man das Fernsehen modifizieren oder fortschrittlicher gestalten, um den Unterricht zu verbessern?

5.5. Lehrer haben sich im allgemeinen eher negativ als positiv gegenüber dem Unterrichtsfernsehen geäußert, obwohl Schüler durch das Unterrichtsfernsehen verhältnismäßig gut lernen. Chu *und* Schramm *führen mehrere Gründe für die negativen Lehrerreaktionen an. Stimmen Sie mit diesen Gründen überein? Finden Sie, daß das Fernsehen in unseren Schulen noch häufiger verwendet werden sollte?*

5.6. Glauben Sie, daß der Studio-Lehrer, verglichen mit dem Lehrer im Klassenzimmer, eine wichtigere, weniger wichtige oder gleichermaßen wichtige Rolle beim Unterrichtsfernsehen spielt? In welcher

Weise könnte die Beantwortung dieser Fragen die Reaktionen eines Lehrers gegenüber dem Unterrichtsfernsehen beeinflussen?

5.3 Programmierte Unterrichtsmaterialien

Der Schwerpunkt dieses Abschnitts liegt auf programmierten Unterrichts*materialien.* Allerdings kann die *programmierte Unterweisung* oder ein Unterrichtsprogramm jede Art auditiven, visuellen oder audio-visuellen Materials sowie viele Arten von Lehr- und Lernaktivitäten enthalten, wie in Kapitel 1 des ersten Bandes beschrieben.

Zuerst geben wir einen kurzen historischen Überblick über die programmierte Unterweisung; dann folgen einige frühe und späte Beispiele programmierter Materialien sowie die darauf bezogene Diskussion. Der Leser wird soviel Information vorfinden, daß er vielleicht selbst einen Versuch zur Abfassung solcher Materialien machen möchte; möglicherweise wird er auch zu einem weiterführenden Fachbuch greifen wollen. Schließlich behandeln wir die Rolle der programmierten Unterweisung im Hinblick auf den aus ihr resultierenden schulischen Lernerfolg.

5.3.1 Historischer Überblick

Durch einen Artikel von *B. F. Skinner* »The Science of Learning and the Art of Teaching«, erhielt der programmierte Unterricht im Jahre 1954 einen starken Anstoß. *Skinner,* der sich um die Entdeckung der Prinzipien der operanten Konditionierung (siehe Kapitel 2 des 1. Bandes) verdient gemacht hat, beschrieb die Anwendung dieser Prinzipien auf den Rechtschreib- und Mathematikunterricht durch die Verwendung programmierter Unterrichtsmaterialien mit Hilfe einer Lernmaschine. Es handelt sich um folgende Prinzipien: (1) Bestimme das erwünschte Endverhalten und analysiere die Sequenz der spezifischen Verhaltensweisen, die zur Erreichung des erwünschten Endverhaltens unerläßlich sind. (2) Veranlasse den Schüler zur Ausgangsreaktion durch Nachahmung oder andere Mittel, z. B. durch Bereitstellung von Signalen (*prompting* und *cueing*). (3) Man lasse den Schüler allmählich eine Sequenz kleiner Schritte absolvieren, so daß jede seiner aufeinanderfolgenden Verhaltensweisen oder Reaktionen zum Endverhalten hinführt. Dabei sind *Skinner* drei Bedingungen wichtig: der Schüler muß wahrnehmbares Verhalten zeigen (overt behavior); die Reaktions-Sequenz muß zum Endverhalten führen; die Schritte innerhalb der Sequenz müssen klein sein, damit sichergestellt ist, daß korrekte Reaktionen gezeigt werden. (4) Man verstärke die Reaktionen durch einen geeigneten Plan, damit die Reaktionen bekräftigt werden. *Skinner* weist auch darauf hin, daß jeder Schüler u. U. eine etwas andere Unterrichtssequenz, einen anderen Verstärkungsplan sowie unterschiedlich große Lernschritte benötigt. Man verfolgt also den Zweck, daß Schüler ein Programm in unterschiedlicher Geschwindigkeit bewältigen können und dennoch entsprechend ihren kognitiven Fähigkeiten und anderen Merkmalen das Material gleich gut lernen.

Unter dem Gesichtspunkt, daß ein Lehrer nicht einmal in der Lage sei, ein sehr gutes Programm für einen einzelnen, geschweige denn für dreißig oder mehr Schüler zu planen und durchzuführen, erfand *Skinner* eine Lernmaschine, die diese Aufgabe erfüllen sollte. 1954 war er sicher, daß die operante Konditionierung die Unterrichtspraxis stark verändern würde:

> Es geht um eine einfache Aufgabe. Man kann sie in konkreten Worten beschreiben. Die notwendigen Techniken sind bekannt. Die notwendigen Geräte können leicht hergestellt werden. Nichts steht im Weg als kulturelle Trägheit. Aber was kennzeichnet das moderne Temperament mehr als der Widerwille, Traditionelles als unvermeidlich hinzunehmen? Wir stehen auf der Schwelle einer aufregenden und revolutionären Periode, in der die Wissenschaft zum besten der Menschheit dienen soll. Die Erziehungswissenschaft muß ihren Teil dazu beitragen. Sie muß die Tatsache akzeptieren, daß eine umfassende Revision der Unterrichtspraxis möglich und unvermeidlich ist. Wenn sie dies tut, können wir vertrauensvoll auf ein zukünftiges Schulsystem blicken, das sich der Natur seiner Aufgaben bewußt und seiner Methoden sicher ist, und das von informierten und tatkräftigen Bürgern, die diese Erziehung hervorbringen wird, großzügige Unterstützung erfährt (*Skinner*, 1954, S. 97).

Obwohl *Skinner* die Anwendung derselben Prinzipien noch immer vertrat, und obwohl seine Lernmaschinen eine weite Verbreitung und erste Erprobung gefunden hatten, kam man vierzehn Jahre später durch Forschung und entsprechende Erfahrungen zu dem Ergebnis, die Lernmaschinen praktisch wieder aufzugeben. Auch hat die Anwendung der Lernprinzipien in programmierten Büchern — wenn es auch einige Einzelerfolge gab — nicht die vorausgesagte große Leistungsverbesserung bei Schülern gebracht, selbst in den vielen Fällen nicht, wo man mit voller Begeisterung ans Werk gegangen war. Im Jahre 1968 kam *Skinner* daher zu etwas realistischeren Erwartungen:

> Sowohl Grundlagenforschung als auch Technologie sind natürlich unvollständig, und dies war zu erwarten. Menschliches Verhalten ist ein äußerst komplexer Gegenstand. Eine effektive Lehrtechnologie wird kaum einfacher sein können als, sagen wir, Elektrotechnik oder Medi-

zin. Wir können eine gründliche Analyse nicht dadurch umgehen, daß wir einige wenige allgemeine Prinzipien extrahieren. Ebensowenig wie wir eine neue Radiotechnik durch die Anwendung einiger weniger allgemeiner Prinzipien der Elektrizität oder eine neuartige Therapie durch die Anwendung einiger weniger allgemeiner medizinischer Prinzipien entwickeln können, so ist auch die Zeit vorbei, wo man eine Verbesserung des Lernprozesses durch die Anwendung einer einfachen, dem gesunden Menschenverstand entstammenden Theorie menschlichen Verhaltens erwarten darf. Die effektivsten Unterrichtstechniken können nur aus der bestmöglichen Kenntnis über menschliches Verhalten abgeleitet werden, ein Ziel, dem sich die experimentelle Forschung langsam, aber stetig annähert (*Skinner*, 1968, S. 226).

Nichtsdestoweniger stellt die programmierte Unterweisung in ihrer jetzigen Form, die eine reproduzierbare Sequenz unterrichtlicher Schritte enthält, die zur Erreichung explizit formulierter Lernziele konzipiert ist, noch immer eine mächtige Kraft in der Erziehung dar; ihre Bedeutung wird vermutlich noch wachsen, wenn vernünftige Entwicklungsarbeiten und Qualitätskontrollen erfolgen, bevor diese Materialien verbreitet werden. Programmiertes Unterrichtsmaterial sollte, wie auch das Unterrichtsfernsehen, als mögliche wichtige Komponente eines Gesamt-Unterrichtsprogramms für bestimmte Schüler, jedoch nicht als das einzige Programm für alle Schüler oder gar als Ersatz des Lehrers angesehen werden. Unglücklicherweise betrachten jedoch nicht nur die frühen Vertreter, sondern auch manche moderne Enthusiasten die programmierte Unterweisung als komplettes System zur Selbstinstruktion für alle Schüler, das den Lehrer nahezu überflüssig macht.

Wie zu erwarten, wurden die frühen programmierten Materialien entsprechend der *Skinner*'schen Vorstellungen entwickelt; man nannte sie *lineare* (linear) Programme. Kurz danach kamen *verzweigte* (branching) oder *selbststeuernde* (intrinsic) Programme auf. Außerdem waren bereits *beigeordnete* (adjunct) Programme in Gebrauch. Wir gehen nun auf diese drei Arten ein. Inzwischen tendiert man bei der Programmentwicklung dazu, keines der Originalmodelle in reiner Form zu verwenden, und probiert ständig neue Ideen aus.

5.3.2 Lineare Programme

Ein lineares Programm besteht aus einer Folge von Items oder Spalten. Aufeinanderfolgende Spalten erfordern lediglich kleine Lernschritte, so daß der Schüler wenige oder keine Fehler macht und viele Verstärkungen erhält. Nach jeder Spalte hat der Schüler eine Antwort abzugeben. Wenn die Antwort richtig ist, wird sie verstärkt. Zwei weitere Punkte sind wichtig: Es müssen geeignete Signale (prompts und cues) vorgegeben werden, um sicherzustellen, daß eine richtige Schülerantwort erfolgen kann. Außerdem verlangt die Sequentierung die Wiederaufnahme oder Verwendung früherer Antworten später in der Sequenz sowie eine allmähliche Reduzierung früherer Signale.

Ein Englischprogramm

Die folgenden Spalten sind die elf ersten von insgesamt 60, die die erste Lektion aus einer Reihe von 22 Lektionen bilden, die zur Vermittlung ausgewählter Begriffe einer strukturellen und transformationellen Grammatik dienen. Schüler der 8. Klasse mit durchschnittlicher bzw. überdurchschnittlicher Intelligenz lernten die ausgewählten Begriffe mit Hilfe dieser Lektionen gut (*Blount* u. a., 1967). Dieses Material ist repräsentativ für ein modernes lineares Programm, das allerdings eine Abweichung vom sonst üblichen Schema enthält, insofern die Informationsvermittlung auf bestimmte Spalten beschränkt ist, während die übrigen Spalten mehr zur Übung und zur Überprüfung dienen. Man achte speziell auf die Menge und Art der Information in den Spalten 1 und 10. (s. S. 69!)

Programm zur Vermittlung bestimmter Begriffe

Markle und *Tiemann* (1969) veröffentlichten audiovisuelle und gedruckte Materialien für die Hand des Lehrers, mit deren Hilfe dieser Begriffe analysieren, lehren und überprüfen konnte, inwieweit die Schüler diese Begriffe erfaßt haben. Den gedruckten Teil nennt man ein *Programmiertes Buch.* Dieses 37seitige *Programmierte Buch* enthält Antwortblätter und Aufgaben in einem ähnlichen Format wie andere Programmierte Bücher. Teil 1 des Programms vermittelt dem Lehrer die Kenntnis der Begriffe; Teil 2 gibt Hinweise auf Probleme, die Schülern im Zusammenhang mit dem Begriffslernen begegnen; und Teil 3 beschriebt, wie detailliert Begriffe zu analysieren sind, damit Unterrichtsstunden, oder programmierte Materialien vorbereitet werden können. Aus Platzgründen können wir die längeren Aufgabenteile hier nicht abdrucken. Es sei jedoch gesagt, daß jeder der drei Teile Aufgaben enthält, die den Lehrer befähigen, die Informationen, die er aus den früheren Spalten erhalten hat, anzuwenden.

Die drei Problem-Gruppen, die Schülern nach *Markle* und *Tiemann* (1969) in Verbindung mit dem Begriffslernen begegnen, sind in den Spalten 1–6 des zweiten Teils ihres Programms dargestellt. Entscheiden Sie selbst, während Sie durch die Spalten gehen, ob es sich dabei um die Hauptprobleme handelt.

1. Die englische Sprache kennt neun Typen sehr einfacher Sätze. Man nennt diese GRUNDFORMEN. Sie können allein oder kombiniert verwendet werden. Alle komplizierten Sätze, die Sie lesen oder schreiben, sind Kombinationen dieser neun ....-formen.	
2. ⟨ Manche Pianisten sind Frauen. ⟩ ist ein Beispiel für eine der ....Grundformen. (Wie viele?)	Grund
3. ⟨ Der Schirm ist schwarz. ⟩ ist ebenfalls eine Grund-F...........	neun
4. ⟨ Truthähne kollern. ⟩ ist eine weitere ....-.......... ⟨ Unsere Mannschaft + gewann das Spiel. ⟩	Form
5. ⟨ Der Schirm + ist schwarz. ⟩ ⟨ Truthähne + kollern. ⟩ Diese Grundformen haben .... Hauptteile. (Wie viele?)	Grund-form
6. Wie viele Hauptteile hat diese Grundform? ⟨ Unsere Mannschaft + gewann das Spiel. ⟩	zwei
7. ⟨ Der Schirm + ist schwarz. ⟩ ⟨ Unsere Mannschaft + gewann das Spiel. ⟩ Alle englischen Sätze, gleichgültig, ob es sich um eine Grundform handelt oder nicht, bestehen aus zwei Hauptteilen. In ⟨ die meisten Kaninchen fressen Gelberüben. ⟩ würden wir ein + nach .... setzen, um die beiden Hauptteile darzustellen.	zwei
8. Um die beiden Hauptteile von ⟨ Don schien glücklich. ⟩ darzustellen, würden wir ein + nach .... setzen.	Kanin-chen
9. ⟨ Das Huhn + schien krank. ⟩ Diese Grundform hat, wie alle englischen Sätze, ... Hauptteile.	Don
10. Wir würden uns eine Menge Umschreibungen und Zeit sparen, wenn wir die beiden Teile mit einzelnen Ausdrücken bezeichneten, anstatt zu sagen »der Teil links o(der rechts vom + Zeichen)«. Nennen wir daher den Teil auf der Linken des + Zeichens die SUBJEKT-GRUPPE. In ⟨ Zwei Mäuse + waren hinter dem Ofen. ⟩ ist *Zwei Mäuse* das	zwei
11. ⟨ Einige meiner Bücher + sind zu Hause. ⟩ In diesem Fall ist *Einige meiner Bücher* die Subjekt-...........	Subjekt

Diese Materialien wurden von *Prof. Nathan S. Blount* (Universität Wisconsin) entwickelt.

1 1

Man kann sich einen Begriff als einen Kreis denken alles was zu dem Begriff gehört, befindet sich innerhalb des Kreises, alles, was nicht dazu gehört, außerhalb des Kreises.

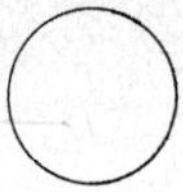

2 2

ÜBERGENERALISATION: Der Schüler schließt einiges Nicht-dazugehörige in den Begriff ein.

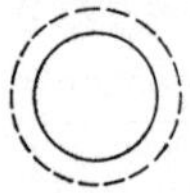

3 3

Prüfen Sie, bei welchem der Beispiele es sich um Übergeneralisation handelt.

Kind sieht:	Sagt:	Übergeneralisation?
Einzelner Güterwagen auf einem Nebengleis	»Lastwagen«	________
Viereck	»Rechteck«	________

4 4

UNTERGENERALISATION: Der Schüler erkennt die Zugehörigkeit einiger richtiger Beispiele nicht.

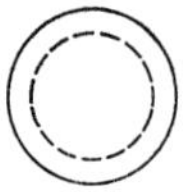

5 5

Klassifiziere die Antwort eines Kindes, das den Begriff »Auto« lernt, als:

Generalisation = G Untergeneralisation = U
Diskrimination = D Übergeneralisation = Ü

Kind sieht:	Sagt:	Antworttyp
Cabriolet	»Auto«	________
Lastzug	»Auto«	________
Oldtimer	»kein Auto«	________
Lieferwagen	»kein Auto«	________

6 6

FEHLAUFFASSUNG: Eine Kombination von Unter- und Übergeneralisation.

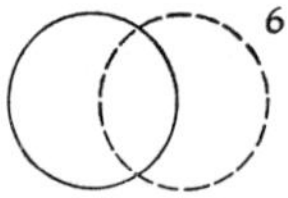

Wir lassen nun lediglich eine Teilaufgabe aus mehreren Aufgaben des 2. Teils aus dem Programm von *Markle* und *Tiemann* folgen. Sie sollten daraus entnehmen können, ob Sie verstehen, was mit Generalisation, Übergeneralisation, Untergeneralisation und Fehlauffassung gemeint ist. Falls Ihnen die Inhalte der Aufgaben a oder b nicht bekannt sind, können Sie diese natürlich nicht lösen. In jeder Aufgabe bezeichnet ein X eine richtige Antwort.

Analysieren Sie die *Muster* der Schülerantworten in den folgenden »Tests« in bezug auf *jeden* der angeführten Begriffe. Denken Sie daran, daß e i n Fehler etwas über zwei der getesteten Begriffe zugleich aussagen kann. Klassifizieren Sie die Schülerantworten zu jedem Begriff folgendermaßen:

Generalisation	alle Antworten richtig, keine Über- bzw. Untergeneralisation;
Untergeneralisation	Nicht-erkennen eines Beispiels;
Übergeneralisation	Akzeptiert ein falsches Beispiel;
Fehlauffassung	Vorhandensein von Unter- wie auch Übergeneralisation.

a) *Grammatik:* Schüler soll Aussage-, Frage-, Ausrufe- und Befehlssätze identifizieren.

BEISPIEL	SCHÜLERANTWORT
Aussagesatz	Aussagesatz
Fragesatz	Befehlssatz
Fragesatz	Fragesatz
Ausrufesatz	Ausrufesatz
Befehlssatz	Befehlssatz

Begriff:				
Aussagesatz:	G X	Ü	U	F ....
Fragesatz:	G	Ü	U	F ....
Befehlssatz:	G	Ü	U	F ....

b) *Sprachunterricht:* Schüler soll sprachliche Formen erkennen.

BEISPIEL	SCHÜLERANTWORT
Metapher	Metapher
Vergleich	Vergleich
Personifikation	Metapher
Vergleich	Vergleich
Metapher	Metonomy
Metonomy	Metonomy
Synekdoche	Synekdoche
Personifikation	Personifikation

Begriff:				
Vergleich:	G	Ü	U	F ....
Metapher:	G	Ü	U	F X
Personifikation:	G	Ü	U	F ....

Teil 3 des Programms von *Markle* und *Tiemann* (1969) dient der Vermittlung einer detaillierten Begriffsanalyse. Er setzt voraus, daß der Lehrer beträchtliche Kenntnisse über Begriffe eines oder mehrerer Fachbereiche besitzt (Kapitel 11 des 3. Bandes dient speziell der Erweiterung Ihres Begriffsverständnisses).

Markle und *Tiemann* geben fünf spezielle Lernziele in bezug auf eine Begriffsanalyse von seiten des Lehrers an wie folgt:

---

6 6

SPEZIELLE LERNZIELE: Ihre Begriffsanalyse soll folgendes erbringen:

1. Identifikation der erkennbaren Merkmale typischer Beispiele, zur Feststellung:
   a) der notwendigen Merkmale, die alle Mitglieder der Klasse aufweisen; und
   b) der irrelevanten Merkmale typischer Beispiele, die zu Schülerfehlern führen können, d. h. zur Über- bzw. Untergeneralisation.
2. Vorbereitung einer zweckmäßigen Liste passender und nicht-passender Beispiele. Die Liste sollte *mindestens* ein Minimum nicht-passender Beispiele enthalten, d. h. solche, die man zur Ausschließung *jedes* notwendigen Merkmals benötigt, sowie eine Anzahl von Beispielen, die zur Variation eines *jeden* irrelevanten Merkmals ausreichen.
3. Zusätzliche Liste mit passenden und nicht-passenden Beispielen zur Beurteilung der Schülerleistung nach dem Unterricht.
4. Überprüfung *aller* Beispiele in 2. und 3. Es geht darum, die Variation irrelevanter Merkmale eines jeden Beispiels *und* der notwendigen Merkmale, die die falschen Beispiele nicht enthalten, zu identifizieren (*Markle* und *Tiemann*, 1969, S. 21).

Nach den Beispielen bezüglich der notwendigen bzw. irrelevanten Merkmale einiger weniger Begriffe im Teil 3 liefern *Markle* und *Tiemann* eine vollständige Analyse einiger Begriffe. Die Analyse eines Begriffs beinhaltet die notwendigen und nicht notwendigen Merkmale des Begriffs, richtige und falsche Beispiele für den Begriff, sowie richtige und falsche Beispiele zur Prüfung, ob der Schüler den Begriff bilden kann. Es folgt nun die vollständige Analyse des Begriffs *Paar*. Lesen Sie das Folgende sorgfältig und entscheiden Sie, ob die verwendeten Inhalte für Vorschulkinder – in diesem Fall die Zielgruppe – geeignet ist. Legen Sie dann auch fest, was Sie in bezug auf Merkmale und Beispiele ändern würden, wenn Sie diesen Begriff zehnjährigen Kindern vermitteln wollten.

Vorschulbegriff: Paar

Merkmale	*notwendig*	*irrelevant*
1. Beinhaltet exakt zwei Glieder	X	
2. Glieder haben dieselbe »Funktion«	X	
3. Glieder gehören derselben »engen« Klasse an	X	

4. Möglich: X
   a) Identisch, oder
   b) Spiegelbildlich, oder
   c) »funktionelle Paare«, die sich in irgendeinem erkennbaren Merkmal, das für ihre »Funktion« irrelevant ist, unterscheiden.
5. Können aus einer Vielzahl möglicher Klassen stammen. X
   a) Kleider
   b) andere Gegenstände
   c) Tiere
6. Möglich: X
   a) miteinander verbunden
   b) unverbunden

Richtige Beispiele	*Erläuterung*	*Falsche Beispiele*	*Erläuterung*
 Handschuhe	[4b, 5a, 6b]	 Dreier	[fehlt 1]
 Brille	[4b, 5b, 6a]	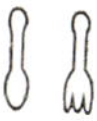 Gabel und Löffel	[fehlt 3 (u. 2?)]
 Zweier	[4c (Unterschied in der Farbe), 5b, 6b]	 rechte Handschuhe	[fehlt 2]
 Socken	[4a, 5a, 6b]	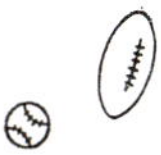 Baseball u. Rugby-Ball	[fehlt 3]
Ein Paar Goldfische mit Punkten in einem Glas	[4c (Unterschied in d. Zeichnung) 5c, 6b]		
Testbeispiele		*Test-Falschbeispiele*	
eine Hose	[4b, 5a, 6a]	drei Klötze	[fehlt 1]
zwei Pferde am Wagen	[4c, 5c, 6b]	zwei linke Füße	[fehlt 2]
ein Paar Ski	[4a, 5b, 6b]	Becher u. Tasse	[fehlt 3]

(*Markle* u. *Tiemann*, 1969, S. 24)

Markle und *Tiemann* (1969) wichen erheblich von den *Skinner*schen Prinzipien für das lineare Programmieren ab. Ihr Programm ist für Einzelpersonen gedacht, die in die Analyse von Begriffen eingeführt werden sollen, damit sie diese anschließend vermitteln können. Dies erfordert hohe intellektuelle Fertigkeiten, die durch Lernen in kleinen Schritten anscheinend nicht erworben werden können. Statt dessen hat man Aufgaben zur Einübung in diese Fertigkeiten entwickelt. Nach Abschluß des Programms besitzt man die Fähigkeit, einen Begriff zu analysieren, und zwar hauptsächlich durch Studium der ausgezeichneten Beispiele und Üben der Lektionen, wobei das neu erworbene Wissen voll angewendet werden kann.

5.3.3 Verzweigungsprogramme

Die ursprünglich von *Crowder* (1963) entwickelten Verzweigungsprogramme unterscheiden sich von linearen Programmen in vier Punkten: (1) Kleine Schritte kommen nicht vor. (2) Der Schüler konstruiert keine Antwort, sondern trifft seine Auswahl aus einer gegebenen Anzahl von Antworten. (3) Weitere Anschlußschritte oder -zweige hängen davon ab, welche Wahl der Schüler zuvor getroffen hat. Lineare Programmierer streben richtige Schülerantworten an, während bei selbststeuernden Programmen Schülerfehler als Möglichkeit zur Verzweigung und auf diesem Wege zur Berichtigung von Mißverständnissen begrüßt werden; für jede der drei verschiedenen Wahlmöglichkeiten steht dem Schüler ein anderer Zweig zur Verfügung. Die Wahlen für jedes Item oder jede Spalte erfüllen zugleich eine diagnostische Funktion; die Verzweigungen des Programms ihrerseits sind so gehalten, daß sie dem Schüler jede notwendige Information zukommen lassen. (4) Das Verzweigungsprogramm enthält mehr Information in der Form von Schilderungen. Damit der Schüler eine bestimmte Materialmenge lernt, werden folglich weniger Spalten verwendet, und es bedarf auch nicht so vieler Signale. Selbststeuernde Programme tendieren auch zu einem weniger förmlichen und einem humorvolleren Stil als lineare Programme.

Aus Platzgründen können wir ein Verzweigungsprogramm hier nicht ausführlich darstellen. Die ersten beiden Seiten einer halbprogrammierten Einführung in die Sprachbetrachtung (*Allen, Kauffeld & O'Brien*, 1968) sowie die zwei ersten Verzweigungen mögen jedoch einen Eindruck von dieser Technik vermitteln. Man beachte, daß zunächst eine beträchtliche Informationsmenge in der Form einer Schilderung geboten wird; dann folgen einige Aufgaben zur Selbst-Überprüfung, die vom Schüler konstruierte Antworten verlangen; am Ende steht eine zusammenfassende Testaufgabe. Wie angegeben, schlägt der Schüler einen von zwei unterschiedlichen Antwortzweigen ein, je nachdem welche Wahl er zuvor getroffen hat.

LEKTION I

Übliche Verwendungsweisen der Sprache

Wir leben in einer Welt der Sprache. Täglich äußern wir Tausende von Wörtern und werden mit Abertausenden bombardiert. Obwohl unser Leben in Sprache eingebettet ist, denken wir nur selten kritisch über uns selbst als Sprechende nach. In der Lektion I sollen Sie die Sprache und sich selbst als Sprachverwender näher betrachten.

Bis ein Schüler erwachsen ist, hat man ihn mit unterschiedlicher Genauigkeit gelehrt, die Sprache unter bestimmten Regeln der Grammatik und Syntax zu betrachten. In dem Satz »John ist ein Cowboy«, nennen die meisten jungen Erwachsenen »John« das Subjekt, »ist« ein Hilfsverb, »ein« den Artikel und »Cowboy« Prädikatnomen. Obwohl die Sprachbetrachtung nach grammatischen Regeln uns befähigt, richtige Sätze zu bilden und den grammatischen Satzbau anderer zu beurteilen, ist die Sichtweise des Grammatikers nur eine von möglichen Sprachbetrachtungsweisen.

Abgesehen von einer Betrachtungsweise der Sprache im Hinblick auf ihre konsistente Übereinstimmung mit grammatischen Regeln, können wir die Sprache auch *funktional* betrachten. Wenn man die Sprache unter *funktionalen* Gesichtspunkten betrachtet, stellt man die Frage: »Welchen *Gebrauch* macht man von der Sprache?« Stellen Sie sich beispielsweise vor, daß Sie einen kleinen Jungen den folgenden Satz äußern hören:

Heute ist ein guterer Tag als gestern, gell?

Wie würden Sie reagieren? Wenn Sie seine Äußerung unter dem Gesichtspunkt grammatischer Regeln betrachten, würden Sie ihn wahrscheinlich korrigieren und sagen: »Heute ist ein *schönerer* Tag als gestern, nicht wahr?« Aber vielleicht würden Sie auch antworten mit: »Ja, heute ist ein schöner Tag.« Im ersten Fall beurteilen Sie seine Sprache unter grammatischen Gesichtspunkten und stellten fest, daß die Äußerung nicht den grammatischen Regeln entsprach. Im zweiten Fall betrachteten Sie seine Sprache *funktional* und reagierten auf seinen *Gebrauch* der Sprache als einer Frage, indem Sie auf die Frage antworteten.

Anstelle einer grammatischen Sprachbetrachtung gehen wir in dieser Lektion von einer *funktionalen* Betrachtungsweise aus; wir beziehen uns also auf den Sprach*gebrauch.*

Bevor wir diese Diskussion über die Funktionen der Sprache fortsetzen, überlegen Sie bitte die folgenden Fragen. Vor jeder Antwort sollten Sie die rechte Spalte mit einem Antwortblatt abdecken und Ihre Antwort erst überprüfen, nachdem Sie Ihre Wahl getroffen haben.

Wenn wir Sätze unter dem Gesichtspunkt ihres Gebrauchs sehen, betrachten wir die Sprache f..................l.	funktional

Wenn wir sagen, daß ein Satz gebraucht wird, um eine Frage zu stellen, (betrachten wir, betrachten wir nicht) den Satz funktional.	betrachten wir
Wenn wir sagen, daß ein Satz ein Subjekt, Verb, Objekt enthält (betrachten wir, betrachten wir nicht) den Satz funktional.	betrachten wir nicht
Wenn wir einen Satz unter dem Gesichtspunkt sehen, daß eine Frage gestellt wird, betrachten wir den Satz	funktional
Wenn wir einen Satz funktional betrachten, sehen wir die Sprache unter dem Gesichtspunkt ihres	Gebrauches

Betrachten Sie folgende Konversation:

John: »Wann gehen wir zur Parade?«
Marty: »Morgen um 7.00 Uhr.«

In der obigen Konversation reagiert Marty auf John's Satz:

A) Entsprechend der grammatischen Regeln ... Bitte schlagen Sie Seite 10 auf □

B) Entsprechend der Funktion der Sprache ... Schlagen Sie bitte Seite 10 auf ○

(Allen, Kauffeld & O'Brien, 1968, S. 1—2)

□ Marty reagierte auf John's Satz nicht im Hinblick auf grammatische Regeln. Wenn Marty John's Satz unter grammatischen Gesichtspunkten betrachtet hätte, hätte sie geantwortet mit »Das ist ein korrekter Satz« oder »*wir* dient als Subjekt, *gehen* ist das Prädikat und *wann* ist der Adverb«. Diese Lektion befaßt sich jedoch nicht mit der Fähigkeit, die Grammatik eines Satzes zu bewerten. Diese Lektion und dieses Buch betrachtet Sprache unter dem Gesichtspunkt ihrer *Funktion* oder ihres *Gebrauchs*. Dadurch, daß Marty John's Satz als Frage versteht, betrachtet sie diesen Satz offensichtlich in seiner Funktion und nicht unter grammatischen Gesichtspunkten. Gehen Sie bitte auf Seite 2 zurück und wählen Sie die andere Alternative.

○ Ihre Antwort drückt aus, daß Marty John's Satz unter *funktionalen* Gesichtspunkten betrachtet hat.

John: »Wann gehen wir zur Parade?«
Marty: »Morgen um 7.00 Uhr.«

Gut. Warum wurde er nicht im Hinblick auf grammatische Regeln betrachtet? Die Antwort ist, daß Marty sich in ihrer Antwort nicht auf die grammatische Richtigkeit oder Unrichtigkeit von John's Äußerung bezog. Statt dessen reagierte sie *funktional* auf John's Satz. Ihre Antwort entsprach dem *Gebrauch* des Satzes — nämlich als einer Frage — und daher reagierte sie mit einer Antwort — »Mor-

gen um 7.00 Uhr.« Kehren Sie auf Seite 2 zurück und fahren Sie mit der Lektion fort.
(*Allen, Kauffeld & O'Brien*, 1968, S. 10)

Gegenwärtig beurteilt man Verzweigungsprogramme im Hinblick auf das schulische Lernen besser als lineare Programme (*Stolurow*, 1969a). Es sei jedoch darauf hingewiesen, daß gegenwärtige lineare Programme ebenfalls verzweigt sein können, obwohl im linearen Programm nur kleine Schritte und konstruierte Antworten verwendet werden.

5.3.4 Anschluß-(beigeordnete)Programme

Man schreibt *Pressey* die Erfindung der ersten Lehrmaschine in den zwanziger Jahren zu. Er beschreibt die Funktion einer einfachen Maschine, die dazu dienen sollte, Schüler zu testen und sie mit den richtigen Antworten zu versehen (*Pressey*, 1926), die Verwendung eines Apparates zur automatischen Vermittlung von Übungsmaterial (*Pressey*, 1927), sowie die Einzelteile einer Maschine zur selbständigen Ermittlung von Test-Punktwerten. Er sagte damals eine »industrielle Revolution« auf dem Erziehungssektor voraus, die den Lehrer durch technische Geräte von der Routinearbeit befreien würde.

Pressey (1964) hatte ernste Bedenken gegenüber der linearen Programmierung. Da er glaubte, daß die Vertreter der linearen Programmierung schuld an einer ungerechtfertigten Anwendung der auf Tierversuchen basierenden Lerntheorie auf das bedeutungsvolle menschliche Lernen waren, befürwortete er die Verwendung von Programmen in einer beigeordneten (adjunct) oder helfenden, aber nicht in einer primären Rolle. Er stellte das Material wie in einem gut geschriebenen Lehrbuch dar und fügte dann auf dieses Material bezogene Mehrfach-Wahl-Items sowie entsprechende Antworten hinzu. Die einzelnen Items sollten speziell mögliche Mißverständnisse klären helfen. Der Schüler lernte also, indem er das in Form einer Schilderung dargebotene Material studierte, dann durch Tests feststellte, wieviel er gelernt hatte, und außerdem sich vergewisserte, was er beherrschte und wo noch ein weiteres Studium notwendig war. Bei vielen Lehrbüchern findet man mittlerweile beigeordnete Programme in der Form von Tests zur Selbstanwendung im Arbeitsheft für die Hand des Schülers, das den Textband ergänzt.

5.3.5 Schülerleistung und programmierte Unterweisung

Schramm (1964) stellte in einem Sammelreferat 165 Untersuchungen über das programmierte Lernen zusammen, wobei es sich in fast allen Fällen um lineare Programme handelt, die meistens Teil eines Lehrbuchs und nicht einer Lehrmaschine sind. Diese Untersuchungen behandelten jene Merkmale der programmierten Unterweisung, die nach Auffassung der Programmkonstrukteure aus dem *Skinner*'schen Modell der operanten Konditionierung herzuleiten waren. Wir gehen auf diese Merkmale im folgenden kurz ein.

1. *Darbietungsreihenfolge.* Erste Experimente zeigten, daß Schüler bei kürzeren Programmen (bis etwa 180 Spalten oder Rahmen) eine gleich gute Lernleistung aufwiesen, unabhängig davon, ob die Spalten vollkommen zufällig oder in einer logischen Reihenfolge angeordnet waren. Kein Programmierer würde die Spalten natürlich absichtlich durcheinander bringen, aber der Schluß liegt nahe, daß man sich um mehr detaillierte Gesichtspunkte der Reihenfolge nicht allzu viele Gedanken zu machen braucht.
2. *Schrittgröße und Fehlerrate.* Für die vielen unterschiedlichen Arten der Unterrichtsprogramme hat man noch keine ideale Schrittgröße gefunden; es gibt daher weder für die Schrittgröße, noch für die lernbehindernden Fehlerzahlen genaue Festlegungen.
3. *Antwortform.* In den meisten Untersuchungen konnte kein Unterschied zwischen drei Antwortformen festgestellt werden: Schriftliche Antwort, Auswahl der richtigen Antwort aus mehreren und bloßes »Mitdenken«. Außerdem schrieb *Pressey* in einem zusätzlichen Test 64 Spalten aus einem von *Holland* und *Skinner* entwickelten Programm zur Einführung in die Psychologie in gut gestaltete Prosa-Abschnitte um. Zwischen dem programmierten Material und den Prosa-Stellen konnte im Hinblick auf die Schülerleistung kein signifikanter Unterschied festgestellt werden; tatsächlich erforderte das Prosa-Material sogar weniger Lernzeit.
4. *Sofortige Rückmeldung.* Wenige Untersuchungen wiesen nach, daß die Leistung besser war, wenn der Schüler sofort erfuhr, ob seine Antwort richtig war oder nicht. Jedoch konnten *Glaser* und *Taber* (1961) keinerlei Unterschiede in der Schülerleistung feststellen, gleichgültig ob 100, 50 oder 25 % der Antworten eine sofortige Rückmeldung erhielten. Sie schlossen daraus, daß die Rückmeldung vermutlich dann nicht wichtig ist, wenn die Lernschritte so klein sind, daß wenig Fehler gemacht werden.
5. *Lerntempo.* Die meisten Experimente über das Lerntempo von Schülern in einem Programm wurden nur über eine relativ kurze Zeitperiode hinweg durchgeführt. Es ergaben sich auch keine signifikanten Unterschiede in den Mittelwerten einer

Klasse, die eine programmierte Lektion in einer für jeden Einzelnen festgelegten Zeit, z. B. 30 Minuten, absolvierte, und einer anderen Klasse, in der jeder Schüler eine Lektion in für ihn festgelegten geeigneten Zeitintervallen, z. B. zwischen 15 und 60 Minuten, bewältigte.

Schramm (1964) kam zu dem Schluß, daß Schüler zwar mit linear programmiertem Unterrichtsmaterial einen Lernerfolg erzielten, daß jedoch nicht gesagt werden konnte, daß sie mit diesem Material besser als mit anderen Materialien, einschließlich Filmen, Fernsehen und Büchern, besser lernten. *Feldhusen* (1963), der die Forschungsergebnisse schon vor *Schramm* zusammenfaßte, kam zu dem Ergebnis, daß Lehrmaschinen sich als ineffektiv erwiesen hatten und daß Schüler mit linear programmiertem Material nicht besser lernten als mit gut geschriebenem Prosa-Material. Möglicherweise sind jedoch inzwischen einige programmierte Materialien, wie etwa die drei zitierten Beispiele, sorgfältiger verfaßt als viele Lehrbücher (es erübrigt sich wohl zu sagen, daß Schüler auch mit Hilfe moderner Lehrbücher nicht immer gut lernen).

Diese negativen Ergebnisse in bezug auf lineare Programme vermitteln jedoch noch keinen Eindruck von der Enttäuschung der davon betroffenen Menschen — Lehrern und Kindern —, die daran geglaubt hatten, daß die programmierte Unterweisung Kinder tatsächlich zum Selbstunterricht befähigen würde. Manche Enttäuschungen gehen einfach darauf zurück, daß die Lehrmaschinen vor ihrer Verbreitung nicht ausreichend in Schulen erprobt waren. Außerdem kann man sagen, daß die von *Skinner* zur Entdeckung empirischer Lernprinzipien verwendeten hochwissenschaftlichen Methoden später weder von ihm noch von anderen verfolgt wurden, als es darum ging, ob diese Prinzipien tatsächlich auf das Unterrichten von Schulkindern mit unterschiedlichen Merkmalen anzuwenden seien. *Dale* führt aus:

> Im übrigen wurde die programmierte Unterweisung durch die Psychologie in die Erziehung eingeführt — in einer Fachsprache, Form und technischen Ausrüstung, die sich mehr für ein Forschungslaboratorium als für die Schule oder zuhause eignete. Sie wurde als Fremdkörper in die Erziehung eingeführt, oft miserabel genug, und ohne daß ihre Abstammung klar war. Sie litt daher am Fehlen einer historischen Perspektive seitens der Psychologen als auch der Pädagogen (*Dale*, 1967, S. 31).

Dale wies auch darauf hin, daß jeder der folgenden Aspekte schon vor dem Jahre 1954 in der Erziehung erprobt worden war: Tätigkeitsanalyse und Spezifikation der Verhaltensziele, Tests zur Bestimmung des Endverhaltens, Feedback, individueller Unterricht, selbststeuernde Unterrichtsmaterialien und Erziehungstechnologie. *Skinner* jedoch war der erste, der all diese Konzepte auf effektive Weise miteinander vereinte. *Dale* beschreibt den Hauptbeitrag *Skinners* und seiner Nachfolger folgendermaßen:

Wir wissen, daß die programmierte Unterweisung, so wie wir sie jetzt kennen, ihren gegenwärtigen Anstoß von der Psychologie und von Psychologen erhielt; dieser wissenschaftlichen Tradition verdankt sie ihren experimentellen Anstrich, die disziplinierte Logik und ihre empirische Qualität.

Unter dem Einfluß der historischen Entwicklung kommen wir zu dem Schluß, daß die programmierte Unterweisung aufgrund ihrer Betonung der Forschung, ihrer empirischen Natur, ihrer Auswirkungen der Erprobung neuer Materialien, Medien und Technologien — und insbesondere wegen ihres Verdienstes um die Klärung unterrichtlicher Lernziele — eine treibende Kraft im Hinblick auf erzieherische Innovationen sein wird (*Dale*, 1967, S. 54).

Stolurow, ein früher und aktiver Verfechter linear programmierter Unterrichtsmaterialien, definiert die programmierte Unterweisung nicht nur im früheren Sinne eines handgreiflichen Programmes, sondern auch als eine Art abstraktes Modell oder eine Strategie zur Erreichung von Unterrichtszielen. Die Strategie kann auf Computer-unterstützte Unterweisung, Unterrichtsfernsehen sowie auf jedes andere Unterrichtssystem angewendet werden, wo der Schüler mit einer Maschine, Material, einer Person oder einer Kombination all dieser Faktoren interagiert, um verhaltensmäßig beschriebene Lernziele zu erreichen. *Stolurow* (1969) zog im Hinblick auf die programmierte Unterweisung ähnliche Schlüsse wie *Feldhusen* (1963), *Schramm* (1964) und *Dale* (1967):

Der momentane Trend geht dahin, daß Lehrmaschinen überholt sind, Maschinen mit verzweigten Programmen in verstärktem Maße verwendet werden und daß den Computer-gesteuerten Lernsystemen die Zukunft gehört. Programmierte Texte stellen die Hauptstütze dar und werden auch weiterhin verwendet werden. Die ursprünglich im Zusammenhang mit der programmierten Unterweisung systematisierten Konzepte beeinflussen allmählich den ganzen Lehrbetrieb sowie Design und Verwendung von Film und Fernsehen. Dieser Trend wird sich, besonders was die Verwendung des Feedbacks betrifft, noch weiter verstärken. Entscheidungen über den Einsatz der programmierten Unterweisung für Erziehungszwecke sind nicht einfach oder leicht, aber alle Zweifel in bezug auf Dauerhaftigkeit oder Effektivität wären auf Vorurteile oder Unkenntnis zurückzuführen. Bei der Anwendung kommt es lediglich darauf an, wie man die programmierte Unterweisung am effektivsten einsetzt, und für die Forschung geht es darum, unseren gegenwärtigen Wissensstand zu verbessern, damit wir die Lehr- und Lernprozesse, so wie sie sich in Schulen, Universitäten und anderen unterrichtlichen Einrichtungen abspielen, zu verstehen beginnen (*Stolurow*, 1969a, S. 1020).

5.7. Programmiertes Lernen nach der Art linearer Programme war ein Versuch, das Lehren mehr zu einer Wissenschaft oder Technologie und weniger zu einer Kunst zu machen. Die aus Tierversuchen entwickelten Lernprinzipien wurden auf die Entwicklung linearer Materialien und Lehrmaschinen angewendet. Jedoch ließen sich durch lineare Materialien und Lehrmaschinen bisher keine besseren Ergebnisse erreichen als mit normalen, gut konzipierten Lehrbüchern. Wo liegen Ihrer Meinung nach die Fehler — in den Prinzipien oder in ihrer Anwendung? Treffen Sie Ihr Urteil in bezug auf jedes der Prinzipien.

5.8. Welche Prinzipien würden Sie als Richtschnur nehmen, wenn Sie Unterrichtsmaterial schreiben würden? Glauben Sie, daß es sich für den Lehrer lohnen würde, Materialien zu verfassen, durch die seine Schüler effektiver lernen könnten? Wer sollte das Material für Ihre eigenen Schüler verfassen?

5.9. Haben Sie einen Teil der Inhalte des zitierten Materials von Blount, Markle *und* Tiemann *und von* Allen et al. *gelernt? Können Sie es jetzt erinnern? Konnten Sie diese Inhalte besser als die sonstigen Inhalte in diesem Buch lernen? Warum oder warum nicht?*

5.10. Warum versprechen sowohl verzweigte als auch beigeordnete Programme mehr als lineare Programme für die Zukunft?

5.11. Könnten die Aufgaben in diesem Kapitel als eine Art beigeordnetes Programm bezeichnet werden? Wie gut lernen Sie durch die hier gestellten Fragen? Verlangen die Fragen hauptsächlich das Wiedererinnern von Faktenwissen, oder kommt es auf Anwendung, Synthese, Bewertung und divergentes Denken an?

5.4 Computereinsatz in Erziehung und Unterricht

Computer finden weithin Anwendung im Bank-, Transport- und Produktionswesen sowie anderen Industriezweigen. In diesen Bereichen führen sie bestimmte Funktionen sehr schnell aus, wobei keine Kostenvermehrung eintritt, tatsächlich lassen sich die Kosten dadurch oft senken. Wegen seiner Überlegenheit ersetzt der Computer andere Maschinen oder senkt die Arbeitsstundenzahl oder beides.

In der Erziehung setzen sich Computer langsamer durch als in Wirtschaft und Industrie, weil bisher noch nicht eindeutig bewiesen werden konnte, daß sie unterrichtliche und andere Aufgaben zu einem vernünftigen Preis zu liefern vermögen. Sie dienen jedoch umfangreichen Zwecken innerhalb der erziehungswissenschaftliche Forschung an Universitäten. Selbst ein Computer mit relativ bescheidener Kapazität kann innerhalb weniger Minuten eine Menge Kalkulationen anstellen, die bei der Verwendung eines normalen Tischrechners eine Woche oder mehr erfordern würden. Außerdem werden Computer bei der Verwaltung großer

Schulsysteme zur Speicherung und schnellen Ausgabe von Informationen verwendet. Der Einsatz von Computern zur Unterstützung des Lehrers bei der Organisation eines Teils des gesamten Unterrichtsprogramms kann sich bald als wirtschaftlich realisierbar erweisen. Bis zu welchem Grad Computer den täglichen Unterricht unterstützen können, ist noch ungewiß. Diese vier Anwendungsmöglichkeiten des Computers werden im folgenden ausführlicher abgehandelt.

5.4.1 Computer in der erziehungswissenschaftlichen Forschung

Zwischen 1930 und 1960 entwickelte sich die pädagogische Forschung immer schneller zu einem wissenschaftlichen Unternehmen. Empirische Klarheit gewann die Oberhand über Kunst und Intuition in der Erziehungspraxis. An vielen Hochschulen und großen öffentlichen Schulsystemen wurden Forschungszentren zur Untersuchung von Lern- und Unterrichtsproblemen eingerichtet. Auch der Bund und andere nationale Einrichtungen unterstützen die erziehungswissenschaftliche Forschung finanziell.

Mit dem zunehmenden Interesse an der erziehungswissenschaftlichen Forschung kamen auch neue statistische Theorien und Methoden auf. Mehr als frühere Methoden verlangten die neuen statistischen Methoden ständig kompliziertere Berechnungen. Die aufkommende statistische Stichprobentheorie verlangte zunehmend größere Stichproben mit dem Ergebnis, daß immer umfangreichere Informationsmengen über immer größere Schülerzahlen gesammelt wurden — Informationen, die nicht effektiv hätten verwendet werden können, wenn nicht Computer alle Daten schnell gespeichert und verarbeitet hätten.

Schließlich ergab sich aus dem schnellen Wachstum der Zahl der Kinder im schulpflichtigen Alter während der fünfziger und sechziger Jahre die Notwendigkeit zur Verbesserung der *Qualität* des Unterrichts, was neue Probleme mit sich brachte. Zur Lösung dieser Probleme verließen sich die Schulen immer mehr auf die Forschung. Da die Forschung immer mehr Probleme zu lösen hatte, war sie auf eine schnelle und effektive Informationsverarbeitung angewiesen. Hierzu war der Computer vorzüglich geeignet.

Es kann also gesagt werden, daß bei der Anwendung der Computertechnologie auf die erziehungswissenschaftliche Forschung während der fünfziger und sechziger Jahre schnell Fortschritte erzielt wurden. Das *Project Talent* (siehe Kapitel 3 des 1. Bandes) ist nur ein Beispiel dafür, welche Art von Forschung nun möglich ist. Dieses Projekt erfaßt Tausende von Schülern, über jeden einzelnen wurden systematisch Informationen zusammengetragen, und ein Computer speicherte und verarbeitete alle diese Informationen.

Auch Lehrer können durch entsprechende Kurse lernen, wie sie Computer für ihre Zwecke effektiv einsetzen können. Es kommt darauf an, relevante Informationen zu sammeln und die richtigen Fragen zu stellen. Beides kann der Lehrer leisten; Techniker können dann die notwendigen Informationsverarbeitungsprozesse durch den Computer vornehmen.

5.4.2 Informationsspeicherung und Informationsausgabe durch Computer

In der Schule steht man vor dem Problem, eine unübersehbare Menge potentiell nützlicher Informationen, die das Lernen der Schüler erleichtern und/oder den Lehrer von Tätigkeiten, die nichts mit dem Unterricht zu tun haben, befreien kann, zu empfangen, speichern, verarbeiten, auszugsweise oder ganz wiederzugeben und/oder weiterzuleiten. Die Bibliothek enthält Tausende von neuen Büchern, Fachzeitschriften, Illustrierten und anderen Dokumenten; in der audio-visuellen Abteilung befinden sich Hunderte von Dias, Filmstreifen, Filmen, Videobändern, Tonbändern und Schallplatten, bei der Verwaltung befinden sich Tausende von Testwerten, Zeugnissen und ähnlichen Angaben über die Schüler. Hinzu kommen unzählige Daten über Schüler, Kurse und Klassenräume, die gespeichert und für Stundenpläne und andere Zwecke verwendet werden müssen. Die herkömmlichen Aktenordner haben ihren Zweck während der vergangenen Jahre nicht mehr erfüllen können. Wenn nur diese verwendet werden, ist es äußerst schwierig, oft sogar unmöglich, die benötigten Informationen zu finden und schnell zu verarbeiten, um geeignete pädagogische Entscheidungen treffen zu können.

Man bedient sich zur Lösung dieser Probleme neuartiger Techniken, etwa der Mikrofilm-Technik, und setzt Computer für eine Vielzahl von Aufgaben ein. Computer scheinen das vielversprc chendste Mittel im Umgang mit Informationen zu sein, wir beschäftigen uns daher im folgenden mit dem Einsatz von Computern bei der Informationsspeicherung und -ausgabe im Bereich der Schule.

Informationsspeicher- und -ausgabesysteme müssen folgendes leisten:

1. Das Speichern von großen Informationsmengen ermöglichen.
2. Raum sparen.
3. Auszugsweise und schnelle Informationsausgabe ermöglichen.
4. Informationen für bestimmte Verarbeitungszwecke schnell zugänglich machen.
5. Informationen von einer Stelle zur anderen weiterleiten.

Grossmann (1965) nennt die folgenden Punkte als Hauptanwendungsgebiete der computerisierten Informationsspeicherung, -ausgabe und -verarbeitung innerhalb der Schule:

1. Aufstellen oder Vorbereiten von Klassenlisten oder Einschreibungsverzeichnissen
2. Verzeichnen von Daten über Anwesenheit, Abwesenheit und Zuspätkommen.
3. Notengebung.
4. Mitteilen von Noten an Schüler, Eltern und andere Personen.
5. Zusammenstellen aller Noten.
6. Vorbereitung von Listen für Auszeichnungen.
7. Vornahme von Notenänderungen.
8. Abfassung von besonderen Zeugnissen.

Man sollte dieser Liste noch hinzufügen: das Aufstellen von Stundenplänen, das Einweisen einzelner Schüler in bestimmte Klassen sowie die tägliche Einteilung von Schülern zur unterrichtlichen Tätigkeit in Fällen, wo eine begabungsmäßige Förderung stattfindet. (Es handelt sich um die Aufteilung der Schüler in Gruppen mit Einzelunterricht, Klein- bzw. Großgruppenarbeit entsprechend den Merkmalen und Bedürfnissen der Schüler). Weitere zusätzliche Punkte für die obengenannte Liste wären Informationsspeicherung und -ausgabe für Bibliotheken und Schulberatungsstellen. In einigen Schulsystemen erledigen Computer alle angeführten Aufgaben; in anderen sind zwar Computer vorhanden, werden aber nicht entsprechend eingesetzt, wieder andere verwenden Computer lediglich für bestimmte Zwecke.

Funktionen des Computers bei der Informationsspeicherung und -ausgabe

Van Ness (1966) beschreibt fünf Funktionen eines Computersystems: Input, Speicherung, Kontrolle, Rechnen und Output.

Input: Die Informationseingabe und -einnahme durch den Computer erfolgt häufig durch die bekannten IBM-Lochkarten. Karten, die auf der einer Schreibmaschine ähnlichen Lochkartenmaschine vorbereitet werden, übermitteln numerische, alphabetische und symbolische Informationen an den Computer über den Kartenleser. Daten können dem Computer auch mittels gelochter oder magnetischer Bänder oder direkt von einer Tastatur ohne dazwischengeschaltete Karten oder Bänder eingegeben werden. Das direkte Lesen von numerischem, alphabetischem und symbolischem Material ist inzwischen ebenfalls möglich mit Hilfe neuer optischer Abtastvorrichtungen. Speziell angefertigte Ziffern und Buchstaben, die sich von ganz gewöhnlichen äußerlich nicht unterscheiden, werden mit magnetischer Tinte bedruckt und können direkt in den Computer eingelesen werden. Banken verwenden weithin diese Zeichenerkennung mit Hilfe magnetischer Tinte.

Speichern. Wenn die Informationseingabe in den Computer erfolgt ist, kann die Information intern gespeichert werden. Dabei finden verschiedene Systeme Anwendung, etwa magnetische Spule, Band, Platten, Karten, Stäbe usw. Ein Hauptproblem bei allen Computersystemen liegt darin, wie man genug Speicherkapazität für die unübersehbaren Informationsmengen schaffen kann. Die meisten Speichersysteme basieren auf dem binären System – die Informationsbits werden als an-aus-Funktionen einer magnetischen Einheit gespeichert.

Kontrolle. Unter Kontrolle versteht man die Fähigkeit des Computers, interne Operationen nach einem Plan oder Programm zu organisieren und auszuführen. Zusätzlich zur tatsächlichen Information muß dem Computer ein Programm mit eingegeben werden; dieses Programm übt eine Kontrollfunktion aus, indem es die Ausgabe und die Systematisierung der gespeicherten Information steuert.

Rechnen. Rechnen bezieht sich auf die Fähigkeit des Computers – und speziell eines Programms – numerische Informationen durch Addieren, Subtrahieren, Multiplizieren, Teilen usw. zu verarbeiten. Bei der Informationsspeicherung und -ausgabe wird diese Funktion selten benötigt, ist zu Forschungszwecken jedoch unerläßlich.

Output. Output bezieht sich auf die unterschiedlichen Wege zur Übermittlung von im Computer gespeicherten oder verarbeiteten Informationen an einen menschlichen Empfänger. Die herkömmlichen Formen des Output sind Informationen auf einem Magnetband oder auf Karten, Klartext auf Papier, was entweder von einem Hochgeschwindigkeitsdrucker oder einer speziellen Schreibmaschine, die vom Computer automatisch gesteuert wird, erledigt wird, sowie vom Computer auf einer Kathodenstrahlröhre hervorgebrachte Bilder. Mehrere Informationen, wie z. B. Zahlen, Buchstaben und Wörter, Symbole sowie einfache Bilder können direkt auf die Kathodenstrahlröhre gebracht werden, ähnlich wie bei einem Fernsehschirm.

Hellwig (1969) beschreibt das Gedächtnis und damit zusammenhängende Strukturen eines Computers. Das gesamte Speichersystem ist in numerierte Register eingeteilt, die man Speicherplatz nennt. Der Inhalt eines Registers wird mit Bits bezeichnet; Vier Bits bilden ein Wort. Die zentrale Prozeßeinheit erfüllt zwei wesentliche Funktionen in bezug auf die Speicherplätze – speichern und abrufen. Wenn ein Wort an einem Speicherplatz gespeichert ist, kann es durch die zentrale Prozeßeinheit abgerufen werden, ohne daß es im Speicher selbst gelöscht wird.

Man kann die Gesamtfunktion eines Informationsspeicher- und -abrufsystems folgendermaßen beschreiben:

Informationen werden in einer bestimmten Reihenfolge einer bereits bestehenden Informationsmenge eingegliedert, möglicherweise mit Indices. Ein möglicher Benutzer stellt eine bestimmte Frage. Auf der Grundlage der gestellten Frage wird innerhalb der Informationsmenge eine Suche durchgeführt, um passende Informationen zu identifizieren oder abzurufen. Man beachte, daß die Informationsmenge eines Systems geschaffen und organisiert wurde, *bevor* die speziellen Fragen, die es beantworten soll, gestellt werden. Anders ausgedrückt, das System wurde geschaffen in *Vorwegnahme* von Bedürfnissen, die man noch nicht genau kennt. Das Maß für die Adäquatheit eines Systems ergibt sich aus seiner Fähigkeit, die auftretenden Bedürfnisse seiner Benutzer zu befriedigen (*Lipetz*, 1966, S. 177).

Man hat solche Speicher- und Abrufsysteme bereits speziell für Erzieher aufgebaut. Das am besten bekannte ist das *ERIC (Educational Resources Information Center)*, ein Computer-Informationssystem auf nationaler Ebene (*U. S. Government Printing Office*, 1968). Über ein Netz von spezialisierten Zentren, die jeweils für einen speziellen Erziehungsbereich zuständig sind, macht das *ERIC* erziehungswissenschaftliche Forschungsergebnisse, forschungsbezogene Materialien und andere Quellen zugänglich, die zur Entwicklung effektiverer Erziehungsprogramme verwendet werden können. Die Informationen werden zusammengestellt, kontrolliert und ausgewertet, sie werden dann in eine abstrakte Form gebracht, mit einem Index versehen und in den *ERIC*-Mitteilungen veröffentlicht. Studenten, die über *ERIC* Informationen über bestimmte Erziehungsbereiche erhalten möchten, sollten sich anhand der Indices und Abstracts in den monatlichen Ausgaben der *Research in Eduction* sowie der jährlichen zusammengefaßten Indices über relevante Artikel informieren; dasselbe gilt für den *Thesaurus of ERIC Descriptors* (Anleitung für die *ERIC*-Informationsaufgabe). Viele Universitätsbibliotheken und ähnliche Einrichtungen verfügen über komplette Sammlungen der *ERIC*-Dokumente (nicht sogleich verfügbare Dokumente können als Photokopien oder Mikrofilme angefordert werden. Das *ERIC* Informationssystem steht auch Ländern außerhalb der USA zur Verfügung.) Inzwischen beläuft sich die Zahl der verfügbaren *ERIC*-Dokumente auf mehrere hunderttausend. Die verschiedenen Zentren stellen ständig neue Abstracts über wissenschaftliche Veröffentlichungen und Projekte her.

5.4.3 Computergesteuerter Unterricht

Beim computergesteuerten Unterricht kann ein Computer so programmiert werden, daß er für viele Schüler drei Aufgaben erfüllt, die ein Lehrer auch bei nur wenigen Schülern nur schwer erfüllen könnte: (1) E speichert sehr viele Informationen über jeden einzelnen Schüler; (2) er speichert sehr viele Informationen über das Unterrichtsprogramm – Materialien, Lernziele, Testergebnisse usw.; (3) er bezieht Schülermerkmale auf das Unterrichtsprogramm und informiert den Lehrer über diese Beziehung. Beispielsweise können alle Informationen, die ein Lehrer über 150 Schüler zusammenstellen könnte, und alle Informationen in bezug auf das Unterrichtsmaterial und entsprechende Tätigkeiten einem Computer eingegeben und gespeichert werden. Die 150 Schüler könnten dann einen kurzen Test zur Feststellung ihres Leistungsniveaus absolvieren sowie ihre Interessen und Wahlfächer angeben. Auch diese neuen Informationen über jeden Schüler können dem Computer eingegeben werden, und innerhalb weniger Minuten kann der Computer Informationen bezüglich der möglichen Tätigkeiten jedes einzelnen Schülers im Hinblick auf sein Leistungsniveau und seine Interessen ausdrucken. Natürlich kann sich ein Computer auch über die Tätigkeiten und Leistungen eines jeden Schülers auf dem laufenden halten. Bei dieser computergesteuerten Unterrichtsweise interagiert der Schüler jedoch nicht direkt mit dem Computer (wie es bei der computerunterstützten Unterweisung der Fall ist). Zwei Beispiele sollen den computergesteuerten Unterricht veranschaulichen.

Projekt Plan

Das *Projekt PLAN (Program for Learning in Accordance with Needs)* ist ein besonders deutliches Beispiel des computergesteuerten Unterrichts für die Klassen 1–12. Im Jahre 1969 lagen die ersten Ergebnisse über *PLAN* vor *(Dunn,* 1969; *Rahmlow* 1961; *Wright* 1969). *Flanagan* (1968) führt folgende *Komponenten* des Systems an:

1. Eine vollständige und umfassende Liste der Erziehungsziele.
2. Lehr-Lerneinheiten als Unterrichtsmaterial sowie die dazugehörige Anleitung.
3. Eine Reihe von Tests.
4. Beratung und individuelle Planung.
5. Evaluation des Systems.

Schon früher hatte *Flanagan* (1967) drei wichtige Aspekte des *PLAN* hervorgehoben: (1) Es handelt sich um einen systematischen, nicht bruchstückhaften, Ansatz zur erzieherischen Innovation und Verbesserung; alle Hauptaspekte eines Gesamtkomplexes werden bedacht. (2) Es handelt sich um ein großes kooperatives Unternehmen zwischen vielen Schulbezirken, deren Personal und mehreren anderen Stellen. (3) Es handelt sich um einen groß angelegten Versuch zur Bewältigung gegenwärtiger Erziehungsprobleme und zur Umsetzung neuer erziehungswissenschaftlicher Forschungsergebnisse.

Individualisierung des Unterrichts wird im Projekt PLAN auf dreierlei Weise erreicht: (1) Jedes Kind lernt mit Material, das speziell auf seinen Leistungsstand zugeschnitten ist, ohne daß es an bestimmte Klassen gebunden wäre. (2) Für jede Unterrichtseinheit sind verschiedene alternative Materialien und Verfahren verfügbar. (3) Jede Einheit dauert zwei Wochen, wobei diese Einheit entsprechend der jeweiligen Schülerleistung in jedem Fach arrangiert sind.

Das *Beratungs*programm im Projekt PLAN beinhaltet vier Hauptfunktionen: (1) Dem normalen Programm sind Einheiten mit Informationen über mögliche Berufswege eingegliedert. (2) Die Schüler machen Erfahrungen im Planen ihrer eigenen Erziehung, indem sie selbständig unter alternativen Tätigkeiten und Materialien für jede Lerneinheit wählen. (3) Es sind auch Unterrichtseinheiten zur Förderung des Selbstverständnisses geplant. (4) Der Schüler wird zur Bewältigung und Organisation seines selbst gewählten Unterrichtsprogramms ermutigt.

Selbstverständlich spielt der Computer im Projekt PLAN eine bedeutende Rolle. *Flanagen* beschreibt seine Funktion wie folgt: »Er erledigt die Noten- und Zeugnisgebung, sorgt für das jedem Schüler gemäße Lernmaterial, stellt Stundenpläne auf, empfiehlt sofort bzw. langfristig durchzuführende Schritte, durch die ein System wie dieses innerhalb eines gegebenen Etats funktionsfähig bleiben kann.« (1967, S. 7).

Flanagan beschreibt, wie das Projekt PLAN in der Praxis funktioniert:

Um eine abschließende Illustration der Art und Weise, wie das System funktionieren soll, zu geben, beschreiben wir die Tätigkeiten eines zufällig ausgewählten Schülers. Sammy ist gerade in Mr. Adams fünfte Klasse gekommen. Natürlich handelt es sich bei »fünfter Klasse« um eine lediglich herkömmliche chronologische Bezeichnung, denn es ist bekannt, daß in der Klasse auch Schüler sind, die mit Material des 2. Schuljahrs lernen, und andere, die sich mit Material des 8. und 9. Schuljahrs beschäftigen. Obwohl Mr. Adams Sammy noch nie zuvor gesehen hat, hat er einen detaillierten Bericht über Sammy's Kenntnisse, die Art wie er lernt, seine Interessen und darüber, wie Sammy's gegenwärtige Möglichkeiten und Pläne momentan eingeschätzt werden, erhalten.

Man wird Sammy dabei helfen, vorläufige Jahresziele für den Unterricht in Sprache, Mathematik, Social Studies, Naturwissenschaft und danach in anderen Bereichen auf der Grundlage einer genauen Beurteilung sowohl seines bisherigen Lernverlaufs und seiner Interessen als auch längerfristiger Pläne zu setzen. Diese vorläufigen Ziele werden normalerweise in der Form von ungefähr zwanzig Unterzielen, die im Laufe des Jahres in jedem der Fächer erreicht werden sollen, formuliert.

Für jedes Unterziel besitzen sowohl Lehrer als auch Schüler eine Liste, die alle erwarteten Verhaltensänderungen und Lerninhalte so genau als möglich verzeichnet. Es gibt dann auch einen Leistungstest oder ein Beurteilungsverfahren, in dem die Leistungen des Schülers im Hinblick auf diese Lernziele festgehalten werden.

Aufgrund dieser vorläufigen Zielsetzungen unter Einschätzung seines gegenwärtigen Wissensstandes erhalten Sammy und sein Lehrer Beschreibungen der zwei oder drei Lehr-Lerneinheiten für jedes Fach, die für Sammy's Lernstil, Interessen und spezielle Fähigkeit als am besten geeignet erscheinen. Lehrer und Schüler entscheiden zusammen, welche Lehr-Lerneinheiten den Anfang in jedem Fach bilden sollen. Sie erhalten dann eine Zusammenstellung der Lernmaterialien, sowie der Wissens- und Verhaltensänderungen, die erzielt werden sollen.

Die Zusammenstellung für den Schüler enthält den Lesestoff, das Arbeitsbuch, sowie Fragen und Übungen, die erledigt werden müssen, und außerdem die zu verwendenden audio-visuellen Materialien. Der Lehrer erhält Informationen darüber, an welchen Stellen er den Schülerfortschritt überprüfen soll, welche Schwierigkeiten auftreten können, sowie einige Hinweise und Vorschläge zur Behandlung spezieller Probleme.

Nach etwa zwei Wochen legt der Schüler den Leistungsstandtest ab. Dieser Test wird von der zentralen Computerstelle der Schule ausgewertet; am darauffolgenden Morgen erhalten Lehrer und Schüler die Ergebnisse, woraufhin sie die nächsten Arbeitsschritte festlegen (*Flanagan*, 1967, S. 9—10).

Individualisierte Unterweisung

Cooley und *Glaser* (1969) gingen von der Annahme aus, daß die wichtigste potentielle Verwendungsweise von Computern in der Schule die der Individualisierung des Unterrichts sei. Sie sind der Meinung, daß Bemühungen um die Verbesserung des Unterrichts auf einem Lern- und Unterrichtsmodell basieren müssen, sie nennen dies Unterweisung (individually prescribed instruction, IPI). Das von ihnen vorgeschlagene Modell enthält die folgenden Funktionsschritte:

1. Formuliere die Lernziele als beobachtbare Schülerverhaltensweisen.
2. Beginne mit dem Unterricht nach Beurteilung der Fähigkeiten des Schülers, die für die unterrichtlichen Lernziele und das Programm relevant sind.
3. Biete dem Schüler alternative Unterrichtsmethoden an.
4. Kontrolliere und beurteile die Leistungen eines jeden Schülers regelmäßig.
5. Die Weiterführung des Unterrichts hängt vom jeweiligen Leistungsstand des Schülers ab und davon, was er als nächstes in Angriff nehmen kann sowie von den vorhandenen Alternativen.

6. Verwende die Leistungsdaten und andere Informationen zur Kontrolle und Verbesserung des ganzen Systems.

Die Funktionsweise des individualisierten Unterrichts kann aus dem folgenden Zitat entnommen werden:

Beim individualisierten Unterricht wird das gesamte Curriculum in jedem Fachbereich (Mathematik, Lesen, Naturwissenschaft) in Unterrichtseinheiten mit bestimmten Unterzielen aufgeteilt. Beispielsweise enthält das Mathematikcurriculum 430 spezielle unterrichtliche Lernziele. Diese Lernziele gruppieren sich zu 88 Einheiten. Jede Einheit stellt eine unterrichtliche Ganzheit dar, die der Schüler als Ganzes erarbeitet. Im Durchschnitt enthält jede Einheit fünf Lernziele, was jedoch zwischen 1 und 14 schwanken kann. Eine Reihe von Einheiten, die verschiedene Gebiete der Mathematik beinhalten, machen eine Stufe aus; unter Stufe kann man sich etwas mit einem Schuljahr vergleichbares vorstellen. Beim Schuleintritt legt der Schüler einen Einstufungstest ab, der ihm eine bestimmte Einheit zuordnet. Wenn sein Testprofil streut, beginnt er mit der niedersten Einheit. Zu jeder Einheit gehören ein Vor- und ein Nachtest, und zu jedem Lernziel innerhalb der Einheit einer oder mehrerer curriculumbezogene Tests. Nach der Zuteilung zu einer Einheit legt der Schüler den entsprechenden Vortest ab, woraus sich das Leistungsprofil des Schülers in bezug auf diese Einheit ergibt. Er hat beispielsweise die Lernziele 1, 2, 4 und 5, jedoch nicht die Lernziele 3, 6, 7 und 8 bewältigt; an dieser Stelle erteilt ihm der Lehrer Aufgaben entsprechend der noch nicht erreichten Lernziele. Während der Schüler eine Einheit bearbeitet, legt er nach Ermessen des Lehrers den curriculumbezogenen Test ab, der zeigt, ob das Lernziel erreicht worden ist und bis zu welchem Grad der Schüler Fähigkeiten in bezug auf das nächste Lernziel erworben hat. Wenn der Schüler alle Lernziele erreicht hat, legt er den Nachtest ab. Wenn er 85 Prozent dieses Tests bewältigt, beginnt er mit der folgenden Einheit; wenn nicht, hat er so weit zurückzugehen, bis er ein geeignetes Lernziel bewältigt. Es liegt im Ermessen des Lehrers, wie lange er den Schüler an einer Einheit arbeiten bzw. weitergehen läßt (*Cooley und Glaser*, 1969, S. 578—579).

Die auf den individualisierten Unterricht bezogenen Computeroperationen heißen Management und Informationssystem *(MIS):*

Das *MIS* erfüllt in einer individualisierten Schule vier Hauptfunktionen: (1) Sammeln von Daten; (2) Kontrolle des Schülerfortschritts; (3) Bereitstellen von Informationen als Entscheidungsgrundlage für Unterrichtskurse; (4) Diagnostizieren der Schwierigkeiten der Schüler. Diese Funktionen haben zwei Hauptziele: Verstärkung der Effektivität des Modells einer individualisierten Unterweisung sowie der Produktivität des Lehrers, der den individualisierten Unterricht durchführt (*Cooley* und *Glaser*, 1969, S. 579).

In Zusammenarbeit mit dem Personal der *Oakleaf Elementary School* entwickelt das *Learning Research and Development Center* in Pittsburgh das *MIS* ständig weiter. Diese Arbeit verschlingt viel Zeit und Geld. Noch 1970 wurden viele der Arbeiten, die nach der obigen Beschreibung eigentlich vom Computer erledigt werden sollten, von Lehrern und anderem Schulpersonal vorgenommen. Das erste für den individualisierten Unterricht entwickelte experimentelle Material wurde für den Mathematikunterricht hergestellt; es wurde 1970 revidiert, während auch andere Curriculumbereiche in Angriff genommen wurden. Die verhältnismäßig hohen Kosten dieses experimentellen Materials erhöhte zusammen mit den Personalkosten für Testauswertung, Materialspeicherung und andere Funktionen die Erziehungskosten pro Schüler erheblich. Zwei Kritiker haben die, wie sie es ausdrücken, voreilige Verbreitung von Informationen über das Mathematikcurriculum des individualisierten Unterrichts getadelt. Sie drücken ihre Meinung folgendermaßen aus:

> IPI hat Fortschritte gemacht in Richtung auf *meßbare* universale Erziehungsziele durch von der Massenproduktion geschaffene und angewendete Verfahren, wobei jeder Schüler das auf ihn zugeschnittene Programm erhält und nach den jeweils erreichten Verhaltenszielen und nicht nach Alter eingestuft wird. Es ist ein Experiment und als solches wertvoll. Es ist aber noch keine wichtige Ergänzung der gegenwärtigen Praxis. Wie seine Urheber und Verbreiter auch selbst betonen, bleiben viele der komplexen theoretischen und praktischen Fragen bisher noch unbeantwortet.
>
> IPI ist ein vielversprechendes, intelligentes und kühnes Experiment in Richtung auf bedeutende und wertvolle Verbesserungen in *einem* pädagogischen Bereich (*Oettinger & Marks*, 1969, S. 149).

5.4.4 Computerunterstützte Unterweisung

Die computerunterstützte Unterweisung dürfte die vermutlich am besten durchdachte Anwendungsart des Computers innerhalb der Erziehung sein. Kurz gesagt, versucht die computerunterstützte Unterweisung den Computer als allwissendes Lehrgehirn so einzusetzen, daß Schüler auf direktem Wege mit ihm interagieren können, und zwar ohne die unmittelbare Vermittlung eines menschlichen Lehrers. Der Schüler kommuniziert also mit anderen Worten direkt mit dem Computer. Bei allen gegenwärtigen Formen des computerunterstützten Unterrichts wird der Mensch allerdings in hohem Maße gebraucht, etwa bei der Vorbereitung des Systems und bei der Speicherung spezieller Unterrichtsmaterialien im Computer.

Die experimentelle computerunterstützte Unterweisung hat sich an Universitäten und im Wirtschaftsleben schnell entwickelt, nicht aber in der Schule. Der Hauptgrund hierfür liegt darin, daß keine der Einrichtungen Unterricht zu einem vernünftigen Preis liefern kann. Immerhin haben die experimentellen Einrichtungen die Funktionsfähigkeit der computerunterstützten Unterweisung bewiesen. Die Entwicklung der computerunterstützten Unterweisung wurde durch drei Faktoren erleichtert (*Atkinson* und *Wilson*, 1969). Es handelt sich dabei um die Bewegung der programmierten Unterweisung der späten fünfziger und frühen sechziger Jahre, das Hochschießen der elektronischen Datenverarbeitung und die zunehmende Unterstützung des Bundes in bezug auf erziehungswissenschaftliche Innovation und Experimente. Mit auf diese Liste gehören noch die lehrerunabhängigen oder selbststeuernden Techniken sowie die Individualisierung des Unterrichts, beide gehen natürlich Hand in Hand.

Stolurow (1969 b) beschreibt fünf grundsätzliche Unterrichtsverfahren, die man als computerunterstützte Unterweisung bezeichnen kann: (1) Tutor-Verfahren, (2) Drill und Übung, (3) Entdeckungs-Verfahren, (4) Spielmethode und (5) Problemlösen. Wir fügen dieser Liste noch die (6) Dialogmethode hinzu.

Bei all diesen Verfahren sitzt der Schüler vor einem Empfänger, der die Verbindung zum Computer herstellt. Bei einigen Empfängertypen sind die Antwortmöglichkeiten des Schülers auf Mehrfachwahlknöpfen beschränkt. Bei einem anderen Typ registriert der Schüler seine Antworten auf die vom Computer ausgedruckten Mitteilungen, indem er eine Kathodenstrahlröhre mit einem speziellen Stift beschreibt. Außer den Computern, die mit dem Schüler in Form gedruckter Mitteilungen kommunizieren, gibt es einige, bei denen die Mitteilung auf der Kathodenstrahlröhre, die einem Fernsehschirm gleicht, erscheint. Es wäre natürlich sehr kostspielig, wenn immer nur ein Schüler mit dem Computer interagieren könnte; es gibt neue Computer, an die mehrere Empfangsgeräte gleichzeitig angeschlossen werden können.

Diese allgemeine Beschreibung der Interaktionsmöglichkeiten mit Computern führt uns zu einer Beschreibung der einzelnen von *Stolurow* angeführten Verfahren der computerunterstützten Unterweisung:

1. Tutor-Verfahren

Bei der Tutor-Methode wird der Computer so programmiert, daß er als didaktischer Instrukteur direkt mit dem Schüler sprechen sowie dessen Antworten erhalten kann, und zwar jeweils in normaler Sprache. Der Computer verfährt insofern didaktisch, als er die Rolle eines Tutors übernimmt. Das folgende Beispiel stellt einen entsprechenden Dialog dar. In diesem Fall versuchte der Instruktor drei Arten statistischer Beziehungen zu vermitteln. (»C« bezeichnet das vom Computer, »S« das vom Schüler Gesagte.)

C: Positive Korrelationskoeffizienten zeigen eine direkte Beziehung zwischen zwei Variablen, während negative Korrelationskoeffizienten eine entgegengesetzte Beziehung anzeigen, und Nullkorrelationen zeigen, daß keine Beziehung besteht. Überprüfe die folgenden Daten und stelle die Art der gezeigten Korrelation fest.

Name	Größe	Gewicht
Hans	54	69
Tom	63	91
Maria	58	74
Susanne	60	80

S: *Es ist eine negative Korrelation.*
C: Nein, das ist nicht richtig, versuch es noch einmal.
S: *Ich nehme an, daß es eine Null-Korrelation ist.*

(Da die Antwort des Schülers zweimal falsch war, entscheidet der Computer, dem Schüler weitere Erklärungen zukommen zu lassen.)

C: Hier ist eine weitere Erklärung für Korrelationskoeffizienten. Bei einer positiven Korrelation wird, wenn die eine Variable größer wird, die andere ebenfalls größer. Bei der negativen Korrelation ist das Gegenteil der Fall. Nun schau Dir die folgenden Daten an und entscheide, um welche Korrelationsart es sich zu handeln scheint.

Name	IQ	Testwert
Anne	100	21
Tom	94	18
Gisela	110	28
Hans	82	14

S: *Es ist eine positive Korrelation.*
C: Richtig. Versuchen wir noch einige Aufgaben.

Aus dieser Veranschaulichung des computerunterstützten Unterrichts nach der Tutor-Methode können wir entnehmen, daß der Computer für folgende Operationen programmiert wird: (1) Darbieten verbaler und numerischer Instruktion für den Schüler; (2) Darbieten von Fragen oder Aufgaben, die der Schüler zu lösen hat; (3) Beurteilung der Richtigkeit der Schülerantworten; (4) Unterrichtsdarbietung in einer geeigneten Sequenz; (5) Treffen einer Entscheidung, ob der Schüler weitere Erklärungen benötigt, wenn er etwas nicht verstanden hat; (6) Verstärkung des Schülers bei richtigen Antworten.

2. Drill und Übung

Bei der Drill- und Übungsmethode (*Atkinson & Wilson*, 1969) ist der Computer so programmiert, daß er Übungen zur Vermittlung von Fertigkeiten in Mathematik, Englisch oder anderen Fächern wiederholt darbietet. Die Interaktion zwischen Schüler und Computer könnte folgendermaßen verlaufen:

C: 67
− 32
○□
S: $\boxed{5}$
③
C: 54
− 31
○□
S: $\boxed{3}$
①
C: Versuche es von neuem.
S: $\boxed{3}$
②
C: 37
− 11
○□
S: $\boxed{6}$
②
C: 129
+ 214
△○□

(Nach dem Ausdrucken der Aufgabe schaltet sich der Computer selbsttätig auf Speicherung der ersten Schülerantwort um.)
(Die Tatsache, daß der Computer zu einer neuen Aufgabe übergeht, zeigt dem Schüler, daß seine Antwort richtig war.)

Bei dieser Veranschaulichung der Drill- und Übungsmethode war der Computer so programmiert, daß er mehrere zweistellige Subtraktionsaufgaben darbot, die Schülerantworten empfing und beurteilte, zur Korrektur aufforderte, wenn der Schüler einen Fehler machte, und entschied, daß zur Addition übergegangen werden konnte, als der Schüler Subtraktionsaufgaben richtig löste. In darauffolgenden Sitzungen überprüft der Computer die Fertigkeit des Schülers, zweistellige Subtraktionsaufgaben zu lösen.

3. Entdeckungs-Verfahren

Bei der Methode des entdeckenden Lernens ist der Computer so programmiert, daß er dem Schüler ein Problem darbietet, das diesem erlaubt, über die zu verwendenden Informationen bzw. Informationsquellen selbst zu entscheiden. Außerdem beantwortet der

Computer die auf das Problem bezogenen Schülerfragen (*Lyman*, 1968, S. 3). Das folgende veranschaulicht diesen Ablauf:

C: Heute sollst Du herausbringen, warum der Schnee auf dem Bild zu schmelzen schien, obwohl das Thermometer auf dem Bild 28° Grad anzeigt. Was möchtest Du tun?
A) Einige Fragen stellen.
B) Das Bild näher betrachten.
C) Versuchen, eine Antwort zu geben.
D) Ein Experiment durchführen und die Temperatur verändern.
S: *D.*
C: In Ordnung. Sag mir, was Du in dem Experiment tun mußt.
S: *Die Temperatur auf 10° senken.*
C: Wenn die Temperatur auf 10° gesenkt ist, schmilzt der Schnee immer noch.
S: *Die Temperatur auf 0° senken.*
C: Wenn die Temperatur auf 0° gesenkt ist, hört das Schmelzen auf.
S: *A.*
C: Nun möchtest Du einige Fragen stellen. Was möchtest Du fragen:
1. Ist es ein Fahrenheit-Thermometer?
2. Ist es ein Celsius-Thermometer?
3. Ist es echter Schnee?
4. Wie hoch ist der Luftdruck?

S: *1.*
C: Nein.
S: *C.*
C: Jetzt möchtest Du eine Antwort versuchen. Fang an.
S: *Der Thermometer auf dem Bild ist ein Celsius-Thermometer.*
C: Das ist richtig. Aber Du mußt noch mehr erklären.
S: *Der Gefrierpunkt auf der Celsius-Einteilung liegt bei 0°.*
C: Richtig. Das hast Du sehr gut gemacht. Jetzt wenden wir uns einem weiteren Problem zu.

Die Strukturierung einer Problemsituation und die Ermöglichung eines Dialogs zwischen Computer und Schüler zeigen, daß sowohl Computer als auch Programmierer bei der Entdeckungs-Methode vielseitiger und beweglicher vorgehen können.

4. Spiel-Methode

Bei der Spielmethode steht der Schüler vor einem komplexeren Problem. Dabei läuft folgende Sequenz ab: (1) Der Computer ist zur Simulation komplexer Problemsituationen programmiert. (2) Als Leiter der Situation hat der Schüler zahlreiche Entscheidungen zu treffen. (3) Der Computer ist so programmiert, daß er sich den Schüler-Inputs bzw. -Entscheidungen anzupassen vermag und den

Ablauf der Ereignisse im Spiel entsprechend der Sequenz der Schülerentscheidungen modifizieren kann.

Wing (1966) berichtet, daß die Spielmethode bei der Vermittlung wirtschaftlicher Grundbegriffe im Hinblick auf die Lernmenge ebenso effektiv und im Hinblick auf die benötigte Zeit sogar effektiver war als konventioneller Unterricht. Es folgt ein zufällig ausgewählter Computerausdruck des von *Wing* (1969) entwickelten Sumererspiels:

C: Stell Dir vor, daß Du soeben zum Herrscher von Lagash, einem Stadtstaat der Sumerer, gemacht worden bist; wir schreiben das Jahr 3500 v. Chr. Zweimal jährlich berichtet Dir Dein königlicher Verwalter, Urbaba, über die wirtschaftlichen Verhältnisse des Königreichs. Aufgrund dieser Berichte triffst Du Entscheidungen über den Verbrauch von Korn und anderen Gütern, um die Bevölkerungszahl konstant zu halten und die Menschen ausreichend zu ernähren. Zwischen den Berichten erscheint Dein Hofberater mit Neuigkeiten über das Königreich.
Der Verwalter benutzt die Schreibmaschine, um zu berichten und um Deine Entscheidungen zu bitten. Wenn das grüne Licht aufleuchtet, tippe Deine Antwort in Zahlen und drücke den »Zurück-Knopf«. (Wenn Du einen Fehler machst, drücke »Löschen« und versuche es noch einmal.) Viel Erfolg!

Erster Wirtschaftsbericht für den neuen Herrscher von Lagash von seinem demütigen Verwalter:

Gesamtbevölkerung zum gegenwärtigen Zeitpunkt	500
Bebautes Ackerland, in Morgen	600
Gesamter Kornbestand, in Scheffel	900
eine Ernte alt	900
zwei Ernten alt	0
drei Ernten alt	0
Gesamtkornmenge, soeben geerntet, in Scheffel	13 000
Gesamtbestand, Ernte und Reserve	13 900

Du mußt entscheiden, wie der Bestand verwendet werden soll. Wie viele Scheffel Korn sollen zur ERNÄHRUNG der Bevölkerung bereitgestellt werden?

S: *4000.*

C: Wie viele Scheffel Korn soll man für die nächste Ernte *Anpflanzen?*

S: *9000.*

C: Dies bedeutet, daß null Scheffel aus dem Speicher entfernt werden müssen. Ist das in Ordnung? Willst Du —1— Deine Entscheidungen aufrecht erhalten oder —2— sie revidieren?

S: *1.*

C: Verbleibender Bestand 900.

Der Verwalter führt die königlichen Befehle aus und kommt nach sechs Monaten zurück. »Herr, ich muß Dir leider mitteilen, daß 225 Scheffel Korn verdorben sind, bzw. von Ratten während der vergangenen Erntezeit gefressen wurden.«
Wirtschaftsbericht des königlichen Verwalters für den *Frühling* im ersten Jahr von Luduga 1.

Bevölkerungsveränderung	— 55
Gesamtbevölkerung zum gegenwärtigen Zeitpunkt	445

Die Nahrungsmenge, die die Bevölkerung während der letzten Erntezeit erhielt, war viel zu gering.

Letzte Ernte	13 000
Gegenwärtige Ernte	14 396
Bestand laut letztem Bericht	900
Bestandsveränderung	— 225
Gegenwärtiger Bestand	675
Gesamtbestand, Ernte und Reserve	15 071

Du mußt nun entscheiden, wie die Bestände verwendet werden sollen. Wie viele Scheffel Korn sollen zur ERNÄHRUNG der Bevölkerung verwendet werden?
S: *5000.*
C: Wie viele Scheffel Korn willst Du für die nächste Ernte *anpflanzen?*
S: *9000.*
C: Dies bedeutet, daß 396 Scheffel gelagert werden müssen. Ist das in Ordnung? Willst Du — 1 — Deine Entscheidung aufrechterhalten oder — 2 — sie revidieren?

5. Problemlöse-Methode

Bei der Problemlöse-Methode interagiert der Schüler mit dem Computer, indem er diesen als Rechner in Kursen wie Mathematik, Statistik und Naturwissenschaft verwendet. Im folgenden ein Auszug aus einem von *Hesselbart, D'Arms* und *Zinn* (1988) entwickelten Programm:

C: Welche der folgenden Stichproben möchtest Du bearbeiten?
(1) Gesamtpopulation
(2) Zufallsstichprobe
(3) Geschichtete Stichprobe
S: *1.*
C: Du arbeitest mit der Gesamtstichprobe (211 Schüler). Welche Testwerte möchtest Du als Daten für Deine statistischen Berechnungen haben? Nenne Test und Altersstufe.
S: *Scat, junior* (vgl. Band 1, Kapitel 3, Seite 120 bis 121!).
Bevölkerungszahl laut letztem Bericht 500
C: Welche der folgenden statistischen Berechnungen möchtest Du mit diesen Testwerten durchführen? Mittelwert? Medianwert? Häufigster Wert? Varianz? Standardabweichung? T-Test (Vergleich der jüngeren

und älteren Jahrgangsstufen für Deine Daten)? Korrelation (Bestimme den 2. Test für die Korrelation später)?

S: *Korrelation.*

C: Nenne Namen und Altersstufe des Tests, den Du zur Korrelation mit Deinen Daten verwenden willst.

S: *IQ-Test.*

C: Mittelwert = 271,60
Varianz = 88,62
Medianwert = 110,17
Varianz = 127,57
Korrelation = 0,76
Was möchtest Du tun:
(1) Einen anderen psychologischen Test verwenden?
(2) Eine neue Schülerstichprobe nehmen?
(3) Eine andere statistische Berechnung mit denselben Testwerten für dieselbe Schülerstichprobe durchführen?
(4) Aufhören?

S: *1.*

C: Welche Testwerte möchtest Du für Deine statischen Berechnungen verwenden? Nenne Test und Altersstufe.

S: *SCAT.*

C: Welche statistische Berechnung möchtest Du mit diesen Testwerten durchführen? Mittelwert? Medianwert? Häufigster Wert? Varianz? Standardabweichung? T-Test (Vergleich der jüngeren und älteren Altersstufen für Deine Daten? Korrelation (Bestimme den 2. Test für die Korrelation später)?

S: *Korrelation.*

Das Hauptkennzeichen der Problemlöse-Methode besteht darin, die Rechenfähigkeit des Computers auszunutzen. Die entsprechende Instruktion wird teilweise unter Verwendung einer nichtnatürlichen Sprache zwischen Schüler und Computer durchgeführt. Man verwendet also gedruckte Materialien, die nicht im Computer sind, um den Schüler an Probleme und Daten heranzuführen. Dann verwendet der Schüler eine Computersprache, etwa FORTRAN, um mit dem Computer verschiedenartige numerische Probleme zu lösen.

6. Dialog-Methode

Bei der Dialog-Methode versucht der Lehrer den Computer so zu programmieren, daß dieser eine Unterhaltung mit dem Schüler durchzuführen in der Lage ist, wobei das Thema die einzige Einschränkung darstellt. Im folgenden ein Beispiel für einen Computer-Schüler-Dialog nach *Weizenbaum* (1966, S. 36):

S: *Alle Männer sind gleich.*

C: In welcher Weise?

S: *Sie ärgern uns dauernd irgendwie herum.*
C: Fällt Dir ein besonderes Beispiel ein?
S: *Na ja, mein Freund hat mich gezwungen, hierherzukommen.*
C: Dein Freund hat Dich hierherkommen lassen?
S: *Er sagt, daß ich meistens niedergeschlagen bin.*
C: Es tut mir leid, daß Du niedergeschlagen bist.
S: *Es ist wahr, ich bin unglücklich.*
C: Glaubst Du, daß es Dir hilft, hierher zu kommen?
S: *Ich brauche Hilfe, so viel steht fest.*
C: Was würde es bedeuten, wenn Du Hilfe bekämst?
S: *Vielleicht würde ich mich dann mit meiner Mutter vertragen lernen.*
C: Erzähl mir etwas über Deine Familie.
S: *Meine Mutter kümmert sich um mich.*
C: Wer sonst in der Familie kümmert sich um Dich?
S: *Mein Vater.*
C: Dein Vater?
S: *Du bist in mancher Beziehung wie mein Vater.*
C: Welche Ähnlichkeit siehst Du?
S: *Du bist nicht sehr aggressiv, aber ich glaube, daß Du nicht willst, daß ich das merke.*
C: Weshalb glaubst Du, daß ich nicht sehr aggressiv bin?
S: *Du streitest Dich nicht mit mir.*
C: Warum glaubst Du, daß ich nicht mit Dir herumstreite?
S: *Du hast Angst vor mir.*
C: Gefällt es Dir, daß ich Angst vor Dir haben könnte?
S: *Mein Vater hat vor allen Angst.*
C: Was fällt Dir sonst noch ein, wenn Du an Deinen Vater denkst?
S: *Er ist ein Tyrann.*
C: Hat das etwas damit zu tun, daß Dein Freund Dich hierher schickte?

Diese Beschreibungen und Beispiele vermitteln einen kleinen Eindruck von der computerunterstützten Unterweisung der frühen siebziger Jahre. Man macht auf diesem Gebiet ständig weitere Fortschritte. Ein Lehrer sollte sich also nicht nur aufgrund gedruckter Informationen für oder gegen den Einsatz von Computern im Unterricht entscheiden, weil er daraus kein zuverlässiges bzw. vollständiges Bild über Lerneffektivität oder Kosten erhalten kann. Vielmehr sollte der Lehrer versuchen, sich an einer anderen Schule, an der Computer bereits in seinem Sinne verwendet werden, über dessen Funktionsweise zu orientieren.

5.4.5 Evaluation durch Computer in der Erziehung

Morgan faßt die gesammelten Erfahrungen mehrerer Bundesstellen, die den größten Teil der Forschungs- und Entwicklungsarbeit im Zusammenhang mit den Anwendungsmöglichkeiten von Computern unterstützt haben, folgendermaßen zusammen:

1. Von den in der Entwicklung befindlichen Computeranwendungsarten werden vermutlich einige vor anderen funktionsfähig sein.

2. Mit den bestehenden Modellen ließen sich viele der etwas komplizierten Anwendungsarten (computerunterstützter Unterricht, computergesteuerter Unterricht und computergesteuerte Beratungssysteme) aus Kostengründen nicht in großem Umfang an Schulen einsetzen.

3. Es gibt eine Anzahl einfacher, aber nützlicher Funktionen, die mit der verfügbaren Technologie in Schulen verwirklicht werden könnten.

4. Es sollten Computersysteme entwickelt werden, die Schulen mit bereits gegenwärtig verfügbaren Dienstleistungen versehen sowie zukünftige weitergehende Funktionen erfüllen können, ohne daß umfangreiche Systemmodifikationen notwendig sind.

5. Die von einem derartigen Computersystem erbrachten Dienstleistungen sollten die jährlichen Kosten pro Schüler um nicht mehr als 2 Prozent steigern. Um innerhalb dieser Kostengrenze eine Vielfalt an Dienstleistungen erbringen zu können, bräuchte man wahrscheinlich einen zentralen Computerdienst mit entsprechenden Leitungen für alle teilnehmenden Schulen und Schulbezirke. (*Morgan* 1969, S. 4).

Feldhusen (1969) gibt einen Überblick über mehrere Arbeiten, die sich mit der Evaluation besonders des computerunterstützten Unterrichts befassen, und stellt fest, daß Computer zu folgenden Zwecken experimentell eingesetzt werden können:

1. Bereitstellen, Speichern und Verarbeiten von Informationen über Schülerleistung vor und/oder während des Unterrichts zur Bestimmung aufeinanderfolgender Tätigkeiten in der Lernsituation.

2. Speichern großer Informationsmengen, die dann schneller als mit jedem anderen Medium dem Lernenden wieder zugänglich gemacht werden kann.

3. Programmierte Kontrolle mehrerer Medien, wie z. B. Filme, Dias, Fernsehen und Anschauungsmaterial.

4. Gibt dem Autor bzw. Lehrer eine nützliche Grundlage zur Konzeption und Entwicklung eines Unterrichtskurses.

5. Ermöglicht eine dynamische Interaktion zwischen Schüler und Unterrichtsprogramm, was den meisten anderen Medien nicht möglich ist.

Kopstein und *Seidel* (1968) weisen darauf hin, daß die Kosten für den computerunterstützten Unterricht im Vergleich zur konventionellen Unterweisung an manchen Universitäten und Wirtschaftszweigen als nicht außergewöhnlich hoch betrachtet werden. Sie halten es außerdem für möglich, daß der computerunterstützte Unterricht in Schulen zu niedrigen Kosten möglich sein wird. Das Haupthindernis besteht nicht in den Maschinen – der sogenannten Hardware. Es gibt zwei größere Schwierigkeiten: Gute Unterrichtsprogramme sowie darauf bezogene Testaufgaben, die man einem Computer eingeben kann, müssen erst noch entwickelt werden. Des weiteren sind billige Kommunikationssysteme notwendig, die dem einzelnen Schüler die Möglichkeit geben, mit dem Computer mündlich, schriftlich und anders als nur durch Schreibmaschinenschreiben zu kommunizieren.

5.12. Der Computer hat seine Vielseitigkeit innerhalb der erziehungswissenschaftlichen Forschung dort bewiesen, wo er den Menschen zeitraubende Arbeiten bei der Datenanalyse abnimmt und zugleich die Kosten senkt. Welche unterrichtlichen Funktionen würde der Lehrer gerne an den Computer abtreten, um sich dadurch bestimmte mühselige Schindereien beim Unterrichten zu ersparen?

5.13. Welche wichtigen Funktionen kann ein Lehrer für oder mit Schülern erfüllen, die ein Computer wahrscheinlich nie erledigen könnte?

5.14. Erzielen manche Lehrer negative Effekte dadurch, daß sie bei Dingen, die ein Computer ohne weiteres erledigen könnte, versagen?

5.15. Manch ein Unterricht ist ausgezeichnet, manch einer schlecht; meist ist der Unterricht nicht so gut, wie er sein könnte. Nehmen wir an, daß Ihnen ein unbegrenzter Geldbetrag für Forschungen und Entwicklungen zur Verbesserung des Unterrichts zur Verfügung stünde. Wie würden Sie das Geld für folgende Zwecke aufteilen: zur Ausbildung besserer Lehrer, für das Unterrichtsfernsehen, für Unterrichtsmaterialien, für die Anwendung von Computern in der Erziehung? Begründen Sie Ihre Ansicht.

5.5 Zusammenfassung

Prinzipien und Erfindungen aus den Bereichen der Naturwissenschaft und Technik, der Mathematik und der Verhaltenswissenschaften, werden zur Entwicklung einer Unterrichtstechnologie herangezogen. Unterrichtsfernsehen, programmierte Unterweisung und Lehrmaschinen sowie die Anwendung von Computern im Unterricht veranschaulichen die aufkommende Technologie. Maschinen und dazugehörige Unterrichtsprogramme dienen vorwiegend der gleichzeitigen Erreichung großer Schülerzahlen oder zur Individualisierung des Unterrichts. Allerdings werden momentan auch außerhalb der Schule komplette Unterrichtssysteme entwickelt, die den Lehrer zum bloßen Techniker degradieren bzw. völlig überflüssig machen wollen, eine Tatsache, die die Autoren des vorliegenden Buches nicht begrüßen (vgl. auch Kap. 1 des ersten Bandes).

Das Unterrichtsfernsehen hatte in den fünfziger Jahren einen vielversprechenden Start, wurde während der sechziger Jahre allerdings weithin desillusioniert. Bis zu den siebziger Jahren hatte sich das Unterrichtsfernsehen zu einem starken nationalen Fernsehnetz mit teilweise hervorragenden staatlichen und örtlichen Programmen ausgewachsen. Es liegt auf der Hand, daß das Unterrichtsfernsehen bestimmte klar definierte Erziehungsprobleme in Amerika und in unterentwickelten Nationen lösen kann. Um Erfolge haben zu können, muß der Fernsehunterricht Teil eines Team-Teaching-Arrangements sein, finanziell unterstützt und entsprechend geplant werden. Hierzu gehört die Ausbildung von Fernseh- und Klassenzimmerlehrern im Gebrauch des Fernsehunterrichts als eines Teils des *Unterrichtsprogramms in der Klasse.*

Obwohl die Befürworter der linearen programmierten Unterweisung und der Lehrmaschinen in den späten fünfziger Jahren die Lösungen für die meisten Probleme der amerikanischen Erziehung versprachen, wurden Lehrmaschinen ab der Mitte der sechziger Jahre nur noch in der Forschung eingesetzt. Verzweigtes (intrinsisches) und beigeordnetes Programmieren hatte begonnen, sich in den Vordergrund zu schieben. Trotz des Niedergangs der Lehrmaschine und dem frühen ridigen Stil der linearen Programmierung bleibt ein beachtenswerter Rest. Viele Verhaltenswissenschaftler, Experten der verschiedenen Fachbereiche und Erzieher, entwickeln und testen Unterrichtsmaterialien, Verfahrensweisen, Medien und Systeme, die den Schülern zu besserem Lernen und den Lehrer zu besserer Leistung befähigen sollen.

Der Einsatz von Computern und der damit zusammenhängenden Technologie hat die erziehungswissenschaftliche Forschung in knapp 15 Jahren aus der Postkutschenzeit in das Düsenzeitalter gebracht. Große Bibliotheken, manche große Schulsysteme und andere Stellen verwenden den Computer zur Speicherung und Ausgabe großer Informationsmengen. In der Schule gibt es kleine, aber vielversprechende Anfänge zur Verwendung von Computern bei Speicherung und Analyse von Informationen, die dem Lehrer ein besseres Anpassen seines Unterrichtsprogramms an den einzelnen Schüler erlauben. In den sechziger Jahren erfuhr die computerunterstützte Unterweisung viel Unterstützung und öffentliche Aufmerksamkeit. Man hat Interaktionen zwischen Schülern und einem Computer demonstriert, die bedeutende Fortschritte zu machen versprechen. Besonders an Universitäten, etwa im Bereich der Medizin oder Technik, wird der Computer effektiv zur Unterrichtsunterstützung eingesetzt. Inzwischen ist es klar, daß der Computer den menschlichen Lehrer nicht in allen Unterrichtsbelangen ersetzen kann; immerhin könnte der Computer einmal in der Lage sein, Teile eines Gesamt-Unterrichtsprogramms so gut zu erledigen, wie er dies jetzt bei der Datenverarbeitung innerhalb der erziehungswissenschaftlichen Forschung tut.

5.6 Weiterführende Literatur

Allendorf, O., Dresing, H., Starke, U.: Pädagogische Technologie und omputerpraxis in Schule und Ausbildung. Köln, Verlag Müller: 1972, 232 Seiten.

Ankerstein, H. S. (Hrsg.): Lernprogramme und ihre Verwendung im Unterricht. Köln, Verlag Müller 1971, 122 Seiten.

Atkinson, R. C.: Computerized instruction and the learning process. in: Ripple, R. E., ed., Readings in learning and human abilities. New York: Harper & Row, 2nd ed. 1971.

Beschreibung eines computer-unterstützten Leselehrgangs.

Atkinson, R. C., Wilson, H. A., eds.: Computer assisted instruction: A book of readings. New York: Academic Press, 1969.

Dieser 362seitige Paperback enthält 21 Artikel von begeisterten Pionieren der computerunterstützten Unterweisung und des computergesteuerten Unterrichts. Teil 4 enthält gebräuchliche Unterrichtsprogramme.

Bayerischer Rundfunk: Fünf Jahre Schulfernsehen im Studienprogramm des Bayerischen Rundfunks. — München 1970.

115seitige Informationsschrift mit 17 Aufsätzen zur Entwicklung und zum fachspezifischen Einsatz des Schulfernsehens in Bayern.

Glaser, R. (Hrsg.): Programmiertes Lernen und Unterrichtstechnologie. Befunde und Empfehlungen. Deutsche Ausgabe von *K.-H. Flechsig & W. Schultze.* Cornelsen-Velhagen & Klasing, Berlin 1971.

Die 1965 veröffentlichte amerikanische Ausgabe stellt eine Auswahl aus den Vorträgen dar, die 1963 auf dem Kongreß für Programmiertes Lernen des größten amerikanischen Lehrerverbandes (National Education Association, NEA) gehalten wurden. Obwohl inzwischen über 10 Jahre verstrichen sind, kommt den meisten Beiträgen noch immer grundsätzliche Bedeutung zu. Der 775seitige Band spiegelt den Stand der theoretischen Überlegungen, der empirischen Forschung sowie der Verwendung von Programmen wieder.

Institut für Film und Bild in Wissenschaft und Unterricht: Literaturhinweise für die Sachgebiete »Didaktik der audiovisuellen Mittel« und »Massenkommunikationsmittel als Gegenstand der Pädagogik«.

Das genannte Institut veröffentlicht diese Literaturhinweise (Einzelheft ca. 200—300 Seiten), die eine relativ umfassende Auswertung relevanter Fachzeitschriften des In- und Auslandes darstellen, in fortlaufender Folge (ca. 2 Hefte pro Jahr). Die Hefte können gegen eine Gebühr bezogen werden von: Institut FWU, 8022 München-Grünwald, Bavaria-Film-Platz 3.

Institut für Film und Bild in Wissenschaft und Unterricht: ava-Forschungsberichte, Band 3.

Das vom genannten Institut 1970 veröffentlichte Heft (167 Seiten) enthält vier Aufsätze zu Untersuchungen über Unterrichtsfilme: a) Informationsdichte, b) programmierter Film zum Lesenlernen, c) Einfluß der Wiederholungen auf die Wahrnehmung und Beurteilung von Unterrichtsverläufen, d) Schülereinstellungen gegenüber Unterrichtsfilm und Schulfernsehen.

Klausmeier, H. J., O'Hearn, G. T., eds.: Research and development toward the improvement of education. Madison, Wis.: Dembar Educational Research Services, 1968, S. 87—117.

In einem Artikel gibt *W. Schramm* einen weltweiten Überblick über den Einsatz des Unterrichtsfernsehens. In einem anderen Artikel befaßt sich *L. Stolurow* mit theoretisch-technischen Problemen eines computergesteuerten Unterrichtssystems.

Lange, P. C. ed.: Programmed instruction. National Society for the Study of Education, 66th yearbook. Chicago: University of Chicago Press, 1967, Teil 2.

Dieses Jahrbuch enthält einige interessante Beiträge über den Stand der programmierten Unterweisung. Die Artikel von E. Dale, »Historical Setting of Programed Instruction«, S. 28—54; und von S. Markle, »Empirical Testing of Programs«, Seite 104—138, befassen sich direkt mit den noch hier angeschnittenen Problemen.

Praxis und Perspektiven des programmierten Unterrichts, Band I u. II: Verlag Schnelle, Quickborn: 1965 bzw. 1967.

Die beiden Bände (177 bzw. 301 Seiten) enthalten die auf dem 3. und 5. Symposion über Lehrmaschinen gehaltenen Referate.

Pressey, S. L.: Autoinstruction: Perspectives, problems, potentials. In: Hilgard, E. R., ed., Theories of learning and instruction, National Society for the Study of Education, 63rd yearbook. Chicago: University of Chicago Press, 1964, Teil 1, S. 354—370.

Der Erfinder der ersten Lehrmaschinen geht auf die Probleme der an Skinner orientierten Maschinen sowie der linearen Unterrichtsprogrammierung ein.

Stephenson, H. W., Siegel, A.: Effects of instructions and age on retention of filmed content. In Ripple, R. E., ed., Readings in learning and human abilities. New York: Harper & Row, 2nd ed., 1971.

Es werden Unterschiede bei der Informationsverarbeitung von Schülern unterschiedlicher Altersstufen dargestellt.

Tobias, S.: Dimensions of teachers' attitudes toward instructional media. In Ripple, R. E., ed., Reading and learning and human abilities. New York: Harper & Row, 2nd ed., 1971.

Durch eine faktorenanalytische Untersuchung von Einstellungen von Lehrern gegenüber Unterrichtsmedien wird ein »Bedrohung durch Automation«-Faktor identifiziert.

Walter, H., Lehrstrategie und Lehreffektivität; Ein kritischer Vergleich von Programmierter Unterweisung und herkömmlichem Unterricht. München/Basel: E. Reinhardt Verlag 1973.

Zifreund, W. (Hrsg.): Schulmodelle, Programmierte Instruktionen und Technische Medien. Ehrenwirth-Verlag München, 1968.

Enthält 27 Aufsätze über grundsätzliche Probleme bei der technischen Planung von Schulmodellen, über die Auswirkungen der programmierten Instruktion auf die Unterrichtsorganisation, sowie über den Einsatz technischer Medien bei der Lehrerausbildung.

6. Schülermerkmale

Während der späten fünfziger Jahre löste das Wettrennen zum Mond im ganzen Land ein Problembewußtsein dafür aus, wie man hochbegabte Schüler identifizieren und mit angemessenen Schulangeboten versorgen könnte. Während der sechziger Jahre bewirkte die Bürgerrechtsbewegung, daß man sich auf nationaler Ebene um eine bessere Erziehung der Benachteiligten bemühte, also der Kinder aus niedrigen Einkommensschichten. Dieses neue Bewußtsein hat unsere anhaltenden Versuche verstärkt, die Erziehung wertvoller auch für solche Kinder und Jugendliche zu machen, die weder besonders begabt noch in irgendeiner Weise behindert sind. In all diesen Aspekten von Erziehung erlangte die Individualisierung immer größere Bedeutung. Obwohl Psychologen und Erziehungswissenschaftler während des letzten halben Jahrhunderts gefordert haben, daß individuelle Unterschiede berücksichtigt werden sollten, sind ihre Forderungen erst in den letzten Jahren weitgehend anerkannt und befolgt worden. Wir wissen, daß Erziehung niemals Massenerziehung sein kann — womöglich dieselben zwölf Schuljahre für alle mit identischen Unterrichtsmaterialien und -aktivitäten. All dies läuft darauf hinaus, daß wir die Erziehungsperspektiven jetzt verbessern müssen. Dieses Kapitel handelt direkt von diesem Ziel.

Die Reichweite der Unterschiede zwischen Schülern wird zuerst aufgezeigt. Weiter wird besondere Aufmerksamkeit den Merkmalen von benachteiligten Schülern gewidmet. Maßnahmen für die Benachteiligten, inclusive der Vorschulerziehung, werden betrachtet und schließlich wird ein System individuell geplanter Erziehung für alle Schüler diskutiert. Das Studium dieser Konzepte und der damit verwandten Praktiken sollte Lehrer und andere Erzieher befähigen, zu verstehen und zu wissen, was getan werden muß, um Erziehungspraktiken jetzt zu verbessern. Es liegt jedoch auf der Hand, daß man dabei willens sein muß, veraltete Praktiken aufzugeben, um dieses Wissen zu verwirklichen.

6.1 Merkmale, in denen sich Schüler voneinander unterscheiden

Die Abbildung 6.1 zeigt Merkmalskategorien, die die Bereitschaft des Einzelnen zur Übernahme bestimmter Lernaufgaben beeinflussen, seinen Fortschritt in diesen Lernaufgaben und die oberen Grenzen, die er erreichen kann. Die fünf Kategorien sind: kognitive Fähigkeiten und damit verwandte Merkmale, psychomotorische Fähigkeiten und die damit verwandten Merkmale, affektive Merkmale, familiärer und sozio-ökonomischer Status und Geschlecht. (Da familiärer und sozioökonomischer Status sehr eng korrelieren mit Benachteiligung, werden sie zu einem späteren Zeitpunkt in diesem Kapitel diskutiert und nicht in diesem Abschnitt.)

Wenn man ein Unterrichtsprogramm für einen Schüler entwirft, wie in Kap. 1 des I. Bandes und Kap. 4 dieses Bandes aufgezeigt, mögen die Variablen, die mit jeder der vorausgegangenen Kategorien zusammenhängen, wichtig sein. Jedoch sind gewisse Variablen wichtiger für bestimmte Unterrichtsprogramme als andere. Außerdem ist eine kleine Anzahl spezifischer Informationen nützlicher als eine unüberschaubare Menge allgemeiner Informationen. So ist es z. B. für die Erstellung eines Leselernprogramms nützlicher, den gegenwärtigen Grad der Leseleistung des Kindes und die spezifischen Lesefertigkeiten, die es bewältigt, zu wissen, als sein Geschlecht, seinen familiären Hintergrund, den IQ und die psychomotorischen Fähigkeiten zu kennen. Auf der anderen Seite sind Geschlecht und psychomotorische Fähigkeiten sehr wichtig zu wissen, wenn man ein Unterrichtsprogramm im Fach Turnen für einen 12jährigen aufstellt.

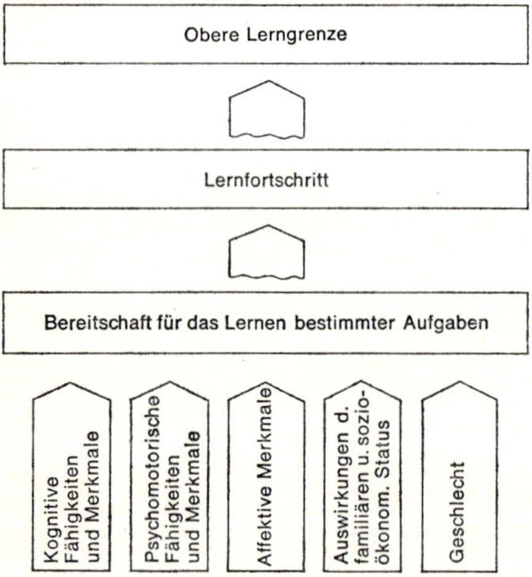

Abb. 6.1. Schülermerkmale und Lernen

Die Merkmale von Schülern führen auch zu Unterschieden in der Menge dessen, das sie lernen, obwohl sie anfänglich dafür gleichermaßen vorbereitet sein mögen. Zwei Kinder laufen z. B. zu einem bestimmten Zeitpunkt mit genau der gleichen Geschwindigkeit. Danach verbessert sich das eine Kind schneller als das andere, und nach und nach unterscheiden sie sich immer mehr in ihren Laufzeiten voneinander. Das gleiche passiert bei anderen Lernvorgängen. Die Merkmale, die Einfluß haben auf die Lernbereitschaft, wirken auch ein auf späteren Fortschritt und letztlich auch auf die oberen Leistungsgrenzen, obwohl bestimmte Merkmale von geringerer oder größerer Bedeutung bei der Verbesserung der Leistung sein mögen.

6.1.1 Intellektuelle Fähigkeiten und andere Merkmale

Ohne Frage unterscheiden sich gleichaltrige Schüler in intellektuellen Fähigkeiten und anderen Merkmalen. Natürlich steht diese Variabilität auch in bezug zu dem Grad der Schulleistung, den die Schüler in vielen Schulfächern erreichen. Drei besonders beachtenswerte Variablen sind allgemeine intellektuelle Fähigkeit, spezifische intellektuelle Fähigkeiten und frühere Leistungen in den Schulfächern. Die Art und Bedeutung dieser Variablen sind Gegenstand ständiger Forschung.

Allgemeine intellektuelle Fähigkeit

Über die Natur der Intelligenz haben sich (wie in Kap. 3 des I .Bandes vermerkt) die Wissenschaftler bisher nicht geeinigt. Dagegen sind in Untersuchungen der individuellen Unterschiede IQ-Zahlen, wie sie in Tests der allgemeinen intellektuellen Fähigkeit gemessen werden, seit Jahren im Gebrauch. Aus diesem Grund und weil IQ-Tests an Schülern mit mehr Systematik durchgeführt werden als irgendeine andere Art Test, ist viel Information vorhanden über die Art von Intelligenz, die allgemeine intellektuelle Fähigkeit genannt wird, und über ihre Beziehung zu anderen Merkmalen. Wir besprechen sie hier deswegen etwas ausführlicher.

Eine der neueren Theorien über die Natur der Intelligenz ist hier besonders relevant, weil sie zwei Arten von Intelligenz postuliert: kristallisierte und flüssige. Diese unterscheiden sich von den Konzepten der allgemeinen intellektuellen Fähigkeit und der spezifischen intellektuellen Fähigkeit, wie sie in Kap. 3 des I. Bandes besprochen wurden. Man kann sie jedoch ein wenig analog sehen zu den zwei Gruppen-Hauptfaktoren von *Vernon* (1950), die auch in Kap. 3 diskutiert wurden. In dieser neueren Theorie, dargelegt von *Cattell* (1967) und *Horn* und *Cattell* (1966, 1967), werden die beiden Arten der Intelligenz wie folgt beschrieben:

Die *kristallisierte Intelligenz* hat drei Hauptattribute: (1) sie spielt eine Rolle bei kognitiven Aufgaben, die charakterisiert sind durch Stabilität und Ausdauer. Die Fähigkeiten, die der Leistung zugrunde liegen, sind durch Übung und Lernen kristallisiert. (2) Es wird behauptet, daß sie sehr stark umweltabhängig ist, d. h. sie entwickelt sich in Abhängigkeit von Lern- und Übungsgelegenheiten. (3) Man nimmt an, daß sie bis zum Alter von dreißig oder darüber zunimmt; während die Person weiterlernt, nimmt auch die kristallisierte Intelligenz zu. Die *flüssige Intelligenz* andererseits ist (1) mehr beteiligt an Aufgaben, die eine Anpassung an neue Situationen erfordern; (2) mehr erbbedingt, (3) erreicht vermutlich ihren Höhepunkt im Alter von ungefähr 15 Jahren.

Die Autoren dieses Buches schließen sich der Meinung an, daß sowohl Erbanlagen wie Umwelt bestimmen, wie gut jemand verschiedenen Aufgaben gerecht wird. Über diese Verallgemeinerung hinaus ist es jedoch schwierig, über die Natur der Intelligenz etwas ganz Genaues auszusagen. Darüberhinaus ist es geradezu unmöglich zu bestimmen, bis zu welchem Grad die verschiedenen IQ-Tests, wie sie in diesem Kapitel erwähnt werden, entweder »kristallisierte« oder »flüssige« oder irgendeine andere der theoretisch angenommenen Intelligenzklassen messen. Trotzdem bieten IQ-Tests, obwohl sie fehlbar sind, die geeignete Grundlage, um Intelligenz im Zusammenhang mit vielen anderen Variablen des Lernprozesses zu betrachten.

Die Fähigkeiten, die man mit Intelligenztests mißt, werden auf verschiedene Weise beschrieben, je nach der Art des Tests und je nach dem Verwendungszweck, zu dem die Ergebnisse dienen sollen. So werden durch dieses Kapitel hindurch die Termini allgemeiner *intellektueller Fähigkeit, Intelligenz, IQ* und *Schuleignung* synonym gebraucht in bezug auf das, was durch individuelle oder Gruppen-Intelligenztests gemessen wird. In diesem Zusammenhang ist ein Eignungstest jede Art von Test, der nützlich ist, nachfolgendes Leistungsniveau oder Erfolg vorauszusagen. So wird man einen IQ-Test, der herangezogen wird, um das Leistungsniveau in Mathematik, Englisch oder anderen Schulfächern vorauszusagen, einen Schuleignungstest nennen. Wieviel Gewicht man jedoch, wenn überhaupt, den IQ-Werten bei der Erstellung eines Unterrichtsprogramms für ein Kind zuordnen sollte, mag geschlossen werden aus der folgenden Darstellung der Streuung von IQ-Werten innerhalb einer Gruppe von Personen, der Streuung von IQ-Werten bei ein und derselben Person und der begrenzten Aussagekraft von IQ-Zahlen bei der Zusammenstellung eines Unterrichtsprogramms überhaupt.

Streuung von IQ-Werten bei Personengruppen. In der Standardisierung des revidierten Stanford-Binet-Tests, einer der beiden

Tests, die zur Feststellung individueller Intelligenz in Amerika am häufigsten gebraucht werden, wurde eine Streuung der IQ-Werte von unter 35 bis über 170 angegeben, wie in Abb. 6.2 gezeigt (*Terman* & *Merrill*, 1937). Die Mehrheit der Standardisierungsgruppe hatte IQ-Werte zwischen 84 und 115, etwas mehr als

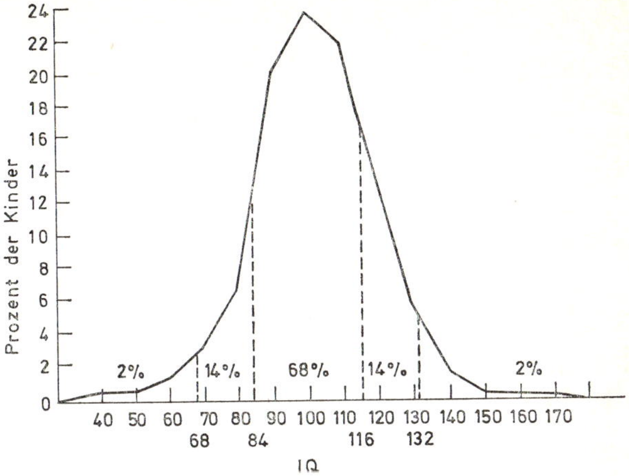

Abb. 6.2. Verteilung der zusammengesetzten Form L-M (Revidierte Stanford-Binet Intelligence Scale), IQs der Standardisierungsgruppe, Alter von 2—18 (n = 2904) (nach *Terman* & *Merrill*, 1937, S. 37).

68 Prozent der Gesamtgruppe fielen in diesen IQ-Bereich. Ungefähr 14 Prozent hatten IQ-Werte zwischen 116 und 132, 14 Prozent zwischen 84 und 18,2 Prozent über 132 und 2 Prozent unter 68. (Der Mittelwert in Abb. 6.2 liegt tatsächlich etwas über 100.)

Streuung von IQ-Werten bei Einzelpersonen. Die persönlichkeitsbezogenen, familiären und physischen Korrelate der Veränderungen der Intelligenz von 3 bis zu 12 Jahren wurden in einer Gruppe von 140 Kindern ermittelt (*Sonntag, Baker & Nelson*, 1958). Der revidierte Stanford-Binet-Test wurde benutzt, um die Intelligenz zu messen. Es ergaben sich Streuungen der IQ-Werte von einem Jahr zum nächsten, wobei man den höchsten Grad an Stabilität im Alter von 4 bis 6 und danach von 6 bis 10 fand. Die Mittelwertveränderung während der ganzen Untersuchung betrug 17,9 Punkte, *und 52 Prozent der Kinder zeigten Veränderungen von 15 Punkten oder mehr.* Kinder, die ein ausgeprägtes Bedürfnis für Leistung, Wettbewerb und Neugierbefriedigung zeigten, gewannen mehr IQ-Punkte hinzu als Kinder, die diese Merkmale nicht aufwiesen. Solche Kinder, die IQ-Punkte hinzugewannen, zeigten außerdem einen hohen Grad an Unabhängigkeit und eine

Neigung zu Wettbewerb eher als ein Rückzugsverhalten. Zwischen der Zuwachsrate des Körperwachstums und der der geistigen Entwicklung fand man keine Beziehung, d. h. wie schnell Kinder körperlich wachsen und wie schnell sie sich geistig entwickeln, stand nicht in Beziehung zueinander.

Begrenzte Aussagekraft von IQ-Werten bei der Zusammenstellung von Unterrichtsprogrammen. Nehmen wir an, daß in einer Stadt alle Kinder eines Jahrgangs im September getestet werden und daß ihre IQ-Werte sich ziemlich genau wie in Abb. 6.2 verteilen. Wir können erwarten, daß sich 50 Prozent von ihnen während der folgenden Jahre Veränderungen des IQs von 15 oder mehr Punkten zeigen werden. Auch wissen wir von Anfang an, daß die IQ-Werte wenig nützen werden, um die Lernfähigkeit des einzelnen für Fächer wie Schreibmaschineschreiben, Kunsterziehung, Musik, Turnen und andere Fächer zu bestimmen, für die psychomotorische Fähigkeiten besonders wichtig sind. Werden die IQ-Werte aber von Nutzen sein, um die Lernfähigkeit eines jeden Kindes für Fächer wie Mathematik, Sprachunterricht, Naturwissenschaften, Social Studies und, obwohl zu einem geringeren Grad, Fremdsprachen vorauszusagen?

Betrachten wir zuerst jeweils die 2 Prozent, die IQ-Werte unter 68 und über 132 haben. Wir erwarten, daß Kinder mit IQs unter 70, *die aus angereichertem Erziehungs- und Nachbarschaftsmilieu* kommen, keine guten Leistungen in den Hauptfächern erbringen werden. Darüberhinaus werden Kinder aus angereichertem Milieu mit weniger als 55 Punkten wahrscheinlich in keinem *einzigen* Schulfach gute Leistungen erbringen, auch nicht in den Fächern, in denen es hauptsächlich auf psychomotorische Fähigkeiten ankommt. Wir erwarten außerdem, daß die Kinder mit IQ von 35 und darunter noch nicht einmal die Schule besuchen werden und sehr viel Hilfe während ihres ganzen Lebens nötig haben werden, selbst bei den einfachsten Anforderungen wie Essen, Anziehen, Sauberkeit u. ä. Man beachte jedoch, daß diese Bemerkungen sich *nicht* auf Kinder beziehen, die aus benachteiligtem Milieu stammen. Am oberen Ende der Skala, bei 145 und darüber, erwarten wir überragende Leistungen bei allen intellektuellen Anforderungen. Auch Kindern mit IQs im Bereich von 130 bis 145 werden sehr gute Leistungen vorausgesagt. Gelegentlich gibt es jedoch Schüler in dieser Gruppe von 130 bis 145, die nur relativ mittelmäßige Leistungen zeigen. In Abb. 5.2 sieht man ungefähr 14 Prozent der IQ-Gruppe im Bereich zwischen 68 und 84 und weitere 14 Prozent im Bereich zwischen 116 und 132. In einigen Schulfächern können einige in der unteren Gruppe höhere Leistungen erbringen als einige in der höheren IQ-Gruppe und umgekehrt. Auch bei den 68 Prozent im Bereich zwischen 84 und 116 erwarten wir eine große Streuung in der

Leistung; so ist z. B. bei Kindern mit einem IQ von 100 die erreichte Leistung im Lesen und Rechnen breit gestreut.

Wie aus der Darstellung bisher geschlossen werden kann, hat die IQ-Zahl bedingten Aussagewert in der Unterrichtsplanung für einen Schüler, und zwar aus diesen Gründen: (1) Die IQ-Werte verändern sich um 15 Punkte oder mehr für mehr als die Hälfte der Schüler. (2) Die größte Anzahl der Schüler, ungefähr 65 Prozent, haben IQs zwischen 85 und 115, und die jeweiligen Leistungsgrade im Lesen, in Mathematik und anderen Schulfächern unterscheiden sich bei Schülern in diesem Bereich stark, selbst bei solchen, die den gleichen IQ-Wert haben. (3) Verschiedene IQ-Tests ergeben in Grenzen verschiedene IQ-Werte für ein und dieselbe Person. (4) IQ-Tests sind nicht ausreichend standardisiert worden für irgendeine Kinderpopulation außer für Kinder der weißen Rasse. (5) IQ-Werte korrelieren so niedrig mit psychomotorischen Leistungen und affektiven Merkmalen, daß sie bei der Erstellung von Unterrichtsprogrammen für den *einzelnen* Schüler in diesen Bereichen nahezu nutzlos sind.

> Kinder und Jugendliche allein aufgrund ihrer IQ-Werte als lernbehindert, benachteiligt oder ungeeignet für spätere akademische Arbeit zu klassifizieren und ihnen dann nicht ein angereichertes Erziehungsmilieu zu bieten, ist wahrscheinlich der größte Mißbrauch, der mit Intelligenztests betrieben werden kann; trotzdem ist dieser unselige Brauch noch immer weit verbreitet. Der Mißbrauch der IQ-Ergebnisse stammt aus der Annahme, daß diese unveränderlich sind oder daß es eine enge Beziehung zwischen Schulleistung in allen Fächern und IQ gibt oder daß ein bestimmter IQ-Test gleichermaßen exakt und aussagegültig ist, um die Intelligenz von Schülern mit jeder Art von Familien- und Nachbarschaftshintergrund zu messen.

Spezifische intellektuelle Fähigkeiten

Eine spezifische intellektuelle Fähigkeit tritt innerhalb eines begrenzten und nicht eines breiteren Leistungsbereichs zutage. Fähigkeiten dieser Art werden normalerweise durch Testergebnisse identifiziert. Gleichaltrige Schüler unterscheiden sich, ebenso wie im IQ und in spezifischen Fähigkeiten. Wie in Kapitel 3 des I. Bandes beschrieben, ersetzte *Guilford* durch die Hypothese von 120 spezifischen Fähigkeiten die Vorstellung von einer allgemeinen intellektuellen Fähigkeit. Wir werden hier nicht die vielen Fähigkeiten aufzählen, die *Guilford* oder andere identifizierten. Auch wird die Bedeutung dieser Ergebnisse für Schulen hier nur kurz beschrieben, da diese bereits in Kap. 3 des I. Bandes dargestellt wurde. Dort wurde auch gesagt, daß die Bestimmung von spezifischen Fähigkeiten durch umfangreiche Testserien in Schulen nicht sehr gebräuchlich und finanziell sehr aufwendig ist. An einige

Punkte aus Kap. 3 des I. Bandes sei hier jedoch nochmals erinnert.

1. *Guilford* (1968) stellt fest, daß eine Serie von Tests zur Identifizierung spezifischer Fähigkeiten, auch divergierendem Denken, mit der Leistung in Mathematik von mehreren neunten Klassen höher korrelierte (.39 bis .75), als dies beim *California Test of Mental Maturity* der Fall war. Auch berichteten *Feldhusen, Treffinger* und *Elias* (1970), daß Tests zur Identifizierung von Originalität und Flexibilität, die mit Schülern der 7. und 8. Klasse durchgeführt wurden, zuverlässiger als IQ- oder Leistungstests die Schulleistung voraussagten. *Smith* (1964) folgerte, daß man Testergebnisse über Raumorientierung eher als IQ-Werte zu einer Voraussage über eine Reihe von Schulleistungen heranziehen konnte, besonders über solche, die keinen hohen Grad an verbalen Fähigkeiten voraussetzen.
2. *Getzels und Jackson* (1962) berichteten, daß verschiedene Kreativitätstests für die Vorhersage von Leistungen in Fächern mit intellektuellen Anforderungen benutzt werden konnten, und daß kreative Fähigkeiten mit IQ-Werten nicht hoch korrelierten.
3. Von *Harootunian* und *Tate* (1960) wurden positive Korrelationen zwischen Problemlösen und divergierendem Denken berichtet. Jeder einzelne Test zum divergierenden Denken korrelierte, wie erwartet, nicht ganz so hoch wie der einzelne IQ-Test.

Die vorausgehenden kurzen Aussagen illustrieren die Beziehungen zwischen Tests über kreative Fähigkeit und Raumorientierung auf der einen Seite und Schulleistungen auf der anderen. Für die Erstellung eines individuellen Unterrichtsprogramms ist die Aussage eines Testwertes über eine spezifische Fähigkeit genauso begrenzt wie die des IQ-Wertes. Je mehr und je besser Tests jedoch zur Identifizierung spezifischer Fähigkeiten entwikkelt und validisiert werden, besonders in bezug auf Kreativität, desto bessere Information wird den Schulen für die Erstellung individueller Unterrichtsprogramme zur Verfügung stehen.

Grad der Schulleistung

Die exakte Information über den Grad der Leistung eines Schülers in irgendeinem Schulfach, z. B. im Lesen oder in irgendeinem naturwissenschaftlichen Fach, kann zur Vorhersage über seine zukünftige Leistung in demselben Fach herangezogen werden. Die Voraussage ist dann sogar zuverlässiger als die eines IQ-Wertes oder die eines Wertes über irgendeine spezifische intellektuelle Fähigkeit. Darüberhinaus kann ein Lehrer, der weiß, unter welchen Voraussetzungen Schüler eine bestimmte Leistung erreichen, und der außerdem etwas von Testentwicklung versteht, nun einen

Test selbst entwickeln, um das Vorwissen der Schüler in bezug auf den geplanten Unterrichtsstoff zu testen. Mehr und mehr werden für besondere Schüler Unterrichtsprogramme erstellt, die nicht auf IQ-Werten oder Testergebnissen über andere spezifische Fähigkeiten beruhten, sondern auf dem gegenwärtigen Grad der Schülerleistung. Die zwei wesentlichsten Informationsquellen über den Leistungsstand, die Lehrern zur Verfügung stehen, sind die Ergebnisse standardisierter Schulleistungstests sowie andere von Lehrern entwickelte Tests und Prüfungsmaßnahmen. Diese werden ausführlich in den Kapiteln 17 und 18 des 4. Bandes besprochen.

Die Abbildung 6.3 zeigt die Korrelationen zwischen der Leistung in jeder Jahrgangsstufe und der der Abschlußklasse. Den Korrelationen, die *Traxler* (1950) anführt, liegen die Ergebnisse eines Leseverständnistests zugrunde, den er in den Klassen 7 bis 12 durchführte. *Hicklin* (1962) erhielt seine Informationen durch zwei verschiedene Lesetests, wovon einer in den Klassen 4 und 5 und der andere in den Klassen 6 bis 10 angewandt wurde. *Scannell* (1958) führte eine Testserie mit Schülern in den Klassen 4, 6 und 8 und eine weitere Serie mit denselben Schülern in Klasse 9 und 12 durch. Die Korrelationen in Abb. 6.3 zwischen einer früheren Leistung und der in der 12. (Abschluß-)Klasse reichen von ungefähr .75 in der 4. Klasse bis über .90 in der 8. Klasse. Es liegt nahe, daß exakte Information über den Leistungsstand eines jeden Schülers in jedem Fach sehr wichtig ist. Als Lehrer sollte man diese Information genau festlegen, um darauf gezielten Unterricht aufzubauen.

Da der jeweils gegenwärtige Leistungsstand eine gute Voraussage über zukünftige Leistung erlaubt, ist die Streuung der Leistung im Lesen und in Mathematik von 103 Schülern aus *drei 7. Klassen* von Interesse, wie sie in Abb. 6.4 (*Findley* 1963) gezeigt wird. Die niedrigste Leistung im Lesen lag bei 3.7 (dem Mittelwert zwischen 3.5 und 3.9), wohingegen die höchste Leistung bei 11.2 lag. Die Zahlen entsprechen den Jahrgangsstufen. Wenn, z. B. ein Schüler der 7. Klasse einen Wert von 3.7 erreicht, so erbringt er eine Leistung, die der durchschnittlichen Leistung eines Schülers der 3. Klasse im 7. Monat des Schuljahres entspricht, ein Schüler mit dem Wert von 11.2 erreicht die durchschnittliche Leistung eines Schülers der 11. Klasse im 2. Monat des Schuljahres. Die Streuung der erreichten Schülerleistungen in Rechnen war nicht so breit, sie lag zwischen 4.7 und 9.7. Der Unterschied in der Streuungsbreite mag jedoch auch teilweise auf die angewandten Tests zurückzuführen sein.

Die Information in Abb. 6.4 ist auch von Interesse, wenn man die Leistung von ein und demselben Schüler im Lesen und Schreiben vergleicht. Man beachte, daß in Abb. 6.4 die Schüler in jedem

Fach grob in Drittel aufgeteilt sind. Von den 104 Kindern konnten 21 im oberen Drittel (ca.) sowohl im Lesen wie im Rechnen eingestuft werden, 16 in beiden Fächern im mittleren Drittel und 18 in beiden Fächern im unteren Drittel. Etwas mehr als die Hälfte, nämlich 55, befinden sich in beiden Fächern im selben Drittel, die anderen 48 nicht. Sechs Schüler findet man in einem Fach im oberen und im anderen Fach im unteren Drittel. Davon erreichen 4 Schüler das obere Drittel im Rechnen und das untere Drittel im Lesen, bei zwei Schülern ist es gerade umgekehrt.

Solche Fälle wie diese sechs Schüler bieten genug Grund dafür, nicht nur den IQ-Wert allein bei der Erstellung eines individuellen oder Gruppen-Unterrichtsprogramms im Lesen oder Rechnen heranzuziehen.

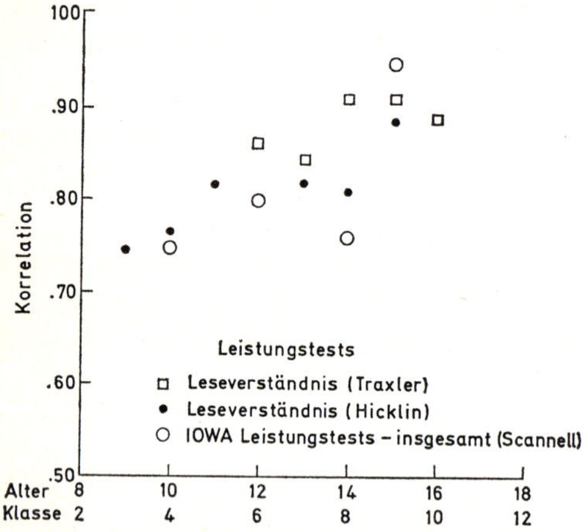

Abb. 6.3. Korrelationen zwischen Leistung in der jeweiligen Jahrgangsstufe und der Leistung in Klasse 12 (nach *Bloom*, 1964, S. 101).

Die nützlichste Information, die ein Test über die allgemeine oder eine spezifische intellektuelle Fähigkeit geben kann, ist die, Schüler herauszufinden, deren Leistungsgrad in dem einen oder anderen Schulfach möglicherweise beträchtlich höher oder niedriger ist. Ehe man für diese Kinder ein Unterrichtsprogramm aufstellt, müssen sie noch weiter getestet und beobachtet werden.

6.1.2 Psychomotorische Fähigkeiten und physische Merkmale

In Kapitel 3 des 1. Bandes wurden psychomotorische Fähigkeiten, die mit Kraft, Stoßvermögen, Geschwindigkeit, Genauigkeit, Koordination und Flexibilität in Zusammenhang stehen, behandelt. Diese Fähigkeiten in verschiedenen Kombinationen sind wesentlich für die einwandfreie Ausführung vieler Tätigkeiten, wie In-

Punktwerte der Mathematikleistung

Punktwerte der durchschnittlichen Leseleistung	4,5–4,9	5,0–5,4	5,5–5,9	6,0–6,4	6,5–6,9	7,0–7,4	7,5–7,9	8,0–8,4	8,5–8,9	9,0–9,4	9,5–9,9	Zahl der Schüler
11,0–11,4								2	1			
10,5–10,9							2					
10,0–10,4					1		3	1	1	1		
9,5–9,9							1	2				36
9,0–9,4						1	1	2	3	1	1	
8,5–8,9				1		4	1	1	3	2		
8,0–8,4				1	2	3		1		1		
7,5–7,9			2		2	3	3	2	2	1		35
7,0–7,4					3	2	5	2				
6,5–6,9			1	2	1	2	2				1	
6,0–6,4	1		1	2	3		1	2	1			
5,5–5,9				2	1	4	1					
5,0–5,4												32
4,5–4,9		1	1									
4,0–4,4			1									
3,5–3,9					1							
Zahl der Schüler			30			39			34			103

Abb. 6.4. Streuungsdiagramm der Leistung in Lesen und Mathematik (Punktwertung), Stanford Achievement Test, Advanced, Form J, für Schüler der 7. Klasse einer durchschnittlichen Schule (nach Findley, 1963, Teil 2, Seite 18).

strumentalmusik, Schreiben, Maschineschreiben, Stenographie, Anfertigen von Landkarten in Social Studies, Anfertigen von Gegenständen in der Hauswirtschaft, Landwirtschaft, im Werkunterricht und anderer Tätigkeiten. Einzel- und Gruppensport beinhaltet auch psychomotorische Fähigkeiten, ebenso wie Sprechen, Singen und Theaterspielen.

In einer repräsentativen Studie, die in Tab. 6.1 zusammengefaßt wurde, werden die Streuung der Ausführung von Tätigkeiten, die motorische Geschicklichkeit verlangen, und die Unterschiede physischer Merkmale bei Schülern, die etwa das gleiche Lebensalter haben, gezeigt. Die Streuung und der Mittelwert aus sechs Messungen von 40 Jungen und 40 Mädchen mit einem IQ zwischen 62 und 146 sind in der Tabelle angegeben (*Klausmeier, Feldhusen & Check*, 1959). Das Lebensalter liegt zwischen 119 und 132 Monaten. Das Durchschnittsalter beträgt 125 Monate.

Der Unterschied in der Zugkraft, der ein guter Indikator für Vitalität ist, beträgt 15,5 kg zwischen dem stärksten und dem schwächsten Jungen. (Diese Kraft wird mit einem Handdynamometer gemessen, den der Schüler so stark wie möglich zusammendrückt.) Der stärkste Junge hatte etwa dreimal soviel Zugkraft wie das schwächste Mädchen. Das Knochenalter in Monaten ist zur Zeit der beste Indikator für die Reife des Knochengerüsts. (Das Knochenalter wird verläßlich von erfahrenen Radiologen gemessen, die die Hand und das Handgelenk röntgen und dann die Strahlen mit bereits feststehenden Normen vergleichen. Das Hauptkriterium für das Knochenalter ist der Ossifikationsgrad des Knochens.) Die Reife des Knochengerüsts variiert zwischen 89 und 156 Monaten, d. h. zwischen 7 Jahren und 5 Monaten und 13 Jahren. Die Schreibgeschwindigkeit dieser Kinder variierte sehr stark, von 5,4 bis 98 Buchstaben pro Minute. Selbstverständlich waren die Kinder zur Zeit dieser Messungen ganz und gar nicht im gleichen Maße fähig, sich mit einem Unterricht oder einer anderen Tätigkeit zu befassen, wo ebensoviel Schreibarbeit gefordert wurde.

Wir korrelierten die obigen Daten mit den Leistungen im Lesen, Rechnen und Sprache. Die Zugkraft und Schreibgeschwindigkeit korrelierten positiv zu den Leistungen in allen Fächern. Keine Beziehung zeigte sich bei vier anderen physischen Messungen, und zwar beim Knochenalter, der Größe, dem Gewicht und der Anzahl bleibender Zähne. Hier korrelierte die vom Knochenalter abgeleitete Reife des Knochengerüsts nicht positiv mit dem Stand der geistigen Entwicklung. Das gleiche Ergebnis wurde etwa gleichzeitig in einer anderen Studie aufgezeigt (*Sontag, Baker & Nelson*, 1958).

Also indizieren die großen Unterschiede in der Zugkraft und der Schreibgeschwindigkeit einen ungleichen Entwicklungsstand in bezug auf verschiedene Tätigkeiten und Schulfächer. Anders ausgedrückt muß also das gegenwärtige Leistungsniveau jedes Schülers auf kognitivem und psychomotorischem Gebiet beurteilt werden, um angemessene Lernprogramme für Individuen erstellen zu können.

6.1.3 Affektive Merkmale

Die Schüler haben im gleichen Maß affektive Merkmale, wie z. B. Höhe der Motivation und Wertvorstellungen, wie intellektuelle und psychomotorische Fähigkeiten. Darum müssen auch die affektiven Merkmale von Schülern beachtet werden, wenn für jeden Schüler ein Lernprogramm geplant wird. In den Kapiteln 9, 14 und 15 des dritten Bandes werden Motive, Einstellungen und Persönlichkeitsentwicklung ausführlich behandelt. Dementsprechend

Tabelle 6.1. *Mittelwerte und Streuung aus 6 Messungen von 40 Jungen und 40 Mädchen, die der Normalverteilung des WISC IQ bei 125 Lebensmonaten entsprechen.*

Maße	Jungen Mittelwert	Jungen Streuung	Mädchen Mittelwert	Mädchen Streuung
Größe in cm	139,90	121,70—154,40	141,30	129,10—152,40
Gewicht in kg	28,80	18,39— 42,30	28,12	20,52— 43,10
Zugkraft in kg	20,90	13,00— 28,50	17,70	9,40— 23,70
Bleibende Zähne	15,05	11,00— 28,00	16,45	11,00— 27,00
Knochenalter in Monaten	120,65	89,00—153,00	124,80	101,00—156,00
Schreibgeschwindigkeit Buchstaben pro Minute	43,60	5,40— 98,00	47,20	9,20— 82,00

Quelle: *Klausmeier, Feldhusen & Check*, 1959, S. 86.

kurz ist die folgende Diskussion zweier der vielen Variablen im affektiven Bereich: der Motivation und der sozialen Werte.

Motivation

Atkinson (1965) bezeichnete als ein vorherrschendes Motiv das Bedürfnis, Erfolg zu haben, und das damit in Beziehung stehende Bedürfnis, Mißerfolg zu vermeiden. Individuen variieren sehr stark in diesen Bedürfnissen, und diese Verschiedenheit beeinflußt deutlich ihre Tendenz, Aktivitäten zu unternehmen oder zu vermeiden. Wenn z. B. zwei Individuen die gleiche Aufgabe gestellt wird — z. B., einen Aufsatz zu schreiben oder Basketball zu spielen — wird einer, der ein großes Erfolgsbedürfnis und ein geringes Mißerfolgsvermeidungsbedürfnis hat, die Aktivität kraftvoll angehen. Der andere hat vielleicht ein großes Mißerfolgsvermeidungsbedürfnis und wird aus Angst vor Mißerfolg entweder die Aufgabe aufschieben oder überhaupt nicht teilnehmen. Individuen variieren ebenso in bezug auf andere Bedürfnisse — Motive wie Liebes- und Zugehörigkeitsbedürfnis, Selbstwertgefühl, Selbstverwirklichung (*Masow*, 1943) — das sind Punkte, die ausführlich in Kap. 9 des dritten Bandes behandelt werden.

Werte

Ehrlichkeit ist einer von vielen sozialen Werten. Die Streuung der Ehrlichkeit bei Schülern dürfte etwa genau so groß wie bei anderen Werten sein.

Die Ehrlichkeit von Kindern war Gegenstand eines Teils einer Studie, die sich *Character Education Inquiry (Hartshorne & May,* 1928) nennt. Tests wurden ausgearbeitet, die Schüler mit einer Versuchung oder einem Konflikt zwischen eigenem Vergnügen und dem Wohl anderer konfrontieren. In einem Test wurde der Schüler aufgefordert, eine unmögliche Aufgabe so gut er konnte auszuführen, z. B. mit verbundenen Augen Punkte in kleine Kreise zu setzen, Selbstverständlich hat jeder Schüler, dem die Aufgabe gelang, es nur geschafft, indem er die Augenbinde verschob. In einem anderen Test wurde dem Kind eine Schachtel mit Münzen gegeben, und das Kind hatte Gelegenheit, einige an sich zu nehmen, bevor es die Schachtel nach vorne zurückgab. Die Untersuchenden konnten feststellen, ob das Kind tatsächlich Münzen nahm oder nicht. 10 Aufgaben dieser Art wurden ausgearbeitet.

Die Verteilung von Verhältniswerten für Mogeln, d. h. die Anzahl der Mogelversuche auf 10 Gelegenheiten innerhalb vieler Situationen, wird in Abb. 6.5 gezeigt. Etwa 7 Prozent der Schüler hatten fast vollkommene Verhältnisskalen (mogelten überhaupt nicht), etwa 4 Prozent mogelten soviel sie konnten. Die höheren Prozentsätze liegen jedoch zwischen dem hohen und dem niedrigen Ende und zeigen die Tendenz von Individuen, in einer Situation ehrlich und in anderen unehrlich zu sein. Diese Verteilung ist tatsächlich der Verteilung von Verhältnisscores sehr ähnlich, die auf der *Stanford-Binet*-Skala basieren und oben in diesem Kapitel aufgezeigt wurden (Abb. 6.2).

Viele andere Studien und Lehrerberichte könnten zitiert werden, um die große Streuung bei Schülern des gleichen Alters in drei anderen affektiven Merkmalen zu zeigen: Identifikation mit Werten und Praktiken der älteren Generation oder des Establishment; Selbsteinschätzung; Einschätzung von Gleichaltrigen. Ein Lehrer, der diese affektiven Merkmale nicht berücksichtigt, wird nicht fähig sein, die intellektuelle Entwicklung der Schüler voll zu

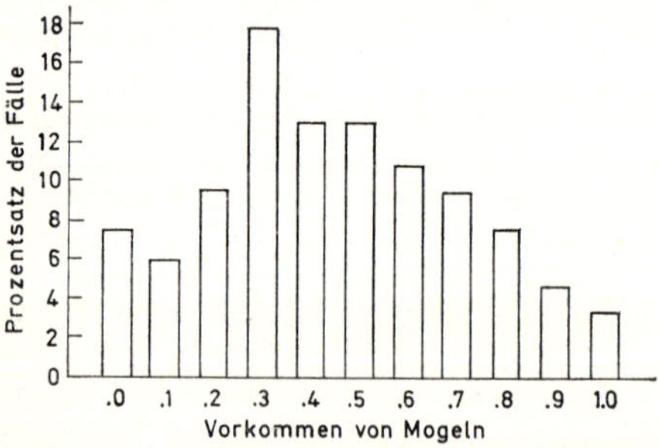

Abb. 6.5. Verteilung von Verhältniswerten für Mogeln bei Kindern (nach *Hartshorne & May*, 1928, S. 386).

entfalten. In den letzten Jahren wurde deutlich, daß selbst Studenten für ihre Entwicklung als fühlende Menschen, nicht nur als intellektuelle Maschinen, größere Aufmerksamkeit fordern.

6.1.4 Geschlechtsrollen

Männer- und Frauenrollen haben sich in der amerikanischen Gesellschaft nicht sehr stark auskristallisiert, um es nicht allzu kraß auszudrücken. (Tatsächlich ist es manchmal schwierig, wenn man jemand aus einiger Entfernung sieht, sicher zu sein, ob es sich um einen Mann oder eine Frau handelt, weil ähnliche Haartracht und Kleidung in Mode sind.) Es ist nicht nur allgemein für die Leute schwierig, männliche und weibliche Rollen sicher zu bestimmen, sondern auch die Gelehrten sind sich uneinig:

> Dieser Mangel an Übereinstimmung ist das Ergebnis schneller sozialer Entwicklung und des Bestehens von beträchtlicher Untergruppendifferenzierung. Schwarze Frauen haben in der Familie wahrscheinlich mehr Macht als weiße Frauen, und Frauen aus der Unterschicht sind wahrscheinlich unterwürfiger als Frauen aus der Mittelschicht. Es gibt sogar regionale Unterschiede in der Bereitschaft von Mädchen, dumm zu spielen, um den Jungen, mit denen sie verabredet sind, zu gefallen. Rollenkonsens scheint auf die Interaktion von Mitgliedern dieser verschiedenen Untergruppen untereinander beschränkt zu sein. Vielleicht beruht die oft bemerkte Beziehung zwischen homogenem sozialem Hintergrund und dem Erfolg einer Ehe auf gleichen Rollenvorstellungen der Partner.
>
> Dementsprechend existiert soviel Unsicherheit über die Erwachsenenrolle, die ein Kind spielen wird, daß antizipatorische Sozialisierung sehr schwierig ist. Es ist nicht möglich, für alle Kontingenzen zu sozialisieren. Die frühe Sozialisierung kann nur einen Grundstein legen, der den zu erwartenden späteren Erfahrungen entspricht (*Maccoby*, 1966, S. 210).

Trotz dieser Unsicherheit der weiblichen und männlichen Rollenverteilung gegenüber und den Schwierigkeiten, die dies für das Kind in der Entwicklung mit sich bringt, gibt es in den Durchschnittswerten oder -noten Unterschiede zwischen Jungen und Mädchen, die für die Erziehung bedeutsam sind (s. o. Tab. 3.6 – S. 122 des 1. Bandes – wo durchschnittliche Unterschiede zwischen Schülern und Schülerinnen von Höheren Schulen in den Schulleistungen aufgezeigt werden).

1. Jungen sind im Durchschnitt größer und schwerer als Mädchen außer zwischen 11 und 15 Jahren, wo wegen der schnelleren Reifung der Mädchen der Unterschied fast aufgehoben ist. Im Durchschnitt pubertieren die Mädchen 24 Monate eher als die Jungen.

2. Der durchschnittliche IQ in großen Gruppen von Jungen und Mädchen ist gleich. Das ist aufgrund von Tests feststellbar, in denen die Geschlechtsunterschiede ausgechlossen sind. Jedoch erreichen Mädchen spezifisch einen höheren Score im sprachlichen Bereich und Jungen im quantitativen und räumlichen Bereich, und zwar ebenso in Intelligenz- wie in Leistungstests.

3. Unterschiede zwischen den Geschlechtern in der Bevorzugung von Unterhaltungsspielen, sportlichen Spielen und anderen Tätigkeiten zeigen sich in der frühen Kindheit und wachsen mit dem Alter bis zur Adoleszenz. Mädchen ziehen z. B. Lesen vor und lesen tatsächlich in allen Stufen der Schule mehr als Jungen, während Jungen aktivere Spiele bevorzugen. Unterschiede in bezug auf berufliche Interessen sind besonders groß auf der Senior High School-Stufe (15 bis 18 Jahre).

4. Jungen zeigen mehr aggressives und dominantes Verhalten als Mädchen, mehr Jungen werden als Delinquenten verhaftet, und es gibt wesentlich mehr Männer unter erwachsenen Kriminellen. Mädchen verhalten sich kooperativer als Jungen; in der Schule kommen die Mädchen den Wünschen der Lehrer eher nach als Jungen.

Diese relativ kleinen durchschnittlichen Unterschiede zwischen Jungen- und Mädchengruppen sollten aber die viel größeren Unterschiede zwischen gleichgeschlechtlichen Individuen nicht überdecken. Die durchschnittlichen Unterschiede zwischen den Geschlechtern und innerhalb beider Geschlechter und auch die Streuung der Unterschiede aus sechs Messungen von Jungen und Mädchen mit einem Durchschnittsalter von 125 Monaten werden in Abb. 6.6 (*Klausmeier, Feldhusen & Check*, 1959) gezeigt. Die Streuung des IQ liegt bei Jungen zwischen 62 und 146, mit einem Mittelwert von 100,6; die Streuung der Mädchen liegt zwischen 63 und 135, mit einem Mittelwert von 100,8. Es ist nicht erstaunlich, daß die Streuung und die Mittelwerte bei beiden Geschlechtern sehr ähnlich sind, aus dem einfachen Grund, daß wir Jungen und Mädchen im gleichen Alter und mit dem gleichen IQ für unsere Studie auswählten. Dies waren allerdings die einzigen zwei Messungen, die absichtlich benutzt wurden, um Gruppen mit ähnlichen Mittelwerten zu haben.

Bei der ersten nicht selektiven Messung, nämlich der Zugkraft, betrug der Mittelwert der Jungen 20,9 und der der Mädchen 17,7. Obwohl der Unterschied dieser Mittelwerte ziemlich groß ist, sind die Unterschiede innerhalb der Geschlechter auch sehr deutlich: 15,5 zwischen dem schwächsten und dem stärksten Jungen, und 14,3 zwischen dem schwächsten und dem stärksten Mädchen. Die Mädchen haben im Durchschnitt 16,5 bleibende Zähne, die Jungen 15,5. Jedoch variiert die Anzahl der bleibenden bei Jungen um 17,0 und bei Mädchen um 16,0. Die höhere Leistung im Rechnen, die bei Jungen im allgemeinen festgestellt und vorausgesagt wird, konnten wir nicht feststellen; die Mädchen hatten einen geringfügig höheren Mittelwert. In der Sprache und Schreibgeschwindigkeit sind die Durchschnittsleistungen wie erwartet größer bei Mädchen als bei Jungen. Aber auf allen Gebieten außer der Sprache hatte ein Junge den höchsten Score. In allen Messungen sind die Unterschiede zwischen Mitgliedern des gleichen Geschlechts weit größer als die Unterschiede zwischen den Mittelwerten beider Geschlechter. Z. B. ist der Unterschied zwischen dem niedrigsten und dem höchsten Score des gleichen Geschlechts in der Schreibgeschwindigkeit etwa 25mal größer als der Unterschied zwischen den Mittelwerten beider Geschlechter.

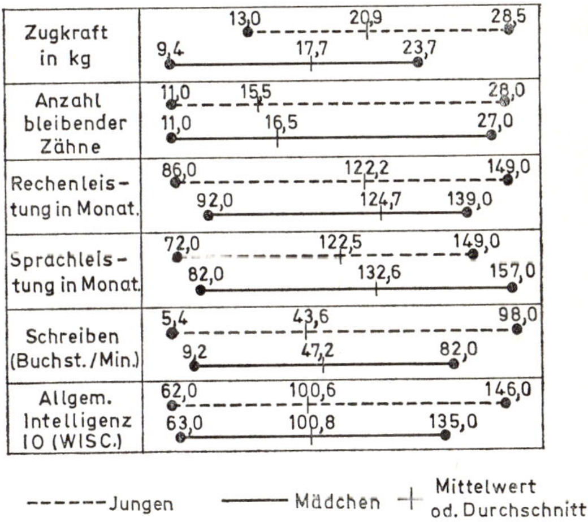

Abb. 6.6. Streuung und Mittelwert für Zugkraft, Zahl der bleibenden Zähne, Rechen- und Sprachleistung, Schreibgeschwindigkeit und IQ; 40 Jungen und 40 Mädchen; Durchschnittsalter: 125 Monate (nach *Klausmeier, Feldhusen & Check*, 1959).

Was bedeuten Geschlechtsunterschiede wie die oben dargestellten in bezug auf eine eventuell notwendige Trennung von Jungen und Mädchen aus erzieherischen Gründen? Wahrscheinlich können Jungen und Mädchen mindestens bis zum 5. Schuljahr gemeinsam unterrichtet werden, und in den meisten Fächern auch noch danach. Allerdings sollte man einige physische Unterschiede berücksichtigen. Z. B. ist es vielleicht sinnvoller, zur Zeit der Menarche der sich früh entwickelnden Mädchen die Geschlechter bei anstrengenden Tätigkeiten zu trennen. Außerdem sollten zu Beginn des Stimmbruchs die Jungen von den Mädchen getrennt im Singen unterrichtet werden (es sei denn, unsere Musiklehrer fänden irgendeine bessere Methode, Jungen im Stimmbruch in gemischten Gruppen zu unterrichten).

6.1. Zwei Kinder hatten mit sechs Jahren im Stanford-Binet-*Test IQ-Werte von 100. Mit zwölf Jahren hatte eines einen Score von 84 und das andere von 116, etwa der 16. bzw. 84. Perzentile entsprechend. Welcher Prozentsatz von Schülern hatte in der Studie von* Sontag, Baker *und* Nelson *ebenso hohe Veränderungen des IQ? Wenn Sie wissen, daß einige, aber nicht alle Schüler gleichgroße oder größere Veränderungen aufweisen, wie verläßlich scheint Ihnen dann ein Intelligenztest, der die Fähigkeit eines Schülers, z. B. Lesen zu lernen, oder die Höchstleistung, die er z. B. in Mathematik je erreichen wird, beurteilen soll?*

6.2. Guilford *faßt Intelligenz auf als Interaktion einer von fünf Denkoperationen mit einem von vier Inhalten, um eines von sechs Denkprodukten zu erhalten. Wie könnte diese Auffassung spezieller Fähigkeiten den Fall erklären, daß ein Individuum bei zwei verschiedenen Intelligenztests an zwei aufeinander folgenden Tagen verschiedene Scores erreicht? Wie könnte sie verschiedene Scores des gleichen Individuums beim gleichen Test in verschiedenen Altersstufen erklären?*

6.3. In Abb. 6.4 sehen wir, daß fast die Hälfte der Schüler im Lesen und Rechnen nicht die gleiche Leistung erbringen. Viele sind in einem Fach schlecht und im anderen mittelmäßig, oder durchschnittlich in einem und gut im anderen Fach. Nehmen wir an, die Leseleistung und Social Studies würden verglichen. Würden Sie mehr oder weniger gleich hohe Leistung erwarten? Warum? Wie könnte der Vergleich zwischen Rechnen und Naturwissenschaften ausfallen?

6.4. Was ist über mehrere Jahre hinweg beständiger, das Leistungsniveau in einem Fach oder der IQ-Score? Beurteilen Sie bitte folgende Frage aufgrund Ihrer Antwort: Welche Informationen über Schüler der 7. Klasse brauchen Sie, um deren Leistung als »Seniors« auf der High School vorausbestimmen zu können?

6.5. Die »Mogelstudie« von Hartshorne *und* May *wurde 1928 veröffentlicht. Haben Sie den Eindruck, daß die Verteilung der Prozentsätze von Moglern sich seitdem wesentlich geändert hat? Könnte sich das Mogelverhalten auch als Funktion des Alters ändern? Wenn Sie auf Ihre Schulzeit zurückblicken, wie war die übliche Einstellung der Schüler zum Mogeln? Was beeinflußte Ihr eigenes Verhalten auf diesem Gebiet?*

6.6. Nennen Sie zwei oder drei Aktivitäten oder Lernaufgaben, für die Sie eventuell eine Trennung der Geschlechter in Erwägung ziehen, weil die Mittelwerte der Leistung von Jungen und Mädchen sehr unterschiedlich sind. Ist eine Überlegenheit der Mehrzahl *der Mäd-*

chen über die höchste Leistung der Jungen erkennbar, wenn ja, auf welchem Gebiet des Lehrplans oder in welcher Tätigkeit?

6.7. Sind Jungen oder Mädchen in einigen Erziehungsbereichen, wie z. B. in der Kleinkinderziehung oder der Leibeserziehung auf der Höheren Schule besonders im Vorteil? Sollte eine unverheiratete Frau ohne Familie das gleiche Gehalt wie ein Familienvater mit drei Haushaltsmitgliedern bekommen, wenn sie die gleiche Lehrtätigkeit ausübt, z. B. $ 8500 im dritten Jahr als Geschichtslehrer an der High School?

6.2 Benachteiligte Schüler und Verarmungsmilieu

Ein Milieu, das zur erzieherischen Benachteiligung von Schülern führt, hat drei allgemeine Merkmale bzw. Eigenschaften: (1) Das Gesamtmilieu — Elternhaus, Nachbarschaft, Schule — gibt dem jungen Menschen keine Möglichkeit zu sinnvoller Selbstverwirklichung und eventueller finanzieller Unabhängigkeit als junger Erwachsener. (2) In Elternhaus und Nachbarschaft mangelt es an wesentlichen Voraussetzungen für einen erfolgreichen Schulbeginn des Kindes. (3) Nachbarschaft und Schule tragen dazu bei, daß während der Kindheit und Jugend in der Schule Mangel an Fortschritten verzeichnet wird.

Bei Individuen aus einem solchen Milieu kommen bestimmte Merkmale öfter als bei anderen Individuen vor, die aus einem günstigeren Milieu stammen. Schüler, die in einem solchen Milieu aufwachsen, werden jetzt allgemein *benachteiligt* genannt. Früher und teilweise noch heute benutzte Termini zur Bezeichnung von Kindern und Jugendlichen aus Verarmungsmilieu oder zur Bezeichnung des Milieus selbst sind: kulturell benachteiligt, sozial benachteiligt, unterprivilegiert, niedriger sozioökonomischer Status, niedrige soziale Schicht, wirtschaftlich benachteiligt.

Bevor wir die spezifischen Aspekte des Verarmungsmilieus und dann die Merkmale der Schüler, die dort herkommen, betrachten, sollten wir einen Überblick haben, wer zu den Benachteiligten zählt. In einer nützlichen Studie haben *Havighurst* und *Moorefield* Gruppen benachteiligter Menschen hinsichtlich ihrer Rasse, des ethnischen Ursprungs und der geographischen Niederlassung beschrieben. Sie ordneten die armen und auf andere Weise benachteiligten Gruppen in der Reihenfolge ihrer Größe wie folgt:

1. Weiße in den Städten. Kinder kaukasischer Eltern, von denen einige alte amerikanische Familien sind, die seit Generationen in der Stadt leben, während andere vor kurzem aus Europa eingewandert sind, und noch andere kürzlich vom Land in die Städte zuwanderten.
2. Neger in den Städten. Sie sind meist Kinder von Leuten, die vom Land in die Großstädte zugewandert sind.

3. Neger auf dem Land. Die meisten leben in den Südstaaten.
4. Weiße auf dem Land. Leben etwa in gleicher Verteilung in den Südstaaten und den Ackerbau treibenden Nordstaaten.
5. Spanisch-Amerikaner auf dem Land. Einige sind aus lang etablierten Familien in den Südweststaaten, während andere Kinder kürzlich Eingewanderter aus Mexico sind. Diese sind Kaukasier, unterscheiden sich aber von den anderen »Weißen« durch ihre spanische Herkunft.
6. Puertoricaner in der Stadt. Sind meist Kaukasier, unterscheiden sich durch ihre Herkunft aus Puerto Rico und ihre Ballung in wenigen städtischen Zentren.
7. Amerikanische Indianer. Viele Indianer leben gut etabliert und gut angepaßt auf ihren Stammesländern, aber viele von denen, die nicht dort leben, sind benachteiligt in bezug auf den Arbeitsmarkt und die bildungsmäßigen und sozialen Erwartungen ihrer neuen Umgebung, besonders, wenn sie in einer Großstadt leben (*Havighurst & Moorefield*, 1967, S. 19–20).

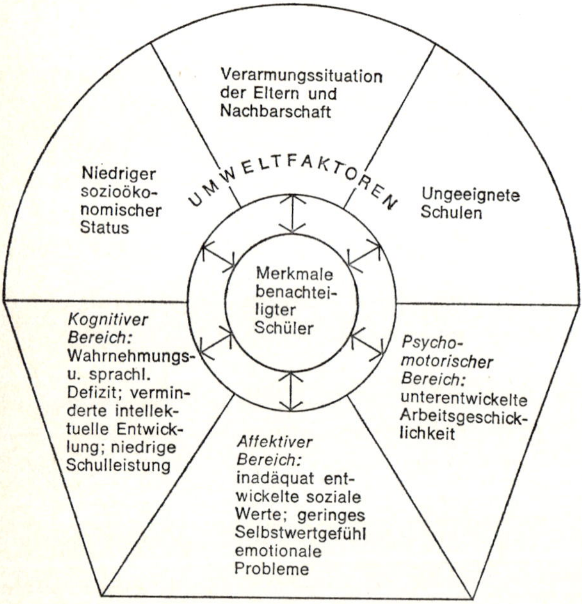

Abb. 6.7. Schädigende Umweltfaktoren und Merkmale benachteiligter Schüler.

6.2.1 Schädigende Umweltfaktoren

Niedriger sozioökonomischer Status, Verarmung von Elternhaus und Nachbarschaft, verantwortungslose Schulen sind die hauptsächlich zur Benachteiligung beitragenden Umweltfaktoren. Die folgende ausführliche Diskussion jedes dieser Faktoren wird ihre Rolle verdeutlichen. Wie in Abb. 6.7 dargestellt, funktionieren diese drei grundlegenden Bedingungen in einer Art schädlicher Wechselbeziehung mit bestimmten Merkmalen (die im nächsten Abschnitt besprochen werden); die Milieubedingungen tendieren zur Produktion dieser Merkmale, aber die Wirkung der Merkmale tendiert dazu, die Bedingungen endlos zu reproduzieren.

Niedriger sozioökonomischer Status

Der sozioökonomische Status steht in enger Beziehung zur sozialen Schicht. Je niedriger das Einkommen, desto niedriger ist die soziale Schicht, obwohl auch andere Faktoren bei der Bestimmung der sozialen Schicht eine Rolle spielen. Z. B. werden in Abb. 6.8 einige der Begleiterscheinungen der sozialen Schichtung in »River City« aufgezeigt. (Hier sind die jungen Leute der Ober- und oberen Mittelschicht zu einer Gruppe zusammengefaßt.) Das Interesse an der Kirche, Bildungsgrad und sozioökonomische Einstufung waren am niedrigsten in der unteren Unterschicht, während die Tendenz der Mädchen, vorzeitig zu heiraten, und das Vorkommen von Kriminalität bei Jungen ebenso in der unteren Unterschicht am stärksten vertreten waren. Diese und andere Anzeichen verdeutlichen, daß Möglichkeiten und Lohn im Leben ungleich verteilt sind – die Güter dieser Welt gehen eher an Kinder aus Familien mit höherem Status.

Die Schwierigkeiten, die Kinder aus armen Familien in unserem Erziehungssystem erfahren, werden im nächsten Abschnitt detailliert beschrieben. In Abb. 6.9 jedoch wird der Effekt dieser Schwierigkeiten zusammengefaßt: das Kind, das entweder geringe Lernbefähigung hat *oder* aus einem niedrigen sozioökonomischen Status stammt, muß tatsächlich Hürden überwinden, um Glück und Fortschritt in der Schule zu erreichen. Aber ein Kind, dessen sozioökonomischer Status *und* Lernbefähigung gering sind, befindet sich in einer extremen Notlage; solch ein Kind ist doppelt gefährdet – seine Chancen, Erfolg und Befriedigung in der Schule zu erzielen, sind tragisch gering.

Armut in Elternhaus und Nachbarschaft

Die Faktoren, die den Kreislauf der Benachteiligung durch Armut initiieren und reproduzieren sind außerordentlich verschiedenartig und kompliziert, und die Literatur über jeden von ihnen ist sehr umfangreich. *Fantini* und *Weinstein* faßten einige der Umweltfaktoren, die zur Notlage von Familien mit geringem Einkommen beitragen, wie folgt knapp zusammen:

Niedriges Einkommen zwingt eine Familie, ihre Wohnung in Gegenden zu suchen, wo die Mieten niedrig sind, d. h., wo die Unterkünfte ohne die komfortableren Aspekte amerikanischen Lebens sind und wo die Hausbesitzer keine Motivation haben, ihre Häuser in gutem Zustand zu erhalten. In einigen Fällen vermeidet sogar die Stadtverwaltung bei regulären Sanierungsprogrammen diese Gegenden, großenteils weil Steuerzahler der Mittelschicht das Stadtentwicklungsreferat beschäftigen, indem sie von der Stadt die Wartung von Einzelheiten ihrer eigenen »feineren« Umgebung fordern. Daraufhin kommt das ganze Viertel immer mehr herunter, Abfall sammelt sich an, die Abwasserkanäle werden verstopft, und Ratten und Würmer ziehen mit den Mietern ein. Der deprimierende, bedrückende Anblick der verkommenen Umgebung, vereint mit allgemeiner ökonomischer Not, frißt Aspirationen und Motivationen ihrer Einwohner auf. Die Eltern von Kindern, die in diese Umgebung geboren werden, sind vielleicht Tag und Nacht nicht zu Hause, weil sie versuchen, durch Überstunden und Nebenarbeit ihren kümmerlichen Lohn aufzubessern, oder einer der Eltern (besonders der Vater) flieht das Haus und die Nachbarschaft, weil er sich der Lage finanziell oder emotionell nicht gewachsen fühlt. Fluchtmöglichkeiten gibt es auch für die, die bleiben: Alkohol, häufige Karten- oder Würfelspiele auf den Straßen oder in Kneipen, Drogen, Klatsch, Sex — all dem sind die Kinder als natürlichem Teil ihrer Umgebung und gewohnter Lebensart der Erwachsenen in frühester Jugend ausgesetzt.

Der schwerwiegenden Bedeutung solcher Bedingungen ist man sich wohl bewußt, und in einigen Gemeinden hat man sich um die Beseitigung der Slums bemüht. Aber die impliziten Einstellungen der Mittelklasse, die diesen abhelfenden Bemühungen zugrunde liegen, haben wenig dazu beigetragen, das Selbstbild und die Zielsetzungen jener Leute zu verändern, für die bessere Unterbringungsbedingungen geschaffen wurden. Um in einer Sozialwohnung unterzukommen, muß der Bewerber — zur Befriedigung der Autoritäten auf dem Gebiet — eine Reihe persönlicher Fragen beantworten, die weit über die übliche Information über die Vertrauenswürdigkeit hinausgeht, die man von Leuten der Mittelschicht verlangt, die sich um eine privat vermittelte Wohnung bemühen. Noch mehr, wenn die Mieter einmal angenommen worden sind, sind sie verpflichtet, den Anordnungen der Autoritäten nachzukommen. Wenn z. B. eine Familie ein Familienmitglied dazubekommt oder verliert, wird sie aufgefordert, sich — auf ihre eigenen Kosten — zu entwurzeln, in eine größere oder kleinere Wohnung zu ziehen, vielleicht in eine, die weit entfernt in einer fremden Umgebung liegt. Denken Sie sich eine Familie der Mittelschicht, von der man verlangt, all ihre Sachen zu packen und in eine andere Wohnung zu ziehen — eine, die sie sich nicht selbst ausgesucht haben, und das nur, weil ein Sohn oder eine Tochter geheiratet hat und nicht mehr zum Haushalt gehört! (*Fantini & Weinstein*, 1968, S. 14—15)

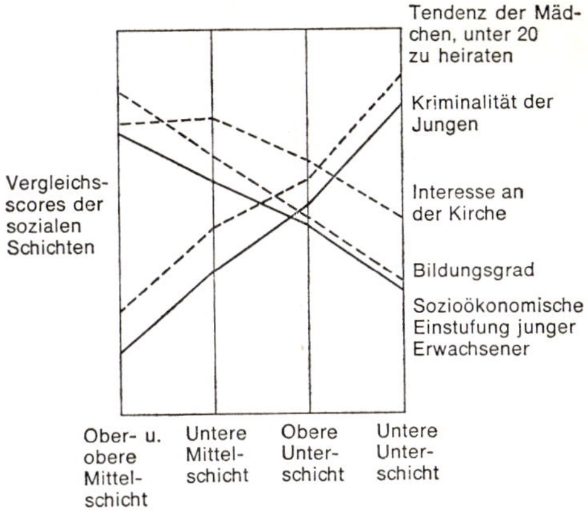

Abb. 6.8. Soziale Schicht und Fakten über die Jugend in »River City« (*Havighurst, Bowman, Liddle, Matthews & Pierce*, 1962, S. 13).

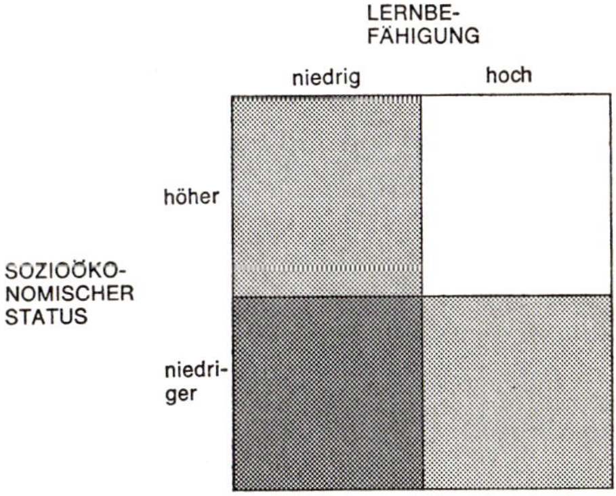

Abb. 6.9. Schwierigkeit der Anpassung und des Erfolgs in der Schule (Schwierigkeit durch Schattierung angezeigt).

Ungeeignete Schulen

Warner, Havighurst und *Loeb* (1944) kamen bei einer Untersuchung des sozialen Lebens in den Staaten Neuenglands zu dem Schluß, daß das Erziehungssystem zur Festigung eines sozialen Klassensystems führt. D. h., das Erziehungssystem verschaffte Kindern der mittleren und oberen sozialen Schichten weitere Vorteile vor der niedrigen sozialen Schicht. Es gibt beträchtliche Anzeichen, daß noch ein Vierteljahrhundert später viele Schulen für die Bedürfnisse der armen und verschiedentlich benachteiligten Gruppen ungeeignet sind. Eine dieser Gruppen ist z. B. die der Wanderarbeiter aus Florida. *Kleinert* (1969) zeigt vier Eigenschaften der Migranten auf und betont die Wirkung der Schule auf sie: (1) Sie haben sehr verschiedene Charakteristika; das eine Merkmal, das ihnen allen gemeinsam ist, ist jedoch ihre Wanderschaft. (2) Migranten als Gruppe erhalten die geringste Ausbildung aller Arbeitergruppen in der nationalen Wirtschaft. (3) Die einzige Unterstützung von seiten der Gesellschaft, die in den Augen der Migranten Bedeutung hat, ist direkte finanzielle Hilfe. (4) Sobald es in die Schule kommt, lernt das Migrantenkind, daß es ein von der Gesellschaft Ausgestoßener ist. *Kleinert* hebt hervor, daß das Migrantenkind in jedem neuen Camp seiner neuen unbekannten Umgebung gegenüber etwas unsicher ist. Aber erst wenn es zur Schule geht, erfährt es die ganze Wirkung der Diskriminierung:

> In der Schule merkt es, daß es zu einer abgelehnten Minderheit gehört, abgelehnt von denen, deren Ansichten bei weitem die für es wichtigsten sind — der anderen Kinder. Obwohl seine Hautfarbe und Variationen der Aussprache den anderen Landkindern der Gegend alltäglich vorkommen — denen, die das ganze Jahr über dort leben —, wird es schnell als Migrant eingestuft; es lernt den Platz kennen, den es in dem einzigen Kastensystem einnimmt, das rigoros von Kindern beobachtet wird. Außer Migrantenkindern lernt jedes Kind, mit dem Kastensystem von Seinesgleichen fertig zu werden. Es lernt, daß in diesem System der Standort veränderlich ist, daß der Clown von gestern morgen Held sein kann. Das Migrantenkind hat diese Möglichkeit nicht, wenn es in der Schule zum ersten Mal dem Rest der Welt gegenübersteht.
>
> Wir haben hier also eine Situation, die eine Herausforderung an das Erziehungssystem im Migrantengebiet darstellen sollte, eine Gelegenheit, diese tiefgehende frühe Sensitivität von Kindern zu erfassen und ins rechte Licht zu setzen. Welche wesentlichen menschlichen Werte mit ihr assoziiert sind, kann erneut untersucht und vielleicht neu geordnet werden. Leider sieht sich die Schule durch die Einstellung der Erwachsenen der Gegend gehemmt, ebenso wie durch die Anzahl der Kinder, mit denen jeder Lehrer arbeiten muß, und das ist der kritischste Punkt — durch die Grenzen, die dem einzelnen Lehrer durch seinen

eigenen Hintergrund gesetzt sind. So geht die größte Wirkung, die die Schule auf Migrantenkinder ausüben könnte, schon im ersten Jahr, in dem es mit ihnen zu tun hat, verloren. Sie kann ihnen nicht das Gefühl geben, erwünscht zu sein; darum kann sie sie nicht erziehen (*Kleinert*, 1969, S. 92).

Nach *Fisher* (1969) sind die Ausbildungsbedingungen von Minoritätsgruppen in den USA denen von Indianern in Kanada nicht unähnlich. Er stellte fest, daß die Sozialausgaben für die indianische Bevölkerung in Alberta von 1959/60 bis 1962/63 um mehr als das Doppelte stiegen (von etwa $ 300 000 auf $ 700 000). Gleichzeitig wuchs die Zahl der Schulen und der Schuljahre für kanadische Kinder. Die kanadischen Indianer nutzten jedoch diese Möglichkeit nicht. 1965 zeigte z. B. eine Studie im Schwarzfußindianerreservat in Alberta, daß 50 Prozent der Kinder die Schule nach 1961 verlassen hatten und daß 95 Prozent der Abgegangenen die Schule vor Vollendung des 9. Schuljahres verließen. Anders ausgedrückt: Die Schule war nicht fähig, Schüler der 5. bis 9. Klasse zu halten. *Fisher* faßte die Schwierigkeiten folgendermaßen zusammen:

Schließlich zeigen diese Studien, daß die Nutzung der Ausbildungsmöglichkeiten in Wirklichkeit gar keine Möglichkeit ist. Denn das Angebot der Schule besteht in einer irrelevanten Sammlung von Werten und Übungen. Darüber hinaus kommt die Schule oft in direkten Konflikt mit gewissen moralischen und kulturellen Werten des Schülers. Also ist es das Erziehungssystem, das dem Schüler nicht gerecht wird, und nicht der Schüler, der dem System nicht gerecht wird. Wenn ein indianischer Schüler ein guter, erfolgreicher Indianer sein will, muß er oft ein schlechter, erfolgloser Schüler sein (*Fisher*, 1969, S. 33).

In den USA sehen die verschiedenen Teile der *Elementary and Secondary Education Act* von 1965 mehr als 1 Billion $ im Jahr für die Verbesserung der Ausbildung benachteiligter Schüler vor. Noch ist es zu früh um zu beurteilen, in welchem Ausmaß dieses Kapitel tatsächlich die Lernleistungen benachteiligter Schüler vergrößert und die Zahl der vorzeitigen Abgänge verkleinert hat. Im ganzen sind einige ausgezeichnete Programme ausgearbeitet worden, aber es gab auch in vielen Städten viele Probleme.

6.2.2 Merkmale benachteiligter Schüler

Die Streuung der individuellen Unterschiede bei Merkmalen im kognitiven, psychomotorischen und affektiven Bereich wurde im ersten Teil dieses Kapitels aufgezeigt. Merkmale benachteiligter Schüler in diesen Bereichen werden jetzt beschrieben. Es sollte von vornherein klar sein, daß jedes Individuum, das als benachteiligt bezeichnet wird, eher in einem Merkmal einen höheren und in einem anderen einen niedrigeren Wert erreicht, als daß es in allen niedrige Scores hat. Auch gibt es große individuelle Unterschiede bei allen Merkmalen in den verschiedenen Kategorien der Benachteiligten. Darum müssen die relevanten Merkmale jedes Schülers aus armen Verhältnissen sorgfältig beurteilt werden, um ein optimales Lehrprogramm für ihn planen zu können. Betrachten wir noch einmal Abb. 6.7, auf der dargestellt ist, auf welche Weise die oben diskutierten Umweltfaktoren die verschiedenen Merkmale Benachteiligter im kognitiven, affektiven und psychomotorischen Bereich bestimmen, von denen sie umgekehrt auch beeinflußt werden. Ein größerer Prozentsatz rassischer und ethnischer Minderheitengruppen dieses Landes hat, verglichen mit der Mehrheit, einen niedrigen sozioökonomischen Status, lebt in ärmlicher Umgebung und geht auf ungeeignete Schulen. Darum kann man den Benachteiligten eine vierte Gruppe von Merkmalen zuordnen, die in der Abbildung als Merkmale der Minderheitengruppe bezeichnet werden. Diese vier Arten von Merkmalen werden im folgenden betrachtet.

Kognitive Fähigkeiten und Merkmale

Die drei schädlichsten Auswirkungen der Armut auf die Erziehung sind das Wahrnehmungs- und Sprachdefizit, die verminderte intellektuelle Entwicklung, wie sie von IQ-Tests festgestellt wurde, und niedrige Schulleistung. Diese entmutigenden Wirkungen wurden in den letzten Jahren ebenso in der allgemeinen wie in der Fachliteratur gründlich beschrieben; darum sollen hier nur einige wenige spezielle Studien diskutiert werden.

1. *Wahrnehmungs- und Sprachdefizit. Deutsch* (1963) beobachtete Kinder in den Slums von New York. Das Elternhaus gab kleinen Kindern keine Gelegenheit, das auditive und visuelle Unterschei dungsvermögen zu entwickeln, das sie für den Erfolg in Lesen. Sprache und anderen Schulfächern brauchen. Die Kinder hatten im Durchschnitt eine geringe Fähigkeit, sich auf Situationen wie die Schulsituation einzustellen.

Bernstein (1961) führte eine umfassende Analyse der Sprache benachteiligter Kinder durch. Seiner Arbeit wurde große, wohlverdiente Aufmerksamkeit bei der Planung von Lehrprogrammen zuteil. *Bernstein* bezeichnete die Sprache Benachteiligter als *restringierten Code,* die anderer Schüler als *elaborierten Code.* Die Merkmale des restringierten Codes sind folgende:

1. Kurze, grammatisch einfache, oft unbeendete Sätze mit geringer syntaktischer Form und Betonung des Aktivs.
2. Einfacher und wiederholter Gebrauch von Konjunktionen (darum, dann, weil).

3. Wenig Gebrauch von Nebensätzen, die die anfänglichen Kategorien des Subjekts im Hauptsatz verändern.
4. Unfähigkeit, ein formales Subjekt innerhalb einer Redesequenz aufrecht zu erhalten; so wird ein verwirrter Informationsinhalt gefördert.
5. Starrer, begrenzter Gebrauch von Adjektiven und Adverbien.
6. Seltene Verwendung unpersönlicher Fürwörter als Subjekte von Konditionalsätzen.
7. Häufige Verwendung von Wendungen, in denen Ursache und Folge verwechselt werden, so daß die Aussage kategorischen Charakter erhält.
8. Eine große Anzahl von Erklärungen und Wendungen, die die vorhergehende Redesequenz verstärken sollen: »Nicht? Siehst du? Weißt du?« usw. Dieser Prozeß wird »sympathetische Zirkularität« genannt.
9. Individuelle Auswahl aus einer Gruppe idiomatischer Wendungen oder Sequenzen kommt oft vor.
10. *Die individuelle Qualifikation ist in der Satzorganisation impliziert: es ist eine Sprache der implizierten Bedeutung (Bernstein,* 1961, S. 169).

Die gesprochene Sprache wie der gedankliche Prozeß sind beide begrenzt in bezug auf Deutlichkeit und Kontinuität. Die Sprache ist zusammenhanglos und wiederholend, wie ein sechzehnjähriger Junge mit normaler Intelligenz zeigt:

> Das gehört alles zusammen wie diese Jungs und das wenn die in diese Banden kommen und daß sie'n bißchen Quatsch machen müssen und vielleicht geht's schief und so und die schlagen vielleicht einen zusammen ich mein denk die tun das bloß um groß rauszukommen wenn sie überall bekannt werden (*Bernstein*, 1961, S. 171).

Der elaborierte Code hat folgende Charakteristika:

1. Genaue grammatische Ordnung und Syntax regulieren das Gesagte.
2. Logische Modifikationen und Betonung werden durch grammatisch komplexe Satzkonstruktionen vermittelt, besonders durch den Gebrauch einer Reihe von Konjunktionen und Nebensätzen.
3. Häufige Verwendung von Präpositionen, die sowohl logische Beziehungen als auch zeitliche und räumliche Kontiguität anzeigen.
4. Häufiger Gebrauch unpersönlicher Fürwörter wie »es« und »man«.
5. Qualitative Auswahl aus einer Reihe von Adjektiven und Adverbien.
6. Die individuelle Qualifikation wird sprachlich durch die Struktur und die Beziehungen in und zwischen den Sätzen vermittelt.
7. Der expressive Symbolismus unterscheidet eher zwischen Bedeutungen innerhalb von Redesequenzen, als daß er dominierende Wörter

oder Wendungen hervorhebt oder die Sequenz in diffuser, verallgemeinernder Weise begleitet.

8. Es handelt sich um einen Sprachgebrauch, der die Möglichkeiten ausnutzt, die in einer komplexen begrifflichen Hierarchie für die Organisation von Erfahrung beinhaltet sind (*Bernstein*, 1961, S. 172).

Nach *Bernstein* ist die *Anzahl* der Wörter im Vokabular von gleichaltrigen Kindern mit dem gleichen Intelligenzquotienten nicht verschieden, egal ob die Kinder den restringierten oder den elaborierten Code benutzen. Aber Kinder, deren Eltern und Nachbarschaft einen höheren sozioökonomischen Status haben, lernen, ihre Gedanken in zusammenhängenden Wendungen und Sätzen auszudrücken. Außerdem benutzen sie beim Denkprozeß Wörter, die für Konzepte und Prinzipien stehen, und verbinden sie miteinander. Individuen mit restringiertem Code tendieren dazu, sprachlich und gedanklich ihre Konzepte nicht zu verbinden. So neigen Individuen mit restringiertem Code nach *Bernstein* dazu, abstrakte Ideen nicht in Begriffe zu fassen, auch nicht Ideen, die zwischenmenschliche Beziehungen betreffen.

2. *Verminderte intellektuelle Entwicklung, wie sie aus den IQ-Scores hervorgeht.* Im Säuglingsalter und in der frühen Kindheit kann Verarmungsmilieu, wie es in unseren Innenstädten und anderen ökonomisch armen Gegenden vorgefunden wird, die individuelle Entwicklung derart verlangsamen, daß das Kind das Versäumte später nicht aufholen kann; eine behütete Umgebung kann die Entwicklung beschleunigen (*Bloom*, 1964). Die ersten Lebensjahre sind die kritischsten, wie in Tab. 6.2 gezeigt wird, in der angenommen wird, daß 100 Prozent der Intelligenzreife im Alter von 17 Jahren erreicht ist. *Bloom* schätzt, daß 50 Prozent der Intelligenzreife mit 4 Jahren erreicht ist und daß ein Wohlstands- oder Verarmungsmilieu die Intelligenzscores bis zum Alter von 4 Jahren um mindestens 10 Punkte beeinflussen kann, wie aus der letzten Kolonne ersichtlich ist. Ähnlich kann der durch extreme Umgebung bedingte Unterschied mit 8 Jahren, wo 80 Prozent der Intelligenzreife erreicht sind, mindestens 16 Punkte betragen; und mit 17 Jahren kann der Unterschied mindestens 20 IQ-Punkte betragen. Wenn wir die durch die Umgebung verursachte Veränderung des IQ interpretieren wollen, setzen wir einen durchschnittlichen IQ von 100 voraus, da etwa zwei Drittel aller Individuen IQs zwischen 84 und 116 haben. Unter dieser Voraussetzung ist eine Veränderung um 20 IQ-Punkte beträchtlich. Z. B. haben zwei Individuen mit 17 Jahren IQs von 120 und 100, wobei der Unterschied dem Wohlstands- bzw. Verarmungsmilieu zugeschrieben wird. Von dem Individuum mit dem IQ 100

wird man nicht erwarten, daß es das Abitur macht, während man von dem Individuum mit dem IQ 120 erwarten wird, daß es diesen Abschluß macht und noch einige Fächer weiter studiert. *Bloom* hielt sogar den milieubedingten möglichen Unterschied von 20 IQ-Punkten für eine konservative Schätzung.

Hunt (1961) glaubte, daß Wohlstandsmilieu in der frühen Kindheit einen noch größeren Unterschied bedingen könne:

Vielleicht kann man Methoden zur Steuerung des Milieus finden, besonders während der ersten Jahre der kindlichen Entwicklung, um eine wesentlich schnellere intellektuelle Entwicklung und ein wesentlich höheres intellektuelles Niveau bei Erwachsenen zu erzielen (*Hunt*, 1961, S. 363).

Tabelle 6.2. *Hypothetische Wirkungen verschiedener Milieus auf die Entwicklung der Intelligenz in drei ausgesuchten Altersstufen.*

	Abweichung von der normalen Entwicklung in IQ-Einheiten				
Altersstufe	Prozentsatz der Intelligenzreife	Verarmungsmilieu	Normalmilieu	Wohlstandsmilieu	Mögliche Differenz
0—4 J.	50	— 5	0	+ 5	10
4—8 J.	30	— 3	0	+ 3	6
8—17 J.	20	— 2	0	+ 2	4
Gesamt	100	— 10	0	+ 10	20

Quelle: *Bloom*, 1964, S. 72

3. *Niedrige Schulleistung.* Die durchschnittliche Lernleistung von Kindern aus niedrigem soioökonomischen Status und Verarmungsmilieu liegt leicht unter der mittleren Leistung aller Kinder im ersten Schuljahr. Ähnlich liegen Kinder aus begünstigter Umgebung über dem Durchschnitt. Mit jedem weiteren Schuljahr fällt der Durchschnitt der Schüler aus Verarmungsmilieu weiter unter die Durchschnittsleistung aller Schüler, während Kinder aus begünstigten Verhältnissen im gleichen Maß steigen. Dieses typische Muster wird in Abb. 6.10 dargestellt.

Wilson (1963) untersuchte Kinder im 6. Schuljahr in 14 Schulen in Berkeley in Kalifornien. Berkeley hat drei wohl unterschiedene Wohngegenden: die Hills (Hügel), die Foothills (unteren Teile der Hügel) und die Flats (Niederungen). Die Flats — das niedere Gebiet um die Bucht von San Francisco — wird vorwiegend von Arbeitern bewohnt. Die teuren Häuser in den oberen Hills werden hauptsächlich von Angestellten und Akademikern bewohnt. Die Foothills zwischen beiden Gegenden sind heterogen. Tab. 6.3 zeigt die durchschnittlichen Leseleistungsscores von Jungen und Mädchen, die nach Berufsgruppen der Väter und der Lage der Schule in den Hills, Foothills oder Flats geordnet wurden. Z. B. haben die

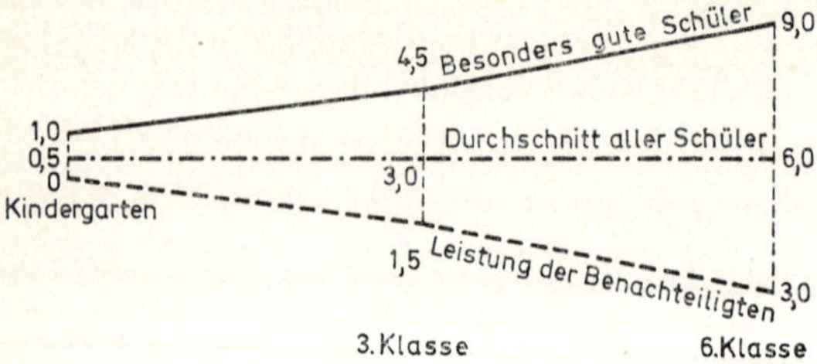

Abb. 6.10. Hypothetische Leistung benachteiligter und anderer Schüler bei zunehmender Schuldauer.

Jungen aus Angestellten- und kaufmännischem Milieu in den Hills Lesescores von 106, in den Foothills von 93 und in den Flats von 81. Ebenso gibt es einen wesentlichen Unterschied in der Leseleistung bei der Klassifikation nach dem Beruf des Vaters. Z. B. haben die Jungen in den Foothills Lesescores von 100, 93 und 91, je nach der Berufsgruppe des Vaters. (Es gibt allerdings einige Ausnahmen in dieser allgemeinen Verteilung, zu denen besonders Mädchen in den Foothills gehören. Auch ist in einigen Großstädten der Unterschied der durchschnittlichen Leistungsscores zwischen Schulen in der Innenstadt und den Vororten viel größer als in Berkeley. Ebenso sind die Unterschiede im sozioökonomischen Status größer.)

Tabelle 6.3. *Durchschnittliche Lesescores von Schülern im 6. Schuljahr, die nach Geschlecht, Lage der Schule und Beruf des Vaters klassifiziert wurden.*

Beruf des Vaters	Jungen			Mädchen		
	Hills	Foothills	Flats	Hills	Foothills	Flats
Akademiker und leitender Angestellter	107	100	—*	107	108	—*
Angestellter und Kaufmann	106	93	81	102	69	81
Handwerker und Arbeiter	—*	91	71	103	93	84

* Mittelwerte für weniger als 10 Fälle werden nicht berücksichtigt.
Quelle: *Wilson*, 1963, S. 223.

Affektive Merkmale

Das Verarmungsmilieu in den großen Städten, die Slumgegend von Appalachia, das Camp der Wanderarbeiter und die Indianerreservation bringen viele Kinder mit inadäquat entwickelten sozialen Werten, geringer Selbsteinschätzung und stark entwickelten Angstgefühlen oder anderen emotionalen Problemen hervor. Obwohl einige Kinder aus solcher Umgebung sich bester emotionaler Gesundheit erfreuen, ist ökonomische Armut meist mit größerem Auftreten von Kindern, die auch im affektiven Bereich benachteiligt sind, verbunden.

1. *Inadäquat entwickelte soziale Werte.* Die Schulen wurden von vielen beschuldigt, zu versuchen, Kindern der Unterschicht Werte der Mittelschicht, die der modernen Gesellschaft nicht mehr entsprechen, aufzuoktroyieren. Das kann in einigen Fällen zutreffen. *Havighurst* (1966) erkannte jedoch eine Reihe von Werten, die nicht auf eine soziale Schicht bezogen sind, sondern die für die städtische, industrielle und demokratische Gesellschaft wesentlich sind. Er katalogisierte die Werte und beschrieb die Lage wie folgt:

- Pünktlichkeit
- Ordentlichkeit
- Gruppenkonformität
- Wunsch nach einer auf Fähigkeiten und Wissen aufgebauten Karriere
- Wunsch nach einem stabilen Familienleben
- Hemmung aggressiver Impulse
- Rationales Angehen von Problemen
- Freude am Lernen
- Wunsch nach Freiheit für sich selbst und andere

Dies sind Werte einer städtischen, industriellen, demokratischen Gesellschaft. *Es sind keine schichtenspezifischen Werte.* Es wäre irreführend, die Schule als Vorkämpferin von Werten der Mittelschicht den Werten der Unterschicht gegenüber zu bezeichnen und ihr die Schuld an einem daraus resultierenden Konflikt zu geben. Diese Behauptung hat tatsächlich kaum genügend Berechtigung, um einen unerfahrenen Lehrer zu verwirren, aber nicht genug, um als Basis für ein positives Lehrprogramm zu dienen, das die Kluft zwischen den Wertsystemen überbrücken soll.

Eine junge schwarze Lehrerin an der High School äußerte sich diesbezüglich wie folgt:

Ich möchte, daß Sie wissen, daß ich mir die Zeit genommen habe, mit Ihnen zu reden, obwohl ich bis über beide Ohren in der Arbeit stecke. Aber ich glaube, daß es wichtig ist, daß jemand weiß, was an unserer Schule los ist. Gewalttätigkeiten und Verletzungen unter den

Schülern, nicht den Lehrern, sondern den Schülern, werden jeden Tag schlimmer. Ich glaube, das ist so, weil der Direktor eine so schwache Position hat. Wir haben jetzt unseren dritten Direktor in zwei Jahren. Die anderen stiegen, glaub ich, in die Aufsichtsbehörde auf. Die letzten zwei waren Neger, der erste Weißer. In keinem Fall wollten die Direktoren sich mit den Gewalttätigkeiten der Schüler befassen. Sie hatten Angst, daß sie dafür verantwortlich gemacht werden könnten, und das hätte ihrer Beförderung im Weg stehen können. Darum haben sie das immer ignoriert und es dem nächsten Direktor überlassen. Natürlich merken die Schüler, daß die Verwaltung dauernd wechselt und schwach ist, daß sie nicht unter Kontrolle stehen, und sind nicht mehr zu bändigen. Es herrscht ein Klima der Furcht und Einschüchterung, besonders unter den Schülern, die lernen wollen. Ich weiß wirklich nicht, wie irgend jemand in so einem Klima lernen soll (*Havighurst*, 1966, S. 47—48).

Havighurst zeigt auf, daß diese Frau nicht über einen Konflikt zwischen Wertsystemen von Schichten sprach:

Sie sprach über eine schlecht organisierte, demoralisierte Gemeinschaft, in der die Schüler besser vorankommen wollen, aber nicht wissen, wie. Und die Eltern wissen nicht, wie sie helfen sollen. In dieser Gemeinschaft arbeitet die Schule nicht mit einem Wertsystem A gegen eine Nachbarschaft mit Wertsystem B. Sondern es geht darum, daß die Schule kein koherentes und effektives Wertsystem hat, ebenso wenig wie eine gute Leistung, und das in einer Umgebung, die ebenfalls kein koherentes und effektives Wertsystem hat. Wenn die Schule ausdrücklich ein Programm aufstellen würde, um ein System von Werten wie die oben aufgeführten zu vermitteln, würden die meisten der Eltern der Umgebung die Schule nach bestem Vermögen und Verstehen unterstützen (*Havighurst*, 1966, S. 49).

2. *Geringe Selbsteinschätzung.* Während des Wachstumsprozesses findet jeder Mensch seine Identität nach Geschlecht, Rasse, physischer Erscheinung, Leistungen und ähnlichem. Er bewertet sich auch. Seine Selbstbeschreibung und -evaluation enthalten seine Selbsteinschätzung. In Interviews mit Schülern aus Verarmungsmilieu fand *Bowman*, daß sie ein geringes Selbstwertgefühl hatten. Hoffnungslosigkeit und Verzweiflung, die solche Leute sehr früh kennen lernen, werden aus folgenden Erklärungen junger Leute, die in diesem Land aufwachsen, deutlich:

Ich bin mit den Lehrern nicht ausgekommen; das ist der Hauptgrund, warum ich abging. Ich mochte wirklich keinen von ihnen. Auf der einen Seite scheint es mir besser, nicht mehr in der Schule zu sein, auf der anderen nicht. Wenn man zur Schule geht, weiß man wenigstens, wo man hingehn kann und die Zeit verbringen.

Ich wünschte, ich hätte die High School geschafft. Ich würde eine

Million dafür geben. Das gibt einem das Gefühl, etwas zu sein. Die Leute fragen einen, was man gemacht hat. Ich hab wirklich überhaupt nichts gemacht, aber jedenfalls wäre ich jemand, wenn ich die High School gemacht hätte. Als sie mich rausschmissen, hab ich mich einfach in die Halle gesetzt und geheult.

(Aus einem Aufsatz) Als ich im ersten Schuljahr war, war ich in fast allem was ich machte schlecht. Ich mußte meist nach der Schule dableiben und meine Arbeit fertig machen. Da bin ich zum ersten Mal durchgeflogen. Das zweite und dritte Schuljahr ging vorbei und ich hab nichts gelernt. Im vierten bin ich wieder durchgerasselt. Was war mit mir los? Ich konnte nie lesen lernen und keiner half mir, daß ich doch was lernte. Jetzt bin ich 17, im zehnten Schuljahr und kann immer noch nicht richtig gut lesen. Und wenn man nicht lesen kann, wird man bald mutlos. Und wenn ich Ihren Satz sag »Schließlich gab ich die Suche verzweifelt auf«, dann red ich von der Hoffnung, lesen zu lernen (ein Junge mit einem IQ von 120) (*Bowman*, 1966, S. 83—84).

Proshansky und *Newton* (1968) faßten eine Untersuchung zusammen, die zeigt, daß einige junge Negerkinder nicht schwarz sein wollen und sich selbst lieber als weiß vorstellen. Das geschieht, weil der amerikanische Neger gezwungen ist, eine untergeordnete, passive, servile Rolle zu spielen und eventuell sogar zu dem Glauben kommt, daß dies die einzige Rolle ist, die er jemals haben wird. Es ist nicht überraschend, daß dieser Glaube von einem Gefühl der Ohnmacht und Frustration begleitet wird. Als Flüchtmöglichkeiten vor diesen Gefühlen dienen oft ekzessiver Alkoholgenuß, Drogen und zwanghafte Spielleidenschaft. Der subtilere und zerstörerischere Fluchtweg ist der Versuch, weiß zu werden. Erwachsene Neger, besonders Männer, werden in wachsendem Maß zornig und aufgebracht, wenn sie diese Situation erkennen, äußern aber gleichzeitig oft Hoffnungslosigkeit und Verzweiflung. Diese Frustrationen produzieren in Verbindung mit elenden Unterbringungsbedingungen, Arbeitslosigkeit und der dominanten Rolle der schwarzen Mutter, die oft arbeitet und nicht zu Hause ist, eine unerträgliche Umgebung für das Kind. Die Eltern des Kindes symbolisieren Degradierung Entbehrung in der Gesellschaft und werden vom Kind verworfen, das dann auch seine eigene Hautfarbe und seine eigene Rasse ablehnt. Bis vor kurzem war mitten in Armut und Verzweiflung wenig Hoffnung. Jedoch haben in den letzten Jahren einige erfreuliche Veränderungen stattgefunden, die hauptsächlich aggressiveren sozialen und politischen Aktivitäten der Schwarzen zu verdanken sind und vielleicht zu einem gesünderen Selbstbild bei schwarzen Kindern führen können:

Im letzten Jahrzehnt hat der Kampf der amerikanischen Neger neue, dramatische und weltweite Bedeutung bekommen. Angespornt durch das Auftauchen der afrikanischen Völker im Weltgeschehen und den persuasiven Einfluß der Massenmedien fand eine Wiederentdeckung der »Kultur der Schwarzen« (»Black culture«) statt, und damit verbunden ein Zusammenschluß schwarzer Menschen in der ganzen Welt. In seiner eigenen Sache kann der amerikanische Neger ein neues Gefühl der Zusammengehörigkeit und Zielsicherheit finden — er findet eine neue, größere schwarze Identität. Der Kampf der Schwarzen wurde zum Symbol für den Kampf aller unterdrückten Gruppen um Würde und Achtung der Engstirnigkeit und Diskriminierung gegenüber (*Proshansky & Newton*, 1968, S. 215).

3. Emotionale Probleme. Eine Umgebung, die das Sicherheitsbedürfnis und die psychologischen Nöte kleiner Kinder nicht befriedigt, ist in ihren Auswirkungen besonders grausam und brutal. Von Kindern, zu deren üblichen Erfahrungen Hunger, Kälte im Winter und Hitze im Sommer, unbehandelte Schnitt- und Brandwunden, Rattenbisse und ähnliches gehören, kann man allerdings annehmen, daß sie für den Rest ihres Lebens ängstlich sind und mit vielen emotionalen Problemen zu kämpfen haben.
In Abb. 6.11 wird das Vorkommen emotional gestörter Kinder nach Schulklassen gezeigt. Zwischen Kindergarten und erstem Schuljahr ist ein starker Anstieg auffällig. Der Prozentsatz gestörter Kinder bleibt vom ersten bis siebten Schuljahr etwa gleich und steigt im achten Schuljahr wieder an. Es ist nicht verwunderlich, daß die nicht unterteilten Spezialklassen für geistig zurückgebliebene Kinder sogar einen noch höheren Prozentsatz aufweisen als die üblichen Klassen bis zum 8. Schuljahr. In Abb. 6.12 wird das Vorkommen emotional gestörter Kinder nach den Bedingungen des Elternhauses dargestellt. Emotional gestörte Kinder kommen häufiger als normale aus zerbrochenen Ehen, aus Familien, wo die Mutter ganztags arbeitet, aus Familien, in denen das Kind ernsthaft vernachlässigt wird, und aus solchen Familien, in denen eine Fremdsprache gesprochen wird.

Psychomotorische Fähigkeiten und physische Merkmale

Im allgemeinen beschäftigen sich Kinder aus Verarmungsmilieu viel mehr mit motorischen als mit intellektuellen und kulturellen Aktivitäten. Z. B. stellten *Klausmeier, Feldhusen* und *Check* (1959) fest, daß Kinder mit niedrigem IQ aus innerstädtischem Verarmungsmilieu sich in einer Reihe motorischer Fähigkeiten und physischer Merkmale nicht sehr von Kindern mit mittlerem und hohem IQ, die aus begünstigtem Milieu stammen, unterscheiden. Obwohl Kinder aus Verarmungsmilieu eine gute motorische Entwicklung aufweisen, entwickeln sie keine marktfähige Arbeitsgeschicklichkeit. Teilweise liegt das daran, daß sie nicht flüssig genug lesen und schreiben lernen, um verschiedene Arbeiten auszuführen, in denen einfache Anweisungen gelesen und verstanden werden und Berichte geschrieben werden müssen. Auch können viele keinen Teilzeitjob bekommen, und organisierte Arbeitsgrup-

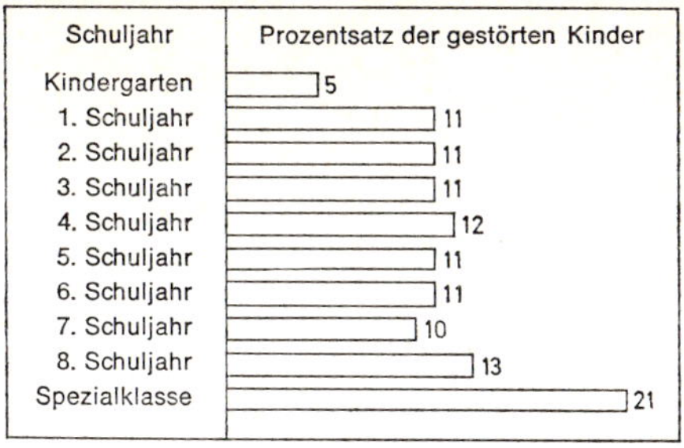

Abb. 6.11. Vorkommen emotional gestörter Kinder nach Schuljahren (nach *Clancy* & *Smitter*, 1953, S. 212).

pen nehmen nicht genug von ihnen als Lehrlinge an. Aus dem Herkunftsmilieu übernommene Vorstellungen, die in der Schule Schwierigkeiten verursachen, sind weitere Quellen von Schwierigkeiten bei der Anstellung. Wie oben festgestellt wurde, sind die gleichen sozialen Werte, die in der Schule wesentlich sind, auch in der Industrie maßgebend.

Rassische und ethnische Merkmale

Wie oben gesagt, repräsentieren die Benachteiligten alle Rassen und ethnischen Gruppen. Tatsächlich sind die meisten Weiße; dennoch haben bestimmte rassische und ethnische Gruppen einen höheren *Prozentsatz* Benachteiligter als Weiße westeuropäischer Herkunft. Trotz dieser Konzentration der Benachteiligten in bestimmten Gruppen ist große Verschiedenheit aller kognitiven, psychomotorischen und affektiven Variablen für *alle* rassischen und ethnischen Gruppen charakteristisch. Personen, die außerordentlich hohe Leistungen erbringen und ganz dem Fortschritt menschlicher Werte verbunden sind, finden sich in großer Zahl in allen rassischen und ethnischen Gruppen.

6.8. Denken Sie sich eine Liste benachteiligter Gruppen eher auf internationaler als nationaler Basis. Wo würden die von Havighurst *abgegrenzten Gruppen in der internationalen Szene rangieren?*

6.9. Eines der Probleme benachteiligter Schüler könnte nicht ihre Unfähigkeit zu sprechen sein, sondern die Tatsache, daß sie einfach eine andere Sprache sprechen als den in der Schule gesprochenen Dialekt der weißen Mittelklasse. Wenn dies der Fall ist, sollten diese Schüler den Dialekt der Schule erlernen, oder sollte die Schule beim Unterricht die Sprachmuster Benachteiligter akzeptieren und benutzen?

6.10. Mit jedem weiteren Schuljahr verringern die Benachteiligten im Vergleich mit dem Durchschnitt der Schüler ihre Schulleistung und IQ Scores. Was könnte außer dem benachteiligten Familienmilieu zu der relativen Verringerung ihrer IQ Scores beitragen?

6.11. Nehmen wir anhand des Beispiels von Berkeley an, die Wohngegenden wären nicht schichtenspezifisch verschieden, sondern Familien jedes sozioökonomischen Status wären wahllos in der ganzen Stadt verteilt. Welche Wirkung könnte diese wahllose Vermischung auf die Leseleistung haben? Welche auf das Nationalgefühl?

6.12. Die Liste sozialer Werte nach Havighurst *muß sorgfältig interpretiert werden. Welche dieser Formulierungen scheinen sich eher einer negativen als einer positiven Interpretation anzubieten?*

6.13. Wenn Sie das Selbstbild benachteiligter Jugendlicher berücksichtigen, welches Recht wäre zuerst zu erfüllen, das Recht zu lesen oder das Recht auf einen minimalen Lebensstandard? Warum?

6.14. Viele Kinder, vielleicht die meisten, erheben sich weit aus ihrem benachteiligten Herkunftsmilieu und erzielen gute Leistungen. Was halten Sie für die wichtigsten entscheidenden Faktoren für Erfolg oder Mißerfolg eines bestimmten Kindes von armen sozioökonomischen Hintergrund? Sollte ein Lehrer bei irgendeiner Gelegenheit ein Kind so behandeln, als ob es nicht fähig wäre, gut lesen zu lernen?

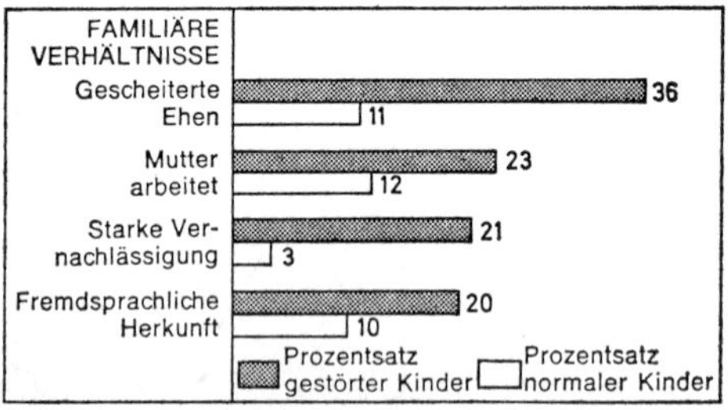

Abb. 6.12. Vorkommen emotional gestörter Kinder nach Bedingungen des Elternhauses (nach *Clancy* & *Smitter*, 1953, S. 214).

6.3 Erziehungsmaßnahmen für benachteiligte Schüler

Die geringen Bemühungen, die an isolierten Aspekten des gegenwärtigen komplexen Erziehungssystems unternommen wurden, werden die Ausbildungsmöglichkeiten benachteiligter Kinder und Jugendlicher kaum sehr verbessern. Ein Leseprogramm, das einmal in der Woche ein oder zwei Stunden nach dem Unterricht durchgeführt wird, ein Berater oder Sozialarbeiter für tausend und mehr Schüler, eine neue Reihe Lesebücher mit schwarzen oder braunen Kindern auf den Bildern, ein Computer für Drill und Übungen — all das sind Beispiele kleiner Anstrengungen, die keine vernünftige Gruppe mit der Begründung, daß sie die Probleme der Erziehung Benachteiligter lösen, befürworten sollte. Solche Bemühungen können natürlich nominelle Wirkungen haben, aber für jede wirkliche Verbesserung werden massive Innovationen und Reformen notwendig sein, die simultan *alle* Komponenten des schulischen Lehrsystems betreffen, wie im 1. Kapitel des 1. Bandes in groben Zügen dargestellt wurde. Ein paar dieser umfassenderen grundlegenden Reformen — und zwar die, die sich mit der Entwicklung einer physisch gesunden Umgebung der Schule, der Vorschulerziehung und der Erziehung nach der High School befassen — werden jetzt ausführlich untersucht. Die Versuche, die in der Vorschul- und Post-High-School-Erziehung unternommen werden, verdienen ernste Berücksichtigung von seiten derjenigen, die sich für die Erziehung in Grund- und High School interessieren und sich noch nicht klar darüber sind, daß sehr wesentliche Veränderungen notwendig sind — oder die, falls sie dies bemerkt haben, Angst vor diesen Veränderungen haben. Der folgende Teil endet mit einer kurzen Diskussion der Integration.

6.3.1 Physisch gesunde Umgebung

Ein Unterausschuß des Senats, der sich mit Jugendkriminalität befaßte, betonte in einem Bericht, der im Magazin *Time* (1969) zusammengefaßt wurde, daß Gewalttätigkeit an den Schulen, besonders auf der Junior High School-Stufe (12—15 Jahre), üblich ist. Einbrüche, Diebstähle und Überfälle nehmen auf allen Schulstufen ständig zu. Z. B. wurden in einem einzigen Jahr in Chicago Lehrer 1065 mal überfallen. Aus den Schulen in Philadelphia wurden 116 Überfälle auf Lehrer gemeldet, aus New York City 180; und aus Volksschulen in San Francisco wurden innerhalb von 5 Monaten 87 Fälle angezeigt.

Selbstverständlich können hervorragende Lehrprogramme an Schulen, in denen Lehrer wie Schüler heftige physische Angriffe fürchten müssen, weder organisiert noch aufrechterhalten werden. Dennoch werden in der einschlägigen Literatur keine Lösungen dieses Problems gezeigt. Möglicherweise fürchtet die Lehrerschaft die ungünstige Publicity, die sie für den Fall erwartet, daß sie die Ernsthaftigkeit des Problems der Öffentlichkeit darstellt. Dennoch wird das Problem weitgehend öffentlich bekanntgemacht werden *müssen*, weil Lehrer und Direktoren das Problem nicht unabhängig lösen können; weitere Bemühungen, die alle Teile der Gesellschaft betreffen, sind notwendig.

6.3.2 Vorschulerziehung

Es wurden schon einige Vorschulprogramme gestartet. Man braucht dringend viel mehr Schulen für Kleinkinder von 3 bis 5 Jahren. Ziele, Programme und Vorgehen der gegenwärtigen Schulen sind unterschiedlich. Ein Programm, das allgemein große Beachtung gefunden hat, wurde von *Bereiter* und *Engelmann* entwickelt (1966); es basiert auf fünf Hauptpunkten:

1. Schon im Alter von drei bis vier Jahren sind die Fähigkeiten benachteiligter Kinder, die für den Erfolg in der Schule notwendig sind, weit weniger entwickelt als die anderer Kinder.
2. Benachteiligte Kinder müssen die Entwicklung dieser Fähigkeiten irgendwie nachholen. Sonst kommen sie mit Handicaps in die Grundschule, die für viele von ihnen Mißerfolg und für alle eine Einschränkung der Zukunftsmöglichkeiten bedeuten.
3. Wenn sie den Vorsprung, den andere Kinder vor ihnen haben, aufholen wollen, müssen sie schneller als normal Fortschritte erzielen.
4. Ein Vorschulprogramm, das die üblichen Lernmöglichkeiten bietet, kann keine überdurchschnittliche Lerngeschwindigkeit produzieren.
5. Von einem kurzfristigen Vorschulprogramm kann man nicht erwarten, daß es einen überdurchschnittlichen Fortschritt auf allen Entwicklungsgebieten gleichzeitig erzielt; ein »abgerundetes« Programm ist daher mit dem Ziel des Nachholens unvereinbar: es muß eine Auswahl getroffen werden (*Bereiter* & *Engelmann*, 1966, S. 19).

Aufgrund dieser Voraussetzungen entwickelten *Bereiter* und *Engelmann* ein Lehrprogramm, das auf Experimenten mit kleinen Gruppen während dreier Jahre basiert. Der Hauptakzent liegt auf der Entwicklung der Sprache. Ihre Beobachtungen zeigten, daß die Sprachdefizienz nicht auf dem Gebiet von Vokabular und Grammatik lag, sondern in der Unfähigkeit, bestimmte *Anwendungen* von Sprache zu meistern. Das benachteiligte Kind hat eine Sprache, die der Aufrechterhaltung sozialer Beziehungen und der Befriedigung materieller Bedürfnisse angepaßt ist. Es benutzt Sprache jedoch nicht, um Informationen zu erhalten und weiterzuleiten, um sein eigenes Verhalten zu überprüfen oder um verbale Folgerungen durchzuführen. Weiter neigt es nicht dazu, Sätze zu bilden, die aus dem Kontext gelöst und neu kombiniert werden können. Auch beherrscht es den Gebrauch von Wortstämmen und Inflektionen nicht, die für den Ausdruck und die Manipulation logischer Beziehungen nötig sind. An diese und andere Überlegungen dachten *Bereiter* und *Engelmann*, als sie Verhaltensziele der Vorschulerziehung wie folgt skizzierten:

1. Die Fähigkeit, bejahend und verneinend auf die Frage: »Was ist das?« zu antworten: »Das ist ein Ball. Das ist kein Buch.«

2. Die Fähigkeit, bejahend und verneinend auf die Aufforderung: »Sag mir etwas über diesen ... (Ball, Stift etc.).« zu antworten: »Dieser Stift ist rot. Dieser Stift ist nicht blau.«
3. Die Fähigkeit, polare Opposition zu handhaben. (»Wenn es nicht ... ist, muß es ... sein.«) Das soll für mindestens vier Oppositionspaare erreicht werden, z. B. für groß — klein, oben — unten, lang — kurz, dünn — dick.
4. Die Fähigkeit, folgende Präpositionen in Sätzen, die das Verhältnis von Gegenständen beschreiben, korrekt zu benutzen: auf, in, unter, über, zwischen. »Wo ist der Bleistift?« »Der Bleistift ist unter dem Buch.«
5. Die Fähigkeit, positive und negative Beispiele für mindestens vier Klassen von Gegenständen zu nennen, wie Werkzeug, Waffen, Möbel, wilde Tiere, Nutztiere und Fahrzeuge. »Nenn mir eine Waffe.« »Ein Gewehr ist eine Waffe.« »Nenn mir etwas, das keine Waffe ist.« »Eine Kuh ist keine Waffe.«
   Das Kind sollte auch fähig sein, diese Klassenbezeichnungen korrekt auf Substantive anzuwenden, mit denen es vertraut ist, z. B. »Ist ein Bleistift ein Möbelstück?« »Nein, ein Bleistift ist kein Möbelstück. Ein Bleistift ist etwas, womit man schreibt.«
6. Die Fähigkeit, einfache *wenn — dann*-Ableitungen zu bilden. Dem Kind wird ein Schaubild mit großen und kleinen Quadraten gezeigt. Alle großen Quadrate sind rot, aber die kleinen haben verschiedene andere Farben. »Wenn das Viereck groß ist, was weißt du dann darüber?« »Es ist rot.«
7. Die Fähigkeit, *Verneinung* in Deduktionen zu verwenden. »Wenn das Viereck klein ist, was weißt du dann darüber?« »Es ist nicht rot.«
8. Die Fähigkeit, *oder* in einfachen Deduktionen zu verwenden. »Wenn das Viereck klein ist, ist es nicht rot. Was weißt du noch darüber?« »Es ist blau *oder* gelb.«
9. Die Fähigkeit, die Grundfarben und die Farben weiß, schwarz und braun zu benennen.
10. Die Fähigkeit, laut und ohne Hilfe bis 20 zu zählen, und bis 100 mit Hilfe bei den vollen Zehnern (30, 40 etc.).
11. Die Fähigkeit, Gegenstände bis 10 korrekt zählen zu können.
12. Die Fähigkeit, die Vokale und mindestens 15 Konsonanten zu erkennen und zu benennen.
13. Die Fähigkeit, gedruckte Wörter von Bildern zu unterscheiden.
14. Die Fähigkeit, zu einem gegebenen Wort ein sich reimendes Wort zu finden, anzugeben, ob zwei Wörter sich reimen oder nicht, oder unbekannte Reimsätze zu vervollständigen, wie z. B. »Ich hatte einen Hund, und der hieß Lackel. Könnt ihr es raten? Es war ein ...«
15. Ein Lesevokabular von mindestens vier Wörtern mit Eigennamen, wobei klar sein muß, das das gedruckte Wort für sie die gleiche

Bedeutung wie das entsprechende gesprochene Wort hat. »Was ist das für ein Wort?« »Katze.« »Ist das etwas, das wau-wau macht?« »Nein, es macht miau.« (*Bereiter & Engelmann*, 1966, S. 48—49)

Auch die spezifischen Strategien für den Lehrer für die Erreichung der Lehrziele in den einzelnen Fächern wurden skizziert. Sie werden wörtlich wie folgt angegeben:

1. Arbeit in verschiedenen Schwierigkeitsgraden zu verschiedenen Zeiten.
2. Halten Sie sich an ein festes, wiederholendes Präsentationsmuster.
3. Lassen Sie die Schüler so oft wie möglich einstimmig antworten.
4. Arbeiten Sie innerhalb einer Gruppe nie mit einem Kind allein länger als 30 Sekunden.
5. Formulieren Sie rhythmisch.
6. Fordern Sie die Kinder auf, laut und klar zu sprechen.
7. Hetzen Sie die Kinder nicht und ermutigen sie sie nicht, schnell zu sprechen.
8. Klatschen sie, um grundlegende Sprachmuster und -konventionen zu betonen.
9. Fragen Sie viel.
10. Benutzen Sie Wiederholungen.
11. Beachten Sie, was einem Kind vorgesagt wird.
12. Benutzen Sie kurze Erklärungen.
13. Formulieren Sie Erklärungen und Regeln nach dem Wissensstand des Kindes.
14. Benutzen Sie viele Beispiele.
15. Kommen Sie falschen Antworten so oft Sie können zuvor.
16. Lassen Sie das Kind völlig eindeutig wissen, ob seine Antwort richtig oder falsch ist.
17. Betonen Sie den Gebrauchswert des Lernens so oft wie möglich.
18. Ermutigen Sie das Nachdenken.
(*Bereiter & Engelmann*, 1966, S. 120)

Bereiter (1968) berichtet von günstigen Resultaten dieses Programms. Das Leistungsniveau im Lesen, Rechnen und Rechtschreibung war bei einer Gruppe von 15 Kindern nach einjährigem Nursery School-Besuch und einem Jahr Kindergarten sehr erfolgversprechend, ebenso bei einer anderen Gruppe von 13 Kindern nach einem Jahr Nursery School. Die erste Gruppe erreichte in allen drei Fächern Werte, die den durchschnittlichen oder sogar überdurchschnittlichen Werten von Erstkläßlern entsprachen. Nach einem Jahr war die zweite Gruppe etwa auf dem Niveau von Schulanfängern und ebenso weit wie eine etwa gleichaltrige Gruppe, die zwei Jahre in einer Montessori-Schule unterrichtet worden war. Alle drei Gruppen hatten das gleiche Lehrer-Schüler-Verhältnis von fünf zu eins.

6.3.3 Erziehung nach der High School

Wer sollte die vielen vorzeitig von der *High School* abgegangenen Schüler und diejenigen Absolventen, die ungebildet bleiben und daher nicht fähig sind, sich eine einträgliche Anstellung zu sichern, erziehen? Wie sollte das geschehen? Es gibt keine klaren Antworten.

Einige Teilantworten können jedoch aus den Erfahrungen mit Projekt 100 000, einem militärischen Trainingsprogramm, abgeleitet werden, das einiges Licht auf das ganze Problem wirft. Unter der Leitung des Verteidigungsministers Robert McNamara nahmen die Streitkräfte jährlich 100 000 Mann an, die nach früheren Standards abgelehnt worden wären. Eine Gruppe dieser 100 000 Leute wird in Tab. 6.4 mit einer Kontrollgruppe verglichen. Das für diese Leute entwickelte Trainingsprogramm beinhaltete Beratung und Betreuung, die Wiederholung einiger grundlegender Lehrstoffe, die Bildung von speziellen Trainingskompanien für die Männer, und abhelfende Erziehung. *Greenberg* (1969) hielt das Programm für recht erfolgreich. In folgenden Hauptzügen war dieses Training anders als das der anderen Rekruten aus der Kontrollgruppe:

Es wurde festgestellt, welche Fächer weder inhaltlich noch theoretisch eine Beziehung zu der Lehraufgabe hatten. Diese Fächer wurden eliminiert.

Das Leseniveau des Lehrstoffs wurde vereinfacht. Wir benutzten einfachere Wörter, kürzere Sätze, und Zeichnungen, Schaubilder und Cartoons, um das Verständnis zu vereinfachen.

Praktisches Arbeiten wurde gefördert, um Lernen durch Erfahrung zu ermöglichen, und die Zeit der Vorlesungen wurde verkürzt.

Tabelle 6.4. *Merkmale der Personen des 100 000-Mann-Programms, die ein besonderes Training erhielten, und ihre Kontrollgruppe.*

	Projekt 100 000 Mann	Kontrollgruppe
Prozentsatz von Absolventen der High School	43,3	75,8
Anzahl beendeter Schuljahre (im Durchschnitt)	10,6	11,9
Lesefähigkeit — Mittelstufe (median grade)	6,1	10,9
Prozentsatz der Leseleistung unter dem Niveau der 4. Klasse	14,4	1,1
Prozentsatz von Abgängern und Sitzenbleibern	47,0	Unbekannt

Quelle: *Greenberg*, 1969, S. 571.

Es wurden mehr audio-visuelle Mittel zur Verfügung gestellt und Ausbildungshilfen verbessert. Zum Beispiel schafften wir für einen achtwöchigen Kraftfahrzeugpflegekurs 21 Kineskope, 50 neue Dias und Tabellen und fünf neue Simulatoren an, um die Einzelteile von Fahrzeugen besser vorführen zu können.

In einigen Kursen nahmen wir einige Instruktoren hinzu, um das Training in kleineren Gruppen zu ermöglichen. In den Kursen verwendete Tests wurden revidiert, um sie für die Arbeit, die der Mann ausführen sollte, sachdienlich zu gestalten. In einigen Fällen wurden schriftliche Tests durch praktische Leistungstests ersetzt (*Greenberg*, 1969, S. 573).

Wir wollen nicht implizieren, daß dieses Vorgehen zum Training des Militärs unverändert in Schulen übernommen werden sollte. Wahrscheinlich sollten allerdings *ähnliche* Vorgehensweisen in die Programme der High School eingegliedert werden für Jugendliche, die ähnliche Merkmale wie die 100 000 Leute, wie sie oben in Tab. 6.4. aufgestellt wurden, aufweisen. Einige dieser Verfahren wären vielleicht auch für andere Schüler nützlich, die nicht so viele Schwierigkeiten haben, aber mit der *High School* ihre Ausbildung beenden wollen.

6.3.4 Integration

Integration bezieht sich natürlich besonders auf die Erziehung benachteiligter schwarzer Kinder. Die komplizierten Probleme und gegenteiligen Meinungen, die damit den Versuchen, die Schulen des ganzen Landes zu integrieren, einhergehen, liegen genau genommen nicht im Rahmen dieses Buches. Dennoch ist es unserer Meinung nach notwendig zu betonen, daß immer mehr Erziehungsexperten davon überzeugt sind, daß die Integration der einzig wirklich wirkungsvolle Weg ist, um die Erziehung benachteiligter schwarzer Kinder zu verbessern. Diese Autoritäten erkennen an, daß gewisse Verfahrensweisen, die auf die Verbesserung des schulischen Milieus und kompensatorische Erziehung hinzielen – wie die, die wir beschrieben haben und viele andere – sehr nützlich sein können, aber sie behaupten, daß im Endeffekt Integration der einzige bekannte Erziehungsmechanismus ist, der eine *bedeutende* Wirkung auf das benachteiligte schwarze Kind ausübt. Der Autor des berühmten *Coleman Reports*, der eine bundesweite Studie der Bildungsgleichheit darstellt, ist einer der leidenschaftlichsten Verfechter dieser Ansicht. *Coleman* betont, daß Schüler der Mittelklasse, so lange sie in der Mehrzahl in integrierten Schulen bleiben, den Ton der Schule bestimmen – und eben dies ist die Atmosphäre, die benachteiligte Schüler befähigt, mehr konsistente Fortschritte zu erzielen als irgend ein anderes Mittel.

Coleman betont, daß die Leistung von Schülern der Mittelschicht in einer solchen Schule nicht leidet. Die Leistung sinkt nach seiner Aussage nur dann, wenn sie in Schulen gehen, in denen die Mehrzahl der Kinder aus der Unterschicht kommt, gleich ob schwarz oder weiß. (*Coleman* et al., 1966.)

6.15. Welche 5 der 15 Fähigkeiten aus der Liste von Bereiter *und* Engelmann, *die Vorschulkinder entwickeln sollen, scheinen Ihnen die wichtigsten? Gibt es welche, die Sie überraschen, wenn ja, welche?*

6.16. Die 18 von Bereiter *und* Engelmann *vorgeschlagenen Strategien zur Erziehung von benachteiligten Vorschulkindern sind in einigen Fällen für eine solche Gruppe ungewöhnlich. Könnten Sie jede Strategie logisch unterstützen, wenn Sie Ihre Unterstützung auf von Ihnen bemerkten Bedürfnissen und Fähigkeiten benachteiligter Vorschulkinder gründen? Sind Sie mit einigen dieser Strategien nicht einverstanden?*

6.17. Das von Greenberg *beschriebene militärische Trainingsprogramm hatte großenteils so viel Erfolg, weil fast die gesamte Unterweisung anhand von Beispielen, Bildern, anschaulicher Darstellungen und mit Interaktion in kleinen Gruppen stattfand. Mit welchen Schülern und Aufgaben innerhalb Ihres Interessengebietes könnten die gleichen Methoden mit Erfolg angewandt werden?*

6.18. Was sind die wichtigsten Veränderungen, die Sie im Lehrplan, in der Methodologie, Schulorganisation etc. vorschlagen würden, um benachteiligten Schülern zu helfen? Falls einige dieser Veränderungen auch den anderen Schülern helfen würden, welche?

6.4 Individuell geplante Erziehung für alle Kinder (IGE)

Individuell geplante Erziehung (IGE) ist ein System, in dem Lehrprogramme formuliert und durchgeführt werden können, die für einzelne Schüler gedacht sind und in denen geplante Variationen in bezug auf den Stoff, den ein Schüler lernen soll, gemacht werden, und in denen Rücksicht auf die Art und Geschwindigkeit seines Lernens genommen wird. Es wurde von Mitarbeitern des *Wisconsin Research and Development Center for Cognitive Learning*, von lokalen Schulen und anderen Spezialisten gemeinsam entwikkelt. Die ersten sieben IGE-Schulen begannen 1967/68 (*Klausmeier, Morrow & Walter*, 1968). Die Variationen basieren auf der Kenntnis der Merkmale jedes Schülers und dem Erziehungsprogramm und -ziel der Schule. Auf diese Weise tragen die expliziten Lehrziele und damit das damit verbundene Lehrprogramm für jeden einzelnen Schüler ebenso den allgemeinen Zielen der Schule wie den Merkmalen des Schülers Rechnung.

Wenn er das Lehrziel erreicht, wird der Schüler normalerweise einzeln vom Lehrer, der Hilfskraft oder einem anderen Schüler unterrichtet.

Dem Lehrstoff steht er ebenfalls allein gegenüber, auch wenn er allein lernt; das gleiche gilt für Lernen in kleinen Gruppen, Gruppen von Klassengröße und großen Gruppen. Die Menge und relative Proportion jeder dieser Unterrichtsarten sind von den Merkmalen des Schülers, den zu erreichenden Zielen, der Natur und Art des Lernstoffs und den Kosten der Ausbildung abhängig. Diese Komponenten können demonstriert werden: (1) Ein Schüler, der emotionale Probleme, ein physisches Handicap oder andere Merkmale hat, kann mehr Einzelunterricht, der von einem Erwachsenen erteilt wird, erwarten als ein anderes Kind. (2) Das Erreichen bestimmter Ziele erfordert verschiedene Arten von Aktivitäten. Z. B. ist Einzelunterricht am geeignetsten, damit der Schüler lernt, sich realistische Ziele zu setzen; die Entwicklung der Kommunikationsfähigkeit findet in kleinen Gruppen statt, und bestimmte Spiele werden nur in größeren Gruppen gespielt. (3) Bestimmte Lehrmittel erlauben Schülern, die lesen können und grundlegende Konzepte angenommen haben, aber unabhängiges Lernen als andere. Andere wichtige Lehrstoffe haben keine solchen Lehrmittel, und die Schüler brauchen dann viel Hilfe von seiten des Lehrers. (4) Was die Kosten betrifft, sind, je kleiner die Gruppen, die von einem Lehrer unterrichtet werden, desto größer die Ausgaben. Darum werden, wo immer es möglich ist, größere Gruppen gebildet und verschiedenartige Lehrkräfte, darunter geringer bezahlte Hilfskräfte, werden eingestellt, um die Kosten auf einem vernünftigen Niveau zu halten.

Der Direktor und die Lehrerschaft der Schule bestimmen das Erziehungsprogramm für ihre Schule innerhalb der staatlichen Richtlinien. Die Lehrerschaft, die für eine Gruppe Kinder verantwortlich ist, entscheidet über das Programm jedes Schülers. Jeder Schüler nimmt an den Entscheidungen, die sein eigenes Programm betreffen, teil, indem er in Konsultation mit den Lehrern individuelle Ziele festsetzt. Die persönlichen Merkmale, die Lernfortschritte und die tatsächliche Leistung jedes Schülers werden sorgfältig beurteilt. Auf diese Weise wird in der individuell geplanten Erziehung ein vollständiges Lehrprogramm, das viele verschiedenartigen Aktivitäten umfaßt, für jeden einzelnen Schüler entwickelt, wobei der Schüler ständig von einer Fachkraft angeleitet wird.

Um ein System individuell geplanter Erziehung durchzuführen, sind viele Modifikationen der gegenwärtigen Praktiken der meisten Schulen notwendig. Modifikationen wurden zuerst in den sieben IGE-Schulen durchgeführt, dann in einer Anzahl von Grundschulen des Mittelwestens, besonders in Wisconsin. (Diese Schulen können besichtigt werden.) Um diese Veränderungen zu verdeutlichen, beschreiben wir jetzt die typische Grundschule und vergleichen sie in 15 Punkten mit der IGE-Schule, die viele Einheiten aufweist. Sie könnten mit der Beschreibung eines oder mehrerer der Attribute der typischen Grundschule nicht einverstanden sein. Aber wir glauben, daß die meisten Grundschulen so sind, wie wir sie beschrieben haben, obwohl wir keine detaillierte Untersuchung durchgeführt haben, um genau zu wissen, wieviele dem von uns gegebenen Bild entsprechen. Die Beschreibung der IGE-Schulen trifft innerhalb der möglichen lokalen Variationen zu, aber die Anzahl solcher Schulen ist noch recht gering.

6.4.1 Schulfähigkeit von Schülern bzw. Merkmale und Verhalten beim Schuleintritt

Herkömmliche Grundschule

Die Unterschiede in der Schulfähigkeit oder der Merkmale und Verhaltensweisen bei der Einschulung werden nicht ernsthaft berücksichtigt; eher erwartet man von den Schülern, daß sie sich dem existierenden Lehrsystem anpassen, ohne daß man auf individuelle Unterschiede viel Rücksicht nimmt. Z. B. werden in Naturwissenschaft und in Social Studies die gleichen Textbücher für Schüler sehr verschiedenen Leseniveaus benutzt.

IGE

Das Verhalten und die Merkmale bei der Einschulung werden beurteilt und in den Bereichen des Curriculums oder bei spezielleren Lernaufgaben in folgender Reihenfolge in Betracht gezogen: gegenwärtiges Leistungsniveau, auf die Aufgabe bezogen; Motivationsniveau; andere allgemeinere Fähigkeiten und Merkmale. Lernziele und Lernaufgaben werden für jedes einzelne Individuum nach seinem Verhalten und seinen Merkmalen bei der Einschulung entworfen. Das bedeutet nicht, daß Schüler nicht zusammenarbeiten oder lernen. Z. B. wird die Fähigkeit von 150 Schülern im Alter von 9 bis 11 Jahren im Lesen und Rechnen durch Gruppentests beurteilt, die schnell ausgewertet werden können. Schüler, die bei ähnlichem Lesematerial etwa die gleiche Lesefähigkeit entwickeln, werden ausgewählt und in 12 oder mehr Gruppen von 8 bis 20 Schülern zusammengefaßt. Ebenso werden Schüler, die etwa gleich schwere Aufgaben im Rechnen bewältigen können, in anderen Kleingruppen zusammengefaßt. In periodischen Abständen von vier Wochen werden die Lerngruppen umgebildet, je nach den Fortschritten der einzelnen Schüler. In der Kleingruppe erhalten einige Kinder mehr persönliche Aufmerksamkeit als andere. Sobald Einzelne mit größerer Unabhängigkeit lesen und sich Grundbegriffe aneignen, verbringen sie mehr Zeit mit unabhängigem Lernen als beim Gruppenunterricht im Lesen oder Rechnen.

6.4.2 Ziele

Herkömmliche Grundschule

Entweder hat die Schule kein klares Konzept ihrer erzieherischen Ziele, oder nur ein sehr allgemeines Konzept, das von Gruppen außerhalb der Schule entworfen wurde und weder für die Entwicklung des Programms noch für seine Auswertung adäquat ist. Lernziele für einzelne Schüler sind entweder nicht existent oder nur impliziert.

IGE

Die erzieherische Zielsetzung der Schule wird innerhalb der Schule im Detail auf die Entwicklung und Auswertung des Lehrprogramms entwickelt. Lernziele werden für jeden Schüler entwickelt und festgesetzt. Z. B. wird die Lesefähigkeit und das Leistungsniveau, die von jedem Schüler in der ersten Hälfte des Schuljahres erwartet werden, in den ersten Monaten des Schuljahres formuliert. Sie müssen auf einer sorgfältigen Beurteilung der gegenwärtigen Leistungen des Schülers aufgebaut sein. Wie wir in Kapitel 4 des 2. Bandes erwähnten, kumuliert jede Schule für einen bestimmten Zeitraum eine Reihe von Lernzielen.

6.4.3 Inhalt und Sequenz des Curriculums

Herkömmliche Grundschule

Das Lehrpersonal akzeptiert Inhalt und Sequenz, die von anderen empfohlen wurden und üblicherweise in Textbüchern oder übergreifenden Curriculumplänen enthalten sind.

IGE

Das Lehrpersonal der Schule wählt in Zusammenarbeit mit der zentralen Schulbehörde und innerhalb der Anweisungen auf lokaler und staatlicher Ebene die Inhalte aus und stellt die Sequenz auf der Basis folgender Kriteria zusammen: Kenntnisstruktur der Disziplin, Schwierigkeit des Stoffes für die Schüler, Beziehung zu künftigem und gegenwärtigem Studium in der Schule und Beziehung zu den Aktivitäten außerhalb der Schule. Empfehlungen betreffs Reichweite und Sequenz von seiten der Schulbehörde und außerschulischen Ämtern können versuchsweise akzeptiert werden, müssen aber in jeder Schule und für jedes Kind auf ihre Nützlichkeit hin überprüft werden. Ob Inhalte und Sequenz geeignet sind, kann nur aufgrund ständiger Beurteilung der Leistung der Schüler entschieden werden.

6.4.4 Materialien, Medien und Hilfsmittel

Herkömmliche Grundschule

Grundlegende und zusätzliche Lehrbücher werden für die gesamte Schule übernommen, und nur wenige zusätzlich gedruckte Information ist an der Schule erhältlich; eine zentrale Stelle verteilt geringe Mengen audiovisuellen Materials, das meist aus Tonfilmen besteht; die Lehrer haben weder Zeit noch Kompetenz, um das benötigte Lehrmaterial zu entwickeln.

IGE

Sehr verschiedenartiges gedrucktes Material — Textbücher, erweiternde Textbücher, programmiertes Material, Bücher für eine Bibliothek, Lehrmittel — und audiovisuelles Material — Tonfilme, Tonbänder, Videobänder, Dias, Aufnahmen usw. werden übergreifend benutzt. Aus dieser breiten Auswahl wählt das Lehrpersonal das für jeden Schüler geeignete Material. Das Material wird zum größten Teil in den Schulen aufbewahrt; zusätzliches Material wird von einer Zentralstelle verteilt.

Fachbezogenes Material ist erhältlich, einiges davon wird lokal entwickelt; das Material ist den Kindern wie dem Lehrpersonal zugänglich, und der Zugang zu Materialien, die sich außerhalb der Schule befinden, wird teilweise schon von Computern gesteuert. Die Lehrer werden ermutigt, Lehrmaterial zu entwickeln und zu verbessern. Dazu stellt man ihnen mehr Zeit zur Verfügung.

Das Material wird sorgfältig ausgewählt und geordnet, damit z. B. bestimmte Konzepte einer größeren Gruppe durch einen Film vorgestellt werden können. Die gleichen Konzepte können in kleineren Gruppen mit Dias vorgeführt werden, und für das Studium Einzelner kann gedrucktes und audiovisuelles Material verwendet werden. Der Gebrauch des Materials, die Gruppengröße, Aktivitäten von Lehrern und Schülern werden verschieden kombiniert, um der verschiedenen Art und Geschwindigkeit des Lernens gerecht zu werden.

6.4.5 Aktivitäten der Schüler

Herkömmliche Grundschule

Die Schüler werden nach ihrem Alter in Gruppen einer bestimmten Größenordnung eingeteilt, in denen alle Schüler die gleichen, in der Gruppe üblichen Aufgaben bekommen. Obwohl der Leseunterricht in der Grundstufe üblicherweise in kleinen Gruppen stattfindet, gibt es wenig Einzelunterricht oder Unterricht in Kleingruppen außerhalb der Grundstufe in den Fachgebieten. Kinder in Gruppen von normaler Klassengröße haben alle innerhalb einer bestimmten Frist den gleichen Stoff zu bewältigen.

IGE

Das Lehrprogramm für jeden einzelnen Schüler erlaubt geplante Abweichungen unter den Schülern besonders in bezug auf ihre Lerngeschwindigkeit, und in geringerem Ausmaß auch in bezug auf den Stoff und die Lernmethode. Z. B. brauchen Schüler verschieden lang, um ein bestimmtes Leistungsniveau im Lesen zu erreichen. Außerdem beschäftigen sich die Schüler, die schnell lernen, weniger lang mit dem Lesen und widmen den anderen Curriculumbereichen, wie Naturwissenschaft oder Kunst, mehr Zeit. Schließlich lernen auch einige Schüler grundlegende Begriffe besser, wenn sie Filme sehen und sich an Gruppendiskussionen beteiligen, während andere die gleichen Ideen besser durch Lesen und Einzelstudium aufnehmen. Daher müssen geeignete Regelungen getroffen werden.

6.4.6 Aktivitäten der Lehrer

Herkömmliche Grundschule

Jeder Lehrer hat die gleiche Verantwortlichkeit für das gesamte Lehrprogramm von etwa 30 Kindern, außer in so speziellen Fächern wie Kunsterziehung, Musik- und Leibeserziehung.

IGE

Aktivitäten der Lehrerschaft einer Einheit (s. 10. Unterrichtsorganisation) werden nach den Lehrgegenständen, der Größe der unterrichteten Gruppen, nach Art der Aktivitäten (ob sie innerhalb des Unterrichts stattfinden oder nicht) und danach, ob die Tätigkeiten der Erziehungsplanung oder dem eigentlichen Unterricht dienen, differenziert. Diese Differenzierungen werden vom gesamten Personal einer Einheit auf der Grundlage der Vorbereitung, Erfahrung, Führerschaft und Interessengebiete jedes Mitglieds gemacht. (Eine ausführlichere Beschreibung dieser Praktiken wird gegen Ende des 7. Kapitels in diesem Band gegeben.)

6.4.7 Zeiteinteilung und Benutzung der Quellen

Herkömmliche Grundschule

Alle Kinder verbringen täglich etwa die gleiche Zeit mit jedem Bereich des Curriculums; z. B. 45 Minuten mit Rechnen, 90 Minuten mit Sprache. Die Zeiteinteilung wird im allgemeinen von der zentralen Verwaltung oder einem systemübergreifenden Ausschuß festgesetzt. Lehrmittel sind begrenzt und werden schlecht ausgenutzt.

IGE

Die Zeit jedes Kindes wird nach seinen Lernzielen und -programm aufgeteilt. Verschiedene Kinder verbringen verschieden große Zeitabschnitte mit den Fachgebieten. Ebenso unterschiedlich wird die Größe der Gruppe für jedes Kind gehandhabt — Einzelunterricht, Kleingruppe, Gruppen von Klassengröße und Einzelstudium. Die Zeit des gesamten Lehrkörpers wird von dem Personal jeder Einheit innerhalb der vom Schulkommittee festgelegten Richtlinien geplant. Lehrmittel werden zum größtmöglichen Vorteil jedes Schülers flexibel gehandhabt.

6.4.8 Verhalten und Endleistungen

Herkömmliche Grundschule

Endleistungsniveaus oder ausdrücklich angegebene Verhaltensziele, die mit den Lernzielen jedes Schülers übereinstimmen sollten, werden nicht für ein Jahr oder eine kürzere oder längere Zeitspanne festgelegt. Alle Schüler können auf diese Weise das gleiche Fach studieren, sehr verschiedene Leistungen erbringen, werden aber dennoch ohne Beurteilung ihrer Leistung in die nächste Einheit übernommen, ohne daß der Versuch gemacht würde, Unzulänglichkeiten zu beseitigen.

IGE

Gewünschte oder erwartete Endleistungen werden als Lernziele des Schülers angegeben. In einigen Bereichen des Curriculums werden Unterschiede zwischen den Schülern antizipiert, z. B. in Kunst, Musik, Sprechen, physischen Tätigkeiten und einigen Gebieten der Social Studies. In anderen Bereichen des Curriculums, wie im Lesen, Rechnen und vielleicht Rechtschreibung, wird eine Reihe von Ergebnissen in aufbauender Folge als wesentlich vorausgesetzt, bevor die nächste Stufe durchgenommen wird. Wenn die Sequenz klar definiert ist, erreicht der Schüler das gewünschte Niveau, bevor er in die nächste Einheit versetzt wird. Seine Leistung wird sorgfältig beurteilt. Umgekehrt gibt das Leistungsniveau die wesentliche Information im Feedback, um die als nächstes zu unternehmenden Schritte zu bestimmen, z. B. ob der Schüler in die nächste Einheit überwechseln soll, einen Teil der letzten Einheit wiederholen soll, ein neues oder anderes Programm beginnen soll, usw.

6.4.9 Beurteilung und Evaluation

Herkömmliche Grundschule

Standardisierte oder von Lehrern entwickelte Tests werden benutzt, um die relativen Leistungen oder andere Merkmale der

Schüler zu bewerten (1), die Schüler in Klassen einzuweisen (2), oder um Vergleiche zwischen verschiedenen Schulen anzustellen (3).

IGE

Standardisierte und von Lehrern entwickelte Tests und Verfahren werden systematisch benutzt, um (1) Verhalten und Fähigkeit des Kindes in bezug auf jedes Lerngebiet beim Eintritt in die Schule zu bewerten, so daß es gleich anfangs richtig eingestuft werden kann, (2) die Fortschritte jedes Kindes zu bewerten, (3) dem Kind informatives Feedback zu geben, (4) dem Lehrer Information für die Überwachung des Fortschritts der Schüler zu geben, (5) das Unterrichtssystem inclusive der Einzelteile zu verbessern. In einigen wenigen Versuchsanordnungen werden Computer benutzt, um ein System individuell geplanter Erziehung zu dirigieren. Von Computern übernommene Leitung ermöglicht, daß mehr sachdienliche Information über jeden Schüler gesammelt, schnell analysiert und zur Planung und Ausführung seines Lernprogramms benutzt wird.

6.4.10 Organisation des Unterrichts

Herkömmliche Grundschule

Klassenzimmer für 20 bis 40 Kinder, die nach Alter zusammengefaßt sind, sind typisch; manchmal gibt es Teams ohne Trennung nach Klassen. Die Lehrer haben während des Schultags keine Zeit zum Planen, und der Direktor hat keine Zeit, sich mit den Mitgliedern der Lehrerschaft zu treffen, die primär für die Formulierung des Schulprogramms zuständig sind. Kommittees zur übergreifenden Lehrplanverbesserung entwickeln ad hoc gedruckte Curriculumpläne.

IGE

Große, nicht gestufte Lehr- und Forschungseinheiten (instruction and research, I & R) bestehen aus 75 bis 150 Kindern, einem Leiter der Einheit oder Hauptlehrer, anderen amtlich zugelassenen Lehrern aus der Lehrerschaft, einem Praktikant und einer Hilfskraft. Die I & R-Einheit ersetzt die nach Alter gestufte, selbständige Klasse. Das Alter der Kinder jeder Einheit variiert um 3 bis 4 Jahre. Die nicht gestufte vertikale Organisation erleichtert kontinuierliche Fortschritte jedes Schülers. Die horizontale Organisation gibt die größte Möglichkeit, aus den Fähigkeiten und persönlichen Charakteristika jedes Mitglieds der Lehrerschaft einer Einheit Nutzen zu ziehen. Jede Einheit trifft sich mindestens zwei Stunden in der Woche während der Schulstunden, um die Aktivitäten der Einheit zu planen und zu koordinieren.

Ein permanenter Ausschuß zur Verbesserung der Ausbildung trifft die Entscheidungen für die Schule. Er existiert in jeder einzelnen Schule und besteht aus den Leitern der Einheiten und dem Direktor und wird von einschlägigem Personal der zentralen Schulbehörde beraten. Dieses Kommittee trifft sich mindestens eine Stunde in der Woche während der Schulstunden. Ein ständiger, systemübergreifender Ausschuß für Schulpolitik, der aus der zentralen Verwaltung, die Spezialkenntnisse und Entscheidungsbefugnisse besitzt, den Direktoren der Schulen, den Leitern der Einheiten und Lehrern besteht, bestimmt die übergreifende Politik für diesen neuen Schultyp. (Diese Ausbildungsorganisation ist mitsamt Untersuchungen über ihre Wirksamkeit in Teilen der Kapitel 7 und 8 des zweiten Bandes beschrieben.)

6.4.11 Die Lehrerschaft

Herkömmliche Grundschule

Der Direktor übernimmt gewöhnlich nicht die Leitung von Unterrichtsverbesserungen. Weiterhin wird jeder Lehrer der Grundstufe für in allen Fächern kompetent gehalten. Jedem Lehrer wird bescheinigt, daß er die gleichen Aufgaben auf wahrscheinlich ebenso gute Weise ausführen könne. Es gibt manchmal eine Verwaltungssekretärin und eine Lehrhilfskraft. Der Lehrer oder Aufseher für Musik, Kunst oder Sprachen geht unabhängig vom Programm der ganzen Schule vor.

IGE

Die Hauptverantwortung des Direktors besteht in der Leitung der Ausbildung. Die Lehrer haben innerhalb eines großen Feldes der Elementarerziehung ein Spezialgebiet. Sie sind in vier verschiedenen Stufen examiniert: Lehrer mit Leitungsfunktion, Hauptlehrer, Lehrer im ersten Jahr und Praktikanten. (Die Zertifikationsgrade befanden sich 1970 noch im Stadium der Planung.) Sekretärinnen für die beim Unterricht anfallenden Schreibarbeiten und Hilfslehrern wird in jeder Schule je nach ihrer vorhergehenden Erfahrung und Übung ihre Fähigkeit zertifiziert. Sonderlehrer sind in der Lehrerschaft inkorporiert, und ihr Unterricht wird auf die Lehrziele für jedes Kind abgestimmt.

Referendare, Sekretärinnen und Hilfslehrer können für etwa das gleiche Gehalt wie erfahrene Lehrer mit dem Master-Grad angestellt werden. Die Hilfskräfte können alle Routinearbeit übernehmen und auch mit kleinen Gruppen und einzelnen Schülern arbeiten. Der ganztags angestellte Referendar übernimmt den Fachunterricht im Anfangstadium. Diese drei, der Leiter der Einheit und die Hauptlehrer — im ganzen 7 Erwachsene für 150 Kinder — können Arbeit der IGE viel besser ausführen als

5 normale Lehrer, vorausgesetzt daß andere Komponenten auch richtig funktionieren.

6.4.12 Weiteres Erziehungspersonal

Herkömmliche Grundschule

Die Koordinatoren des zentralen Curriculums, Schulpsychologen, Forschungsleiter, Heimarbeiter, Spezialisten für audiovisuelle Medien gehen relativ unabhängig vor und arbeiten selten während des Schultags mit Lehrergruppen, die sich mit Ausbildungsplanung beschäftigen, zusammen. Sie unterrichten die Kinder nicht direkt. Hilfspersonal von außerhalb der Schule, aus Universitäten, staatlichen Erziehungsdepartments und der Industrie beraten sich selten mit Lehrern, und wenn, so um großen Gruppen außerhalb der regulären Schulzeiten Informationen zu liefern.

IGE

Das Personal der Zentralverwaltung arbeitet oft während der Schulstunden mit dem Schulausschuß und den Leitern der Einheiten bei der Interpretation und Ergänzung systemübergreifender Schulpolitik und bei der Ausarbeitung des Lehrprogramms für jedes Kind zusammen. Hilfspersonal arbeitet systematisch mit den Leitern der Einheiten und anderen Lehrern während der Schulstunden zusammen. Dabei werden die Funktionen der Schule, besonders die Erziehungsfunktion behandelt. Die Anzahl hochbezahlter Spezialisten, die nicht mit Kindern arbeiten, wird wegen der effektiveren Leistung der Lehrerschaft, die direkt mit Kindern und Eltern arbeiten, reduziert.

6.4.13 Entscheidungsprozeß und Unterrichtsorganisation

Herkömmliche Grundschule

Nur wenige wichtige Entscheidungen über unterrichtliche Komponenten werden vom Lehrer getroffen. Nur einige erfahrene Lehrer haben die Fachkompetenz und andere Fähigkeiten, um ein Programm der individuell geplanten Erziehung zu planen und auszuführen.

IGE

Die Lehrerschaft der Schule trifft innerhalb der örtlichen und staatlichen Anforderungen die Entscheidungen über alle Komponenten des Erziehungsprogramms. Die Lehrer jeder Einheit entwerfen zusammen ein individuell geplantes Lehrprogramm für jedes Kind und führen es gemeinsam durch. Jeder ausgebildete Lehrer trifft täglich wichtige Entscheidungen.

6.4.14 Schulische Einrichtungen

Herkömmliche Grundschule

Ein einzelnes Grundschulgebäude beherbergt 300 bis 1200 Kinder. Gleichgroße, kastenähnliche Klassenräume mit festen Wänden fassen je etwa 30 Kinder. Ein größeres Gebäude hat gelegentlich ein Auditorium, eine Turnhalle, einen Eßraum und eine Bibliothek. Einige haben nur einen dieser Räume. Der Platz wird unflexibel ausgenutzt. Relativ wenig Geräte sind erhältlich. Manchmal existiert ein Tageslichtprojektor, Tonbandgerät, Diaprojektor, Tonfilmprojektor und einige Spezialgeräte für Naturwissenschaft, Kunst und Musik.

IGE

Einige Schulen sind einzelne Gebäude. Andere werden als integrierte Komponenten von Erziehungskomplexen inkorporiert. Räume von verschiedener Größe und Format fassen 75 bis 150 Kinder und erlauben Einzel-, Kleingruppen-, Klassengrößengruppen- und Einheitenunterricht. Ein großer flexibler Raum ist für laute und lebhafte Aktivitäten gedacht, wie Musik und Leibeserziehung. Große zentrale Lehrmittelräume werden für Computer, audiovisuelle Geräte, die Bibliothek und Lehrmittel aller Art benutzt. Diese Ausnutzung der Räumlichkeiten fördert größte Flexibilität, und die Umgebung führt zu vielen Arten von Lerntätigkeiten. Akustische, visuelle und audiovisuelle Geräte sind zum Vorführen von Information erhältlich. Integrierte Systeme kombinieren und koordinieren den Gebrauch verschiedener Materialien und Ausrüstungen, z. B. Sprachlabor, Multimedia-Center.

6.4.15 Elternhaus und Nachbarschaft

Herkömmliche Grundschule

Ein einheitliches Erziehungsprogramm wird für alle Kinder im ganzen System gleichförmig formuliert und ist unabhängig von Elternhaus und Nachbarschaft der Kinder. Die Kommunikation zwischen der Schule und dem Elternhaus findet durch Berichtbriefe statt, die von Eltern-Lehrerkonferenzen ergänzt werden. Bei einem solchen Eltern-Lehrertreffen (PTA: Parent-Teachers Association) werden periphere Probleme behandelt, oft nur solche Probleme, die die Lehrer selbst bemerken.

IGE

Den Merkmalen von Elternhaus und Nachbarschaft wird in Verbindung mit dem Verhalten und den Merkmalen jedes Kindes beim Eintritt in die Schule besondere Aufmerksamkeit gewidmet.

Die Leiter und Lehrer der Einheiten entwickeln ein systematisches Programm für Besuche von Eltern an den Schulen und Besuche der Lehrer in den Familien. Das Berichten ist Aufgabe der Lehrer, Eltern und Kinder. Von der Nachbarschaft wird Hilfe eingeholt. Die Eltern werden oft in den Ausschuß zur Verbesserung der Ausbildung und zu den Treffen der Einheiten eingeladen, um an der Information, der Wertbildung und den Eindrücken teilzuhaben.

Diese kurze Beschreibung der individuell geplanten Erziehung berührt mehrere strukturelle Komponenten, die für erfolgreiche Operationen notwendig sind. Die gegenwärtig benutzten Komponenten sind einigen Variationen unterworfen, um sie lokalen Bedürfnissen anzupassen. Die folgenden Komponenten des Prozesses scheinen jedoch in allen Fällen wesentlich zu sein.

1. Wie groß immer auch die Anzahl und Größe der Einheiten einer Schule sind, die Lehrerschaft jeder Einheit muß bei der Planung, Unterweisung und Evaluation *kooperieren.* Eine Scheineinheit, die nur zusammenkommt, um über die Pläne einzelner Lehrer unterrichtet zu werden, kann keine IGE-Arbeit leisten. Otpimale Operationen der Einheit basieren auf dem kooperativen Austausch von Fachkenntnissen und der Aufteilung der Arbeit nach Talent.

2. In der IGE müssen wichtige die Ausbildung betreffende Entscheidungen von Gruppen des angemessenen Niveaus innerhalb der Organisation getroffen werden. In der herkömmlichen Schule, wo dies im allgemeinen nicht der Fall ist, werden Entscheidungen über die Curricula oft auf der Ebene des Zentralbüros getroffen und ohne Berücksichtigung der Unterschiede einzelner Schulen verordnet. Oder als anderes Extrem werden solche Entscheidungen von einzelnen Klassenlehrern getroffen, von denen vielen die Erfahrung und das Wissen fehlt, um dazu fähig zu sein. In der IGE werden Entscheidungen, die eine bestimmte Altersgruppe der Kinder ebtreffen, von der Lehrerschaft der Einheit gefällt und nicht von einzelnen Lehrern. Entscheidungen, die innerhalb der Schule gültig sind, liegen in der Verantwortung des Ausschusses zur Verbesserung der Ausbildung, und solche Entscheidungen, die distriktübergreifend angewendet werden, werden vom Ausschuß für systemübergreifende Schulpolitik gefällt. Diese Verteilung der Zuständigkeit für Entscheidungen verlangt, daß einige Entscheidungen, die traditionell im Zentralbüro gefällt wurden, dezentralisiert werden, und daß einige, die früher von einzelnen Lehrern getroffen wurden, zentralisiert werden. Außerdem führt das Prinzip der Gruppenentscheidung zu einer größeren Auswahl an Alternativen, Entscheidungen höherer Qualität und effektiverer Durchführung.

3. Die individuell geplante Erziehung setzt größere Rollendifferenzierung und Eindeutigkeit der Rollen als die traditionelle Schule voraus. Die erzieherische Aufgabe, die früher ganz dem einzelnen Lehrer übertragen war, wird nun in unterrichtsbezogene und nicht unterrichtsbezogene Bereiche aufgeteilt. Diese werden wiederum dem Personal je nach Kompetenz übertragen, d. h. dem Direktor und dem Leiter der Einheit, den Lehrern der Einheit, dem Lehrer im ersten Jahr, dem Praktikanten und der nichtprofessionellen Hilfskraft. Die Rolle des Beraters wird auf ihren ursprünglichen Zweck zurückgeführt, d. h. auf die Vermittlung von Spezialwissen (der Berater soll nicht mehr als Aushilfslehrer oder Kritiker eingesetzt werden) und die Interpretation systemübergreifender schulpolitischer Regulierungen. Das Personal des Zentralbüros soll als Berater und Helfer der Lehrerschaft der Schule fungieren (nicht als befehlende und überwachende Instanz, wie es so oft der Fall war).

4. Die aus vielen Einheiten bestehende (multiunit) Organisationsstruktur der IGE stützt sich auf eine sorgfältig entworfene Struktur der Leitung. In der traditionellen Schule setzt man voraus, daß die Leitung Aufgabe des Direktors ist. Diese Ansicht erweist sich aus zwei Gründen als nachteilig: (I) erwartet man vom Direktor, daß er zu viele Personen ohne Hilfe leitet, so daß der Umfang seiner Kontrolle viel zu groß ist, (2) hat weder der Direktor noch die Lehrerschaft tagsüber, wenn die Führerschaft des Direktors ausgeübt werden kann, Zeit. Die Organisation in vielen Einheiten gibt jeder Kleingruppe des Personals formale Führungsgewalt: der Leiter der Einheit leitet die Hilfskräfte und die drei bis fünf Lehrer seiner Einheit (mehr als sieben Personen in der Lehrerschaft einer Einheit verlangsamt die Kommunikation und verringert die Effektivität). Die Führerschaft des Direktors wird in erster Linie mit drei bis fünf Leitern von Einheiten ausgeübt. Außerdem trifft sich jede Gruppe – Hilfskräfte, Lehrer der Einheit und Leiter der Einheit im Ausschuß zur Verbesserung der Ausbildung – regelmäßig während der Schulstunden mit ihrem Leiter. Die Leitung hat Zeit, Effektivität zu entwickeln.

5. In einer Multiunit-Schule ist der Kommunikationsfluß angemessener, als er in traditionellen Schulen sein kann. In dieser findet Kommunikation im allgemeinen schriftlich statt, oft in autoritärem Ton und geht üblicherweise in vertikaler Richtung. Die Arbeitsatmosphäre der Multiunit-Schule gibt ebenso Gelegenheit zu mündlicher Kommunikation, und horizontale wie vertikale Kommunikationswege öffnen sich von selbst. Auf diese Weise ist gesunde, konstruktive Kritik unter den Lehrern der Einheit und anderem Personal möglich.

Die Kombination all dieser Züge ändert den Umgangston innerhalb der Schule merklich. Die traditionelle Schule mit einzelnen festen Klassenräumen ist eine Ansammlung isolierter Funktionäre, die die gleichen Aufgaben erfüllen und weder Zeit noch Anreiz haben, ihre Verfahrensweisen wesentlich zu verändern. Die Situation ist unfrei und statisch. Die individuell geplante Erziehung in Multiunit-Schulen ist dagegen durch Flexibilität, kooperativen Geist und Forschungsbewußtsein charakterisiert.

6.19. Welche der 15 Attribute, die die IGE von traditionellen Schulen unterscheidet, betrachten Sie als besonders, welche als weniger wichtig? Welche Änderungen sind für benachteiligte Schüler besonders geeignet? Welche für den Fortschritt des Lehrerberufs?

6.20. Versuchen Sie in bezug auf Ihren Lehrbereich zu entscheiden, welche Teile dieser Verbesserungen am besten vom Leiter der Einheit, von Fachlehrern und von Hilfskräften gehandhabt würden. Werden einige Komponenten der Unterweisung am besten im Einzelunterricht, in Kleingruppen, Großgruppen, oder beim Studium allein gehandhabt? Arbeiten Sie am liebsten mit einer bestimmten Art von Schülern oder Gruppengröße?

6.21. Welche besonderen Fähigkeiten muß der Leiter einer Einheit außer Fachkenntnissen besitzen? Wären Sie gern der Leiter einer Einheit, auch wenn Sie kein zusätzliches Gehalt bekämen? Warum oder warum nicht?

6.22. Diskutieren Sie, ob und wie jedes der folgenden Details in einem System individuell geplanter Erziehung verändert oder auf neue Weise benutzt würde — standardisierte Tests, Stufung nach Klassen, Textbücher, die Schulglocke.

6.23. Würde die IGE leichter bei benachteiligten oder nicht benachteiligten Schulen angewandt? Was halten Sie für notwendig, um die Kosten für die IGE auf der gleichen Höhe wie bei der traditionellen Stufung der Lehrerschaft zu halten?

6.5 Zusammenfassung

Schüler jeden Alters sind in ihren intellektuellen Fähigkeiten und Merkmalen, psychomotorischen Fähigkeit, affektiven Merkmalen, ihrer Gesundheit und ihrem sozioökonomischen Status sehr verschieden. Ebenso sind ihre Familienbedingungen verschieden. Alle diese Bedingungen stehen in Beziehung dazu, was ein Schüler zu einem bestimmten Zeitpunkt lernen kann, zu den Fortschritten, die er in einer bestimmten Zeitspanne erreicht und zu dem Niveau seiner höchstmöglichen Leistung. Die Kenntnis des gegenwärtigen Leistungsniveaus eines Schülers in einem Bereich des Curriculum oder einem spezielleren Lerngebiet ist auf kognitivem Gebiet die brauchbarste Information, um vorhersagen zu können, was der Schüler in der nächsten Zeit wird leisten können, und wie seine Fortschritte sein werden. IQ Scores und spezifischere Fähigkeitswerte sind für die Ausarbeitung eines Lehrprogramms für einen einzelnen Schüler von begrenztem Nutzen. Sie werden manchmal falsch angewendet, weil man ihrer Genauigkeit, Stabilität und Brauchbarkeit bei der Abschätzung der künftigen Fortschritte eines Schülers oder des Endniveaus seiner Leistung im Unterricht zu sehr vertraut. In der Stadt lebende Weiße, Neger und Puertorikaner, auf dem Land lebende Neger, Weiße und Spanischamerikaner und amerikanische Indianer sind die sieben Hauptgruppen Benachteiligter in Amerika. Verarmungsmilieu geht mit Wahrnehmungs- und Sprachdefizit der Kinder, verminderter intellektueller Entwicklung, niedriger Schulleistung, inadäquat entwickelten sozialen Werten, geringer Selbsteinschätzung und emotionalen Problemen einher. Der circulus viciosus von Verarmung im Vorschulalter, niedriger Schulleistung und weiterer wirtschaftlicher Armut, Arbeitslosigkeit oder Unsicherheit in der Adoleszenz und im Erwachsenenalter wird von einer Generation in die nächste weitergegeben. Um dieses Muster zu durchbrechen, sind massive Änderungen in allen Bereichen der Gesellschaft notwendig, die Erziehung eingeschlossen.

Die Vorschulerziehung, die schon im Alter von 3 Jahren anfängt, kann sich als sehr vorteilhaft erweisen, wenn auch die Bedingungen von Elternhaus und Nachbarschaft verbessert werden. Eine geregelte Ausbildung, die einige Schüler auf die Arbeit und andere auf das College vorbereitet, ist hierfür wesentlich. Ebenso sind freie höhere Schulausbildung, weitere Berufsbildung und das Fehlen von Diskriminierung in der Arbeit, bei der Wohnungssuche und überhaupt im Zusammenleben notwendig. Nur die Wohlhabenden und die breiten Mittelschichtgruppen können diese Bedingungen möglich machen. Darum ist es ihre Aufgabe, dies zu tun.

Die massiven Änderungen, die für eine Erziehung, die alle Schüler versorgen will, notwendig sind, können in Schulen, die seit kurzem die Ideen der individuell geplanten Erziehung praktizieren, beobachtet werden. Hier wurden alle traditionellen Einrichtungen aufgegeben, die verhindern, daß die Unterschiede zwischen Schülern, wie Schnelligkeit und Art des Lernens sowie dessen Ergebnisse berücksichtigt werden. Besonders ist unbedingte Voraussetzung eine neue Organisation des Unterrichts, wozu das Unterrichten im Team, differenzierte Verteilung der Aufgaben der Lehrer und das Vermeiden von Aufteilung in Klassen gehören. Flexiblere Ausnützung des Raums, der Lehrmittel und der Zeit und bessere Beurteilung der Fähigkeiten und Merkmale jedes Schülers erlauben, hervorragende Lehrprogramme für jeden Schüler im Einzelunterricht, Kleingruppen, Gruppen von Klassengröße und Großgruppen zu entwickeln und durchzuführen.

6.6 Weiterführende Literatur

Brown, W. N.: Alienated youth. In: *Frey, S. H.,* Ed., *Adolescent behavior in school.* Chicago: *Rand McNally,* 1970, S. 325—334.

Dieser Artikel ist besonders für Lehrer nützlich, die sich bemühen, schwache Schüler, potentielle Abgänger und solche Schüler, die sich gegen die Gesellschaft auflehnen, zu verstehen. (Viele weitere Artikel dieses Buches sind für Lehrer an der High School wichtig.)

Clark, C. A., Walberg, H. J.: The influence of massive rewards on raeding achievement in potential urban school dropouts. In: *Ripple, R. E.,* Ed.: *Readings in learning and human abilities.* New York, *Harper* & *Row,* 2. Ausgabe, 1971.

Die positiven Wirkungen des Lobs auf die Leseleistung potentieller Abgänger von Schulen in den Städten werden gezeigt.

Deutsch, M.: The disadvantaged child in the learning process. In: *Borgatta, E. F.,* Ed.: *Social psychology: Readings and perspective.* Chicago: *Rand McNally,* 1969, S. 168—179.

Deutsch diskutiert die psychologischen Bedingungen ebenso wie die Bedingungen des Herkunftsmilieus und der Schule, die zu langsamer intellektueller Entwicklung und verminderter Schulleistung beitragen.

Deutsch, M., Katz, I., Jensen, A. R., Ed.: *Social class, race and psychological development.* New York: *Holt, Rinehart* und *Winston,* 1968.

Dieses Fachbuch enthält mehrere Teile, die für dieses Kapitel interessant sind, darunter *H. Proshansky* und *P. Newton,* »The Nature and Meaning of Negro Self-Identity«, Kap. 5, S. 178—218. *J. M. Hunt,* »Environment, Development and Scholastic Achievement«, Kap. 8, S. 293 bis 336 und *C. Bereiter,* »A Nonpsychological Approach to Early Compensatory Education«, S. 337—346.

Elkind, D., Sameroff, A.: *Developmental psychology.* In *Mussen, P. H., Rosenzweig, M. R.,* Ed.: *Annual review of psychology.* Palo Alto, Kalifornien, Annual Reviews, 1970, S. 149—238.

Eine Übersicht über neuere Untersuchungen und Theorien wird geboten, die sich mit der Entwicklung und dem Lernen im Säuglingsalter, Kleinkindalter, der mittleren bis späten Kindheit und der Adoleszenz beschäftigen.

Havighurst, R. J.: Minority subcultures and the law of effect. In: *Ripple, R. E.,* Ed.: *Readings in learning and human abilities.* New York: *Harper & Row,* 2. Ausgabe, 1971.

Havighurst schlägt sieben Arten von Belohnungen vor und zeigt auf, wie Belohnungen den Verlauf des Lernens beeinflussen. Besondere Applikationen bei benachteiligten Kindern werden angegeben.

Hoffman, L. W., Hoffman, M. L., Ed.: *Review of child development research.* New York: *Russel Sage* Foundation, 1966.

Drei von elf ausgewählten Artikeln sind für dieses Kapitel von besonderem Interesse: *J. C. Glidewell, M. B. Kantor, L. M. Smith* und *L. Stringer*, »Socialization and Social Structure in the Classroom«, S. 221 bis 256. *H. M. Proshansky*, »The Development of Intergroup Attitudes«, S. 311—371. *J. F. Short*, »Juvenile Delinquency: The Sociocultural Context«, S. 423—468.

7. Lehrermerkmale

Es steht fest, daß Lehrer für die Erziehung unersetzlich sind. Sie besetzen insbesondere wichtige Positionen in dem in Kap. 1 des ersten Bandes beschriebenen schulischen Lernsystems sowie im System der individuell geplanten Erziehung, die auf die Bedürfnisse aller Kinder, einschließlich der benachteiligten, zugeschnitten ist (vgl. Kap. 6 dieses Bandes). Es steht jedoch genauso fest, daß die in den früheren Kapiteln bereits besprochenen Möglichkeiten zur Verbesserung des Unterrichts nur genutzt werden können, wenn fähige Lehrer zur Verfügung stehen, die sich in größerem Maße für neue Rollen engagieren und in örtlichen und überörtlichen Organisationen zusammenarbeiten, um für alle Kinder bessere erzieherische Möglichkeiten zu schaffen.

In diesem Kapitel beschreiben wir zunächst die Merkmale des effektiven Lehrers. Dann gehen wir auf die nach Ausbildung, Erfahrung und Leitungsfunktion unterschiedliche Struktur des Lehrkörpers ein. Am Ende erörtern wir Lehrerorganisationen und deren Rolle bei der Schaffung von Verbesserungen innerhalb der Erziehung. Dieses Kapitel befaßt sich also nicht nur mit den Merkmalen einzelner Lehrer, sondern auch mit der sich verändernden Struktur der Positionen im Erziehungswesen sowie mit den Merkmalen organisierter Lehrergruppen.

Bevor wir uns den genannten Hauptthemen zuwenden, wollen wir uns kurz klarmachen, wie die Effektivität des Unterrichts bestimmt wird. Man verwendet die in der Tab. 7.1 angegebenen drei Hauptkriterien. Das erste nennt man *Produkt*, als das, was gelernt wird. Diejenigen, die dieses Kriterium bevorzugen, glauben, daß die Leistung der Schüler den besten Aufschluß über die Effektivität des Lehrers gibt. Gemeint sind Leistungen in allen Bereichen — kognitive, psychomotorische und affektive. Das zweite Kriterium hat mit dem *Prozeß* zu tun. Die Beurteilung der Effektivität des Lehrers bezieht sich auf das, was der Lehrer tut, was die Schüler tun, auf die Interaktionen zwischen Lehrern und Schülern bzw. auf alle drei Faktoren, jedoch nicht auf die Leistung der Schüler. Um dieses zweite Kriterium anlegen zu können, muß das

Tabelle 7.1. *Kriterien des effektiven Unterrichtens*

Kriterium	Beispiele	Art der Beurteilung
Produkt	Zuwachs an Wissensstoff und an damit zusammenhängenden Fähigkeiten beim Schüler Zuwachs an psychomotorischen Fertigkeiten und damit zusammenhängenden Fähigkeiten beim Schüler Zuwachs an Interessen, Einstellungen, persönlicher Integration sowie anderer affektiver Merkmale beim Schüler	Direkt durch Tests und Leistungserhebungen vor, während und nach dem Unterricht
Prozeß	Lehrerverhalten, wie Erklären, Fragen, Diskussionsleitung, Beraten, Bewerten Schülerverhalten wie Höflichkeit, Fleiß, Aufmerksamkeit, Durchführen eines Experiments, Diskussionsleitung Schüler-Lehrer-Interaktionen, wie Lehrer-orientierte und Schüler-orientierte Kommunikation, Informationsaustausch, Wärme	Direkt durch Beobachtungen von Lehrer und Schülern während des Unterrichts in der Klasse
Vorbildung	Intellektuelle Fähigkeiten des Lehrers, Hochschulbildung in bezug auf das Hauptfach, Notendurchschnitt auf der Hochschule, persönliche Merkmale u. a.	Indirekt durch Hochschulzeugnisse, Tests, Ratings außerhalb der Klasse

Quelle: Nach *Mitzel*, 1960, und *Flanders*, 1969.

Verhalten von Lehrer und Schülern beobachtet werden. *Vorbildung*, das letzte Kriterium schließlich, ist, wie schon der Name sagt, teilweise ein Vorhersagefaktor. Auf Grund der intellektuellen Fähigkeit des Lehrers, seiner Noten während des Studiums, seines persönlichen Auftretens und anderer Merkmale, zieht man bestimmte Schlüsse in bezug auf seine gegenwärtige und zu erwartende zukünftige Effektivität. Das beste Mittel zur Feststellung der Effektivität des Lehrers besteht darin, explizit beschriebene Variablen seines Vorgehens direkt auf die Schülerverhaltensweisen, einschließlich der zu erbringenden Leistung, zu beziehen.

7.1 Lehrermerkmale und Lehrerverhalten

Dieser Abschnitt befaßt sich hauptsächlich mit der Beziehung zwischen Vorhersage-Variablen und Lehrer-Effektivität. Den Prozessen und Interaktionen schenken wir an dieser Stelle weniger Aufmerksamkeit, da diese im nächsten Kapitel vollständiger abgehandelt werden. Außerdem gehen wir nur auf die Merkmale ein, für die in unterschiedlichen Situationen ein Zusammenhang mit der Effektivität des Unterrichts festgestellt werden konnte. Daher erörtern wir nur einige von vielen möglichen Untersuchungen für Unterrichtseffektivität.

7.1.1 Kognitive Merkmale

Bei einer vor gut dreißig Jahren durchgeführten Einschätzung von Lehrern zeigte sich, daß diejenigen, die als ausgezeichnet oder sogar hervorragend eingestuft wurden, einen höheren allgemeinen Intelligenzgrad aufwiesen als diejenigen, die nur durchschnittliche oder mangelhafte Bewertungen erhielten. Zwischen den als durchschnittlich und den als mangelhaft beurteilten Gruppen (*Shannon*, 1940) wurde kein Unterschied festgestellt. Vor einigen Jahren ergab sich zwischen den durchschnittlichen Studienleistungen von Lehrerstudenten und den Beurteilungen ihrer Lehrproben im Hinblick auf zwei Kriterien (Vorbereitung des Unterrichtsstoffs und Disziplin) ein positiver und signifikanter Zusammenhang. Einschätzungen der zukünftigen Lehrfähigkeit (eines nicht kognitiven Merkmals) korrelierten ebenfalls signifikant mit drei später vorgenommenen Bewertungen in bezug auf Unterrichtsvorbereitung, Disziplin und Umgang mit Schülern (*Simun & Asher*, 1964). Die beiden genannten Untersuchungen stehen für viele ähnliche, in denen ein niedriger aber positiver Zusammenhang zwischen der Effektivität des Unterrichtens und dem allgemeinen Intelligenzgrad, den durchschnittlichen Studienleistungen sowie der Lehrfähigkeit festgestellt wurde. Manche Merkmale – z. B. Anstrengung, Fähigkeit, Pünktlichkeit, Zuverlässigkeit – die im Studium und bei Lehrproben zu höheren Bewertungen führen, scheinen auch mit dem späteren Lehrerfolg zusammenzuhängen.

Darüberhinaus wurden noch weitere, während des Unterrichtens gesammelte Informationen auf den Lehrerfolg bezogen. Beispielsweise teilte man Englisch-, Mathematik- und Social Studies-Lehrer von achten Klassen in drei Gruppen ein und schlug mit jeder Gruppe einen anderen Weg ein (*Hoyt*, 1965). Eine Gruppe erhielt keinerlei Informationen über die Schüler. Die zweite Gruppe erhielt lediglich die Ergebnisse eines Intelligenztests für jeden Schüler sowie die Leistungsdaten in Englisch, Social Studies und Mathematik. Die dritte Gruppe erhielt sämtliche Testinformationen sowie ein unausgefülltes Formular für jeden Schüler; diese Gruppe wurde aufgefordert, alles wichtige über jeden Schüler herauszufinden. Außerdem half *Hoyt* den beiden letzten

Gruppen, die gegebenen Informationen zu verstehen. Zwischen den drei Gruppen konnten in bezug auf die Schülerleistung in jedem Fach keinerlei Unterschiede festgestellt werden; allerdings führten die vermehrten Kenntnisse über die Schüler zweier Lehrergruppen zu verbesserten Einstellungen der Schüler gegenüber den Lehrern.

In einem bereits früher von *Ojemann* und *Wilkinson* (1939) durchgeführten ähnlichen Experiment wurden etwas andere Ergebnisse erzielt. Die am Experiment teilnehmende Lehrergruppe erhielt beträchtliche Informationen über jeden Schüler sowie eine entsprechende Anleitung zum Verständnis dieser Informationen. Die Lehrer der Kontrollgruppe erhielten keinerlei Informationen über ihre Schüler. Die Schüler der Experimentalgruppe erzielten signifikant höhere Leistungen als die Schüler der Kontrollgruppe. Außerdem zeigten die Schüler der Experimentalgruppe bessere Einstellungen gegenüber der Schule und eine bessere allgemeine Anpassung an die Schule und an ihre Klassenkameraden als jene der Kontrollgruppe. Die Kenntnisse der Lehrer über jeden Schüler führten zu einer besseren Lernanleitung und Persönlichkeitsentwicklung der Schüler.

Turner (1965a, 1965b, 1967) führte mehrere Jahre lang programmatische Forschungsarbeiten über die Effektivität von Lehrern durch. Er ging davon aus, daß Unterrichten eine Art von Problemlösen ist, das man lehren und messen kann. Seine früheren Arbeiten zeigten, daß die in simulierten Lehr-Aufgaben (Problemlöseaufgaben) erzielten Leistungen zukünftiger Grundschullehrer von Beginn eines Methodenkurses bis zum Ende ihrer Ausbildung signifikant zunahm. Gleichzeitig erzielten Lehrer mit einer ein- bis dreijährigen Praxis höhere Leistungen als zukünftige Lehrer. Auch hingen höhere Leistungen der praxiserfahrenen Lehrer bei den simulierten Lehr-Aufgaben mit höheren Mathematikleistungen ihrer Schüler zusammen.

Später kam *Turner* zu dem Ergebnis, daß Zusammenhänge auch zwischen individuell-sozialen Merkmalen mit der Leistung in den simulierten Lehr-Aufgaben bestanden und daß die Beziehungen zwischen den individuell-sozialen Merkmalen, der Problemlöseleistung sowie dem Lehrerfolg durch Unterschiede zwischen einzelnen Schulen beeinflußt waren. Auch die Wichtigkeit des Einflusses einzelner Schulen auf die Leistungen von Schülern konnte festgestellt werden (*Shaycoft*, 1967), worauf wir in Kapitel 3 des 1. Bandes eingegangen sind. Es scheint, als ob die Fähigkeit zum Problemlösen in bestimmten Situationen mit dem Lehrerfolg zusammenhängt, in anderen jedoch nicht. Dasselbe gilt vermutlich auch für andere Lehrermerkmale, d. h., daß die vielen unkontrollierten Bedingungen, die von der einen zur anderen Schule sehr variieren, dazu führen können, daß ein und derselbe Lehrer an der einen Schule erfolgreich unterrichtet und an der anderen nicht. Dies befindet sich in Übereinstimmung mit dem, was wir bereits in Kapitel I des ersten Bandes ausgeführt haben — nämlich, daß alle Komponenten einer Lehr-Lern-Situation gleichzeitig bedacht werden müssen, wenn für jeden einzelnen Schüler ausgezeichnete Unterrichtsbedingungen geschaffen werden sollen.

Intelligenzgrad, durchschnittliche Studienleistung, Unterrichtsvorbereitung, praktische Lehrfähigkeit, Kenntnisse in Entwicklungs- und Lernpsychologie sowie Problemlösefähigkeit hängen mit der Effektivität des Unterrichtens zusammen. Dennoch ergibt die Korrelation des tatsächlichen Lehrerfolgs mit diesen kognitiven Fähigkeiten und Merkmalen nur recht niedrige Korrelationen, daher sind Ratings in bezug auf diese Fähigkeiten von vorwiegend statistischem Wert — bei der Vorhersage der Effektivität von *Gruppen,* aber nicht von Einzelpersonen. D. h. daß Lehrer, die in bezug auf mehrere dieser Merkmale in die obere Hälfte eingestuft wurden, eine höhere Durchschnittsbeurteilung in verschiedenen Kriterien des Lehrerfolgs erhalten würden als Lehrer in der unteren Hälfte. Dennoch würden viele Lehrer in der unteren Hälfte in bezug auf ihren tatsächlichen Lehrerfolg höher eingeschätzt werden.

7.1.2 Affektive Merkmale

Unterschiede in bezug auf Interessen, Einstellungen, Werterhaltungen und Persönlichkeitsintegration sind bei Lehrern stärker ausgeprägt als in bezug auf allgemeine intellektuelle Fähigkeiten und andere Variablen des kognitiven Bereichs, da die Hochschulerziehung sich in bezug auf kognitive Variablen selektiver auswirkt als auf affektive. Auch wirken sich Unterschiede in bezug auf die affektiven Merkmale von Lehrern stärker auf den Erfolg aus als Unterschiede in bezug auf kognitive Merkmale.

Wichtige Arbeiten auf diesem Gebiet stammen von *Ryans* (1960), der in 1700 Schulen über einen Zeitraum von 6 Jahren Zusammenhänge zwischen affektiven und intellektuellen Lehrerverhaltensweisen untersucht. Die wichtigsten Ergebnisse fassen wir in Tab. 7.2 zusammen. Die dargestellten Ergebnisse stimmen mit bereits früher durchgeführten anderen Untersuchungen wie auch mit in neuerer Zeit durchgeführten Untersuchungen überein. In der rechten Spalte der Tabelle 7.2 werden die Persönlichkeitsmerkmale der kombinierten Gruppe aus Prima- und Sekundar-Stufenlehrern, die in bezug auf erfolgreiche Lehrerverhaltensweisen »hoch« eingestuft wurden, dargestellt. Hierauf soll kurz eingegangen werden:

Die als »hoch« eingestufte Gruppe zeigte Großzügigkeit bei der Bewertung der Verhaltensweisen und Motive anderer Menschen und brachte freundliche Gefühle gegenüber anderen zum Ausdruck. Sie waren sozial und umgänglich, der Lehrerberuf scheint dies zu erfordern. Dieselben Lehrer (vgl. Teil B in der Tab. 7.2) hatten Freude an ihren Beziehungen zu Schülern und bevorzugten nicht-direktive Unterrichtsformen gegenüber direktiven.

Diese Lehrer hören Schülern zu, akzeptieren deren Beiträge und nehmen deren Gedanken auf. Diese Lehrer sind warm, freundlich und aktivieren ihre Schüler lieber als daß sie selbst Vorträge halten oder andere direktivere Methoden anwenden. Im Zusammenhang mit Wärme und Freundlichkeit berichten *Kounin* und *Gump* (1961), daß Grundschulkinder, die punitiv orientierte Lehrer hatten, verglichen mit denen nichtstrafender Lehrer mehr aggressive Verhaltensweisen zeigten, sich weniger für Lernen und die Schule interessierten, unausgeglichen und in ständigen Schwierigkeiten wegen ihres Benehmens waren. Es ist wahrscheinlich, daß Kinder mit punitiven Lehrern weniger Vertrauen zur Schule entwickeln als Kinder mit nichtstrafende Lehrern.

Wie die Tabelle 7.2 zeigt, hatten die als »hoch« eingestuften Grund- und Sekundarschullehrer auch ein großes Interesse an Lesen, Literatur, Musik, Malerei und musischen Dingen überhaupt. Außerdem nahmen sie Anteil am Gemeinschaftsleben der Schule und Hochschule. *Schultz* und *Ohlsen* (1955) stellten fest, daß eine erfolgreiche Gruppe von Lehrerstudenten höhere intellektuelle und soziale Interessen zeigte als eine weniger erfolgreiche Gruppe.

Weitere Merkmale, in denen sich sowohl die als »hoch« eingestuften Primar- als auch Sekundarstufenlehrer hervorhoben, war ihre hohe Selbsteinschätzung in bezug auf Ehrgeiz und Initiative, ihre hohe verbale Intelligenz sowie ihre bessere emotionale Anpassung. Zu ähnlichen Ergebnissen kommen *Symonds* und *Dudek* (1956), wenn sie feststellen, daß effektive Lehrer über eine überlegene Persönlichkeitsorganisation, gutes Beurteilungsvermögen, die Fähigkeit, auf andere einzugehen, verfügen und eine geringe Aggression zeigen.

Überdies identifizierte Ryans (1960) globale Verhaltensmuster in bezug auf Variablen wie Schulstufe, Geschlecht der Lehrer, Fachgebiet und Gemeinde. Die drei in seiner als *Teacher Characteristics Study* bezeichneten Untersuchung identifizierten Grundmuster des Lehrerverhaltens sind:

TCS Muster X_0: Warmes, verstehendes, freundliches versus distanziertes, egozentrisches, zurückhaltendes Lehrerverhalten;

TSC Muster Y_0: Verantwortliches, sachliches, systematisches versus ausreichendes, ungeplantes, schlampiges Lehrerverhalten;

TSC Muster Z_0: Stimulierendes, phantasievolles, lebhaftes oder enthusiastisches versus
langweiliges, routinemäßiges Lehrerverhalten (*Ryans*, 1960, S. 77).

Tabelle 7.2. *Persönlichkeitsmerkmale, durch die sich als »hoch« eingestufte Lehrer von als »niedrig« eingestuften Lehrern in bezug auf ihr Gesamt-Lehrerverhalten zu unterscheiden scheinen.*

Primarstufen-Lehrer	Sekundarstufen-Lehrer	Primar-Sekundarstufen-Lehrer zusammen
	Merkmale der Lehrer in der als »hoch« eingestuften Gruppe	
A) »Hohe« Gruppenmitglieder häufiger (als »niedrige«):	A) »Hohe« Gruppenmitglieder häufiger (als »niedrige«):	A) »Hohe« Gruppenmitglieder häufiger (als »niedrige«):
1. Zeigen äußerste Großzügigkeit bei der Bewertung von Verhaltensweisen und Motiven anderer Personen; bringen freundliche Gefühle für andere zum Ausdruck.	1. Zeigen äußerste Großzügigkeit bei der Bewertung von Verhaltensweisen und Motiven anderer Personen; bringen freundliche Gefühle für andere zum Ausdruck.	1. Zeigen äußerste Großzügigkeit bei der Bewertung von Verhaltensweisen und Motiven anderer Personen; bringen freundliche Gefühle für andere zum Ausdruck.
2. Bekunden großes Interesse an Lesen und literarischen Dingen.	2. Bekunden großes Interesse an Lesen und literarischen Dingen.	2. Bekunden großes Interesse an Lesen und literarischen Dingen.
3. Haben Interesse an Musik, Malerei und musischen Dingen allgemein.	3. Haben Interesse an Musik, Malerei und musischen Dingen allgemein.	3. Haben Interesse an Musik, Malerei und musischen Dingen allgemein.
4. Nehmen Anteil am Gemeinschaftleben der Schule und Hochschule.	4. Nehmen Anteil am Gemeinschaftleben der Schule und Hochschule.	4. Nehmen Anteil am Gemeinschaftleben der Schule und Hochschule.
5. Bekunden deutliche soziale Ideale.	5. Beurteilen sich selbst hoch in bezug auf Ehrgeiz und Initiative.	5. Beurteilen sich selbst hoch in bezug auf Ehrgeiz und Initiative.

Primarstufen-Lehrer	Sekundarstufen-Lehrer	Primar-Sekundarstufen-Lehrer zusammen
	Merkmale der Lehrer in der als »hoch« eingestuften Gruppe	
6. Bevorzugen Aktivitäten, die Kontakt mit anderen Menschen beinhalten. 7. Haben Interesse an Naturwissenschaft und naturwissenschaftlichen Fragen. 8. Haben Freude an Aktivitäten im Freien. 9. Sind jung oder in mittleren Jahren. 10. Sind verheiratet. 11. Berichten, daß ihr häusliches Milieu überdurchschnittliche kulturelle Vorteile hatte.	6. Haben 4- bis 9jährige Unterrichtserfahrung. 7. Berichten lehrerähnliche Aktivitäten während ihrer Kindheit und Jugend. 8. Bevorzugen schüler-zentrierte Lernsituationen. 9. Zeigen Unabhängigkeit, jedoch keine Aggressivität.	
B) »Hohe« Gruppenmitglieder (verglichen mit »niedriger« Gruppe): 1. Haben mehr Freude an Beziehungen zu Schülern (d. h. eine günstigere Meinung über Schüler). 2. Bevorzugen mehr nicht-direktive Unterrichtsformen. 3. Weisen eine überlegene verbale Intelligenz auf. 4. Passen sich emotional besser an.	B) »Hohe« Gruppenmitglieder (verglichen mit »niedriger« Gruppe): 1. Haben mehr Freude an Beziehungen zu Schülern (d. h. eine günstigere Meinung über Schüler). 2. Bevorzugen mehr nicht-direktive Unterrichtsformen. 3. Weisen eine überlegene verbale Intelligenz auf. 4. Passen sich emotional besser an.	B) »Hohe« Gruppenmitglieder (verglichen mit »niedriger« Gruppe): 1. Haben mehr Freude an Beziehungen zu Schülern (d. h. eine günstigere Meinung über Schüler). 2. Bevorzugen mehr nicht-direktive Unterrichtsformen. 3. Weisen eine überlegene verbale Intelligenz auf. 4. Passen sich emotional besser an.

	Merkmale der Lehrer in der als »niedrig« eingestuften Gruppe	
A) »Niedrige« Gruppenmitglieder häufiger (als »hohe«): 1. Gehören den älteren Altersgruppen an. 2. Sind zurückhaltend und kritisch bei der Bewertung der Verhaltensweisen und Motive anderer. .3 Sind unverheiratet. 4. Bevorzugen Aktivitäten, die *keine* engen Kontakte mit Menschen erfordern.	A) »Niedrige« Gruppenmitglieder häufiger (als »hohe«): 1. Gehören den älteren Altersgruppen an. 2. Sind zurückhaltend und kritisch bei der Bewertung der Verhaltensweisen und Motive anderer. 3. Bevorzugen lehrerorientierte Lernsituationen. 4. Schätzen Genauigkeit, Ordentlichkeit und »praktische« Dinge. 5. Bevorzugen Aktivitäten, die *keine* engen Kontakte mit Menschen erfordern.	A) »Niedrige« Gruppenmitglieder häufiger (als »hohe«): 1. Gehören den älteren Altersgruppen an. 2. Sind zurückhaltend und kritisch bei der Bewertung der Verhaltensweisen und Motive anderer. 3. Schätzen Genauigkeit, Ordentlichkeit und »praktische« Dinge. 4. Bevorzugen Aktivitäten, die *keine* engen Kontakte mit Menschen erfordern.
B) »Niedrige« Gruppenmitglieder (verglichen mit »hoher« Gruppe): 1. Bringen eine weniger günstige Meinung über Schüler zum Ausdruck. 2. Verfügen über weniger hohe verbale Intelligenz. 3. Verfügen über eine schlechtere emotionale Anpassung.	B) »Niedrige« Gruppenmitglieder (verglichen mit »hoher« Gruppe): 1. Bringen eine weniger günstige Meinung über Schüler zum Ausdruck. 2. Verfügen über weniger hohe verbale Intelligenz. 3. Verfügen über eine schlechtere emotionale Anpassung.	B) »Niedrige« Gruppenmitglieder (verglichen mit »hoher« Gruppe): 1. Bringen eine weniger günstige Meinung über Schüler zum Ausdruck. 2. Verfügen über weniger hohe verbale Intelligenz. 3. Verfügen über eine schlechtere emotionale Anpassung.

Quelle: *Ryans*, 1960, S. 360—361.

Der Unterschied in den Lehrerverhaltensmustern in bezug auf Variablen wie Schulstufe, Fachgebiet und Geschlecht verdient besondere Beachtung. Die drei Verhaltensmuster wiesen bei allen Primarstufenlehrern eine hohe Interkorrelation auf. Anders ausgedrückt, ging ein warmes, verstehendes, freundliches Verhalten Hand in Hand mit verantwortlichem, sachlichem, systematischem und ebenso mit stimulierendem, phantasievollem und lebhaftem Lehrerverhalten. Bei den Sekundarstufenlehrern wurden lediglich Englisch-, Social Studies-, Naturwissenschaft- und Mathematiklehrer miteinander verglichen. Die Korrelationen der drei Verhaltensmuster waren bei diesen Lehrern nicht so hoch wie bei den Primarstufenlehrern. Bei den Sekundarstufenlehrern korrelierten männliche und weibliche Social Studies-Lehrer und weibliche Englischlehrer im Verhaltensmuster X_0 hoch. Weibliche Mathematiklehrer korrelierten am höchsten beim Verhaltensmuster Y_0, und weibliche Social Studies- und Naturwissenschaftslehrer überragen die übrigen Gruppen im Verhaltensmuster Z_0.

Lehrer beider Schulstufen, die Wärme und Verstehen zeigten und stimulierender waren, zeigten günstigere Einstellungen gegenüber Schülern und der Verwaltung. Lehrer, die als warm und verstehend – und wenn auch zu einem geringeren Grad – als stimulierend und phantasievoll – in bezug auf ihr Lehrerverhalten eingestuft wurden, brachten permissivere Einstellungen gegenüber der Erziehung zum Ausdruck. Lehrer, die sachlicher und systematischer waren, zeigten eine leichte Tendenz zu traditionelleren Ansichten über die Erziehung. Lehrer der Primarstufe, die als warm und verstehend – und zu einem geringeren Grad – als stimulierend und phantasievoll – in bezug auf ihr Lehrerverhalten eingestuft wurden, zeigten darüberhinaus eine überlegene emotionale Anpassung. Es überrascht nicht, daß Lehrer mit freundlichen und warmen, organisierten und sachlichen sowie stimulierenden und lebhaften Verhaltensweisen als effektiver eingestuft wurden.

Die soeben beschriebenen Lehrerverhaltensmuster wurden in Beobachtungen identifiziert, die von Personen mit Lehrerfahrung durchgeführt wurden, die man zuvor als Beobachter trainiert hatte. Im Gegensatz zu diesem Vorgehen ließen *Veldman* und *Peck* (1963) Schüler der Sekundarstufe I und II die Verhaltensweisen von Lehrerstudenten einschätzen, und zwar jeweils unmittelbar nach Durchführung ihrer Aufgabe. Insgesamt wurden 554 Lehrerstudenten eingeschätzt. Tabelle 7.3 zeigt die fünf Verhaltensgruppen oder Faktoren, die sich aus den Einschätzungen der Schüler und der anschließend durchgeführten Faktorenanalyse ergaben.

Tabelle 7.3. *Verhaltensweisen effektiver Lehrerstudenten (Sekundarstufe) aufgrund von Schüler-Einschätzungen.*

---

1. Freundlich, fröhlich, bewundert
   Sie ist immer freundlich zu ihren Schülern.
   Sie ist gutmütig, man kann leicht mit ihr auskommen.
   Sie scheint ihre Schüler nie herumzukommandieren.
   Sie scheint immer fröhlich und glücklich zu sein.
   Sie sieht immer das Gute an allen Dingen.
   Sie lächelt meistens.
   Man sieht, daß sie ihre Schüler wirklich gern hat.
   Sie ist immer an den Gedanken eines Schülers interessiert.
   Man kann sich darauf verlassen, daß sie fair zu einem ist.
   Sie ist an ihren Schülern genauso interessiert wie an ihrem Fach.
   Sie scheint die Probleme von Schülern zu verstehen.
   Ich hätte sie gerne als Freund.
   Sie wird von den meisten ihrer Schüler bewundert.
   Sie ist ihren Schülern ein gutes Beispiel.
   Sie regt sich kaum jemals über irgend etwas auf.
   Ich wäre gerne in manchen Dingen wie sie.
2. Gescheit, ausgeglichen
   Sie weiß eine Menge über ihr Fach.
   Sie läßt sich durch unerwartete Fragen nicht verwirren.
   Sie muß viel studiert haben, um so viel über ihr Fach zu wissen.
   Sie kommt nie in Verlegenheit wegen einer Schülerfrage.
   Sie scheint mehr über ihr Fach zu wissen, als das, was im Buch steht.
   Vor der Klasse erscheint sie selbstsicher.
   Sie scheint immer zu wissen, was sie als nächstes tun wird.
   Sie hat anscheinend keine Angst davor, Fehler zu machen.
3. Interessant, bevorzugt
   Sie bringt es fertig, daß das Lernen mehr Spaß als Arbeit zu sein scheint.
   Sie ist der beste Lehrer, den ich jemals gehabt habe.
   Ihr Unterricht ist niemals fade oder langweilig.
   Ich wollte, daß alle Lehrer wie sie wären.
   Sie weiß, wie sie ihr Fach interessant gestalten kann.
   Sie hat ihr Fach lebendig und interessant für mich gemacht.
   Sie versucht nicht, den Stoff zu schnell durchzunehmen.
   Sie erklärt ihre Aufgaben klar und vollständig.
4. Strenge Kontrolle
   Sie läßt ihren Schülern überhaupt nichts durchgehen.
   Sie erwartet eine Menge von ihren Schülern und bekommt es normalerweise auch.
   Die Schüler respektieren sie, weil sie meint, was sie sagt.
   Sie läßt nicht zu, daß sich Diskussionen zu weit vom Gegenstand entfernen.
5. Demokratisches Vorgehen
   Bevor sie ein neues Projekt in Angriff nimmt, fragt sie oft ihre Schüler, was sie denken.

Sie läßt ihre Schüler gerne wählen, wie diese eine Aufgabe angehen möchten.

Quelle: *Veldmann & Peck*, 1963, S. 349.

Gruppen 1 und 5, verbunden mit »freundlich, fröhlich, bewundert« und »demokratischem Vorgehen« ähneln *Ryans'* Muster X_0 »warm, verstehend, freundlich«. Gruppen 2 und 4, verbunden mit »gescheit, ausgeglichen« und »strenger Kontrolle« beschreiben dieselbe Kompetenz wie *Ryans'* Muster Y_0 »verantwortlich, sachlich, systematisch«. Gruppe 3, die »interessanten, bevorzugten« Verhaltensweisen korrespondieren nach *Veldman & Peck* enger mit den Schülerschätzungen in bezug auf effektive Lehrerverhaltensweisen als alle anderen Gruppen.

Die Einschätzungen der Schüler in bezug auf ihre Lehrerstudenten wurden mit den Einschätzungen der Supervisoren in bezug auf dieselben Lehrerstudenten verglichen. Eine hohe positive Beziehung ergab sich zwischen den Einschätzungen der Schüler und der Supervisoren bei den Gruppen 1, 2 und 4, nur eine niedrige bei der Gruppe 5 und keinerlei Beziehung bei der Gruppe 3. Im Zusammenhang mit der Gruppe 3 schätzen die Supervisoren die Lehrer nach Eigenschaften wie Freundlichkeit, Ausgeglichenheit und Ordnung in der Klasse ein, während Schüler ihre Lehrer nach anderen Eigenschaften, die sie mit effektivem Lehrerverhalten in Verbindung brachten, einschätzten. In ähnlicher Weise legten die Supervisoren bei der Gruppe 5 mehr Gewicht auf strenge Ordnung im Klassenzimmer als die Schüler.

In den Untersuchungen von *Ryans* oder *Veldman & Peck* wird Begeisterung nicht ausdrücklich erwähnt. *Mastin* (1963) berichtet, daß in 19 von 20 Klassen an 10 Schulen ein hoher Zusammenhang zwischen der Begeisterung des Lehrers und der Schülerleistung bestand. Außerdem reagierten die Schüler positiver auf einen begeisterten Lehrer und auf Material, das mit entsprechendem persönlichem Einsatz dargeboten wurde. Die Unterschiede in bezug auf Schülerleistung und Einstellungen waren groß und dauerhaft. Dies legt nahe, daß Begeisterung unter Umständen ein wirksameres Material sein könnte, als viele der oben abgehandelten.

7.1.3 Weitere Merkmale

Ein weiteres Merkmal von Lehrern, das den Lehrerfolg in Verdung mit speziellen Komponenten einer Schule zu beeinflussen scheint, ist das Geschlecht des Lehrers. Auch der sozioökonomische Hintergrund des Lehrers verdient kurze Aufmerksamkeit.

Geschlecht

Geschlechtsunterschiede im Hinblick auf Interessen, Einstellungen und Werte zeigen sich in der Wahl der Schulstufe. Lehrer in Nursery Schools, Kindergärten und der Grundschule sind beinahe ausschließlich weiblich, während der Prozentsatz männlicher Lehrer von den mittleren Stufen bis hin zur Hochschule progressiv ansteigt. Die meisten Schulräte und ein hoher Prozentsatz an Schulleitern der verschiedenen Schulstufen sind männlich. In Unterrichtsgebieten wie Naturwissenschaft und Mathematik dominieren Männer, während in anderen Unterrichtsgebieten, wie z. B. Stenographie, Maschinenschreiben und Englisch mehr Frauen tätig sind. Lehrer in Landwirtschaft sind männlich, und Lehrer in Hauswirtschaft sind weiblich. Sowohl biologische als auch kulturelle Faktoren schränken die freie Wahl der Schulstufe und des Unterrichtsgebietes ein.

Wichtiger als diese allgemeinen Unterschiede sind Probleme, denen sich Frauen bei der Behandlung aggressiver Verhaltensweisen von Jungen gegenübersehen. *Meyer* und *Thompson* (1956) untersuchten Lehrer-Billigung und -Mißbilligung der Verhaltensweisen von Jungen und Mädchen. Man beobachtete drei Klassen mit weiblichen Lehrern. Während der Beobachtung erhielten die Jungen mehr Mißbilligung von den Lehrerinnen als die Mädchen. Sowohl Schüler als auch Schülerinnen *gaben an*, daß Jungen häufigere Mißbilligungen erfuhren als Mädchen. Die durch die Urteile der Schüler erhärteten Beobachtungen führten dazu, daß die Verhaltensweisen der Lehrerinnen auf eine Aggressionstheorie bezogen wurden. Jungen sind aggressiver als Mädchen. Weibliche Lehrer versuchen, Jungen durch dominierendes gegenaggressives Verhalten zu sozialisieren, aber da Jungen gegenüber ihren Lehrern aggressiver sind als Mädchen, neigen die Lehrerinnen dazu, gegenüber den Jungen mit einem höheren Maß an Aggressivität zu reagieren. Infolgedessen werden die Jungen noch aggressiver, und so setzt sich der Teufelskreis fort. Weibliche Lehrer könnten ihre Situation jedoch verbessern:

Die konsistenten Tendenzen in unseren Ergebnissen scheinen darauf hinzuweisen, daß die negativen Einstellungen der Lehrerinnen gegenüber ihren männlichen Schülern zu einem Mangel an Einsicht in den Begriff »normales« männliches Kind resultieren. In unserer Kultur ist aggressives Verhalten auf seiten des Mannes ebenso normal wie nachgebendes Verhalten der Frau. Wenn eine Lehrerin versucht, diesem Verhalten durch Drohungen und Bestrafungen entgegenzuarbeiten, kann sie nur Frustrationen hervorrufen, da der Junge mit einem konfligierenden sozialen Code konfrontiert wird. Man sollte statt dessen lieber die überschüssige Energie und Spannungen des männlichen Kindes auf eine konstruktive Tätigkeit lenken. Eine gut geplante körperliche Erziehung kann viel zum Abbau aggressiver Bedürfnisse in einer sozial annehmbaren Weise beitragen. Am wichtigsten jedoch ist vielleicht die Einsicht, daß ein bestimmtes Maß an aggressivem Verhalten ein normaler Teil der Entwicklung sowohl bei Jungen als auch bei Mädchen ist und infolgedessen nicht als persönlich gemeinte Drohung gegenüber der Lehrerin, sondern als Zeichen einer »normalen« Sozial- und Persönlichkeitsentwicklung betrachtet werden soll (*Meyer & Thompson*, 1956, S. 393).

Sozioökonomischer Status

Viele zukünftige Lehrer stammen aus Bauern- und Arbeiterfamilien; in zunehmendem Maße kommen sie jedoch auch aus Familien, wo der Vater Akademiker oder Geschäftsmann ist. Obgleich das häusliche Milieu Einstellungen und Werthaltungen beeinflußt, weichen manche Jugendliche deutlich vom Wertsystem ihrer Eltern ab. Es ist wichtig, daß Lehrer sich über ihre eigenen sowie über die Einstellungen und Wertmaßstäbe ihrer Schüler im klaren sind, so daß sie sich nicht unbewußt gegen ein Kind, dessen Einstellungen und Wertmaßstäbe von ihren eigenen unterschieden sind, stellen, sondern es akzeptieren. Beispielsweise berichtet *Hoehn* (1954), daß Lehrer mehr Kontakte zu Schülern mit höherem Status und besseren Leistungen haben als zu Schülern mit niedrigem Status und geringeren Leistungen. Dabei handelte es sich auf seiten der Lehrer vermutlich nicht um eine absichtliche Diskriminierung. Dennoch profitieren Schüler mit niedrigerem sozioökonomischem Hintergrund wegen ihrer geringeren Kontakte mit den Lehrern vermutlich weniger vom Schulbesuch als die anderen Kinder.

Das Kind so zu akzeptieren, wie es zur Schule kommt, bedeutet jedoch nicht, antisoziales Verhalten zu gestatten oder ein sehr zurückhaltendes Kind unbeachtet zu lassen. Unabhängig von den Einstellungen und Wertmaßstäben des Kindes und deren Ursachen, darf der Lehrer körperliche Aggressionen, Fluchen, Stehlen, vulgäre Sprache, Zerstörung von Eigentum und offene Rebellion gegenüber den zum Funktionieren einer Schule oder Klasse notwendigen Regeln und Vorschriften nicht erlauben (*Havighurst*, 1966). Der Lehrer kann — was zugegebenermaßen manchmal schwierig sein mag — Wertschätzung für einen Schüler bezeugen und ihn als wertvollen Menschen behandeln und dennoch dessen Übertreten allgemein akzeptierter Verhaltensregeln nicht hinnehmen. Bisher verfügen wir noch nicht über genügende Forschungsergebnisse darüber, welche Lehrer den vielen Jungen und Mädchen aus der Unterschicht am ehesten gerecht werden können — ob aus Ober-, Mittel- oder Unterschicht. Offensichtlich ist die soziale Schicht eines Lehrers nicht entfernt so wichtig wie seine gegenwärtigen Einstellungen, Wertmaßstäbe und Fähigkeiten.

Insgesamt kann man sagen, daß allgemeiner Intelligenzgrad, Durchschnittsleistungen auf der Hochschule, fachliche Vorbereitung während der Studienzeit sowie die unterrichtspraktische

Lehrbefähigung während des Studiums eine niedrige positive Korrelation mit dem anschließenden Lehrerfolg aufweisen. Im Beruf korrelieren fachliches Wissen, das Vorhandensein und Interpretieren von Informationen über Schüler, die Fähigkeit, Unterrichtsprobleme zu lösen sowie eine Neigung zu indirekten Unterrichtsverfahren ebenfalls niedrig aber positiv mit dem Lehrerfolg. Als Merkmale des effektiveren Lehrers hat man auch das Interesse an verbalen Aktivitäten und an Kunst, eine warme Persönlichkeit, gute emotionale Anpassung und Begeisterung für den Lehrerberuf herausgestellt. In einem Forschungsüberblick über effektives Unterrichten nennt *Gage* (1965) fünf Merkmale effektiven Unterrichtens: Wärme; kognitive Organisation, einschließlich der intellektuellen Fähigkeiten und Sachkenntnis; Ordnung, indirektes Vorgehen; Problemlösefähigkeit.

Es trifft auf viele Forschungsgebiete zu, daß, sobald eine Anzahl Untersuchungen übereinzustimmen scheinen und ihre Ergebnisse allgemein akzeptiert werden könnten, andere und gleichermaßen ernstzunehmende Untersuchungen veröffentlicht werden, die diesen Ergebnissen widersprechen. Die Forschung über Unterrichtsvariablen und Lehrerfolg macht da keine Ausnahme. Für jedes der vorstehenden Merkmale wird sich daher zumindest eine Untersuchung finden lassen, in der nachgewiesen wird, daß keine oder sogar eine geringe negative Beziehung zum Unterrichtserfolg besteht. Solche sich widersprechenden Ergebnisse sollten jedoch sorgfältig gegeneinander abgewogen werden. Dies bedeutet jedoch nicht, daß es unmöglich wäre, zu beurteilen, ob ein Lehrer bei bestimmten Schülern in einer bestimmten Situation sehr gut unterrichtet. In jeder beliebigen Schule sind sich Lehrer, Schüler und Schulbeamte sowohl über sehr gute als auch schlechte Lehrer einig. Natürlich gibt es in einigen Fällen widersprüchliche Meinungen etwa wenn ein Lehrer mit Jungen gut, mit Mädchen jedoch schlecht auskommt und umgekehrt.

Möglicherweise läuft dies alles darauf hinaus, daß *gutes* Unterrichten so subjektiv ist, so schwer faßbar, so mit der Persönlichkeit des Lehrers verbunden, daß man seine einzelnen Komponenten nie auf Faktoren wird reduzieren können, die es der statistischen Analyse und Auswertung vollkommen verfügbar machen. In diesem Zusammenhang ist der gute Lehrer einem guten Schauspieler oder Musiker vergleichbar. Man kann oft nur sehr schwer angeben, warum einer dieser drei seinen Kollegen überlegen ist, aber wir wissen, *daß* er es ist. *Hamachek* (1969) verleiht seinen Gedanken über den Forschungsstand in bezug auf gute Lehrer beredsamen Ausdruck:

Es kommt mir einigermaßen traurig vor, daß in bezug auf unser Erziehungssystem immer wieder gesagt wird, man könne einen guten nicht von einem schlechten Lehrer unterscheiden... Ich glaube, daß wir jeweils genau wissen, wer ein fähiger — oder effektiver oder guter oder was man ihn auch immer nennen mag — Lehrer ist...

1. Ein guter Lehrer ist ein guter Mensch. Einfach und wahr. Ein guter Lehrer liebt das Leben, ist ausgeglichen, humorvoll und mag andere Menschen. Wenn ich die Forschungsergebnisse richtig verstehe, so scheinen sie zu besagen, daß es nicht *den* besten Lehrertyp gibt. Aber trotzdem kann man gute und schlechte Lehrer deutlich voneinander unterscheiden. Unter anderem ist ein Lehrer gut, weil er nicht von einem narzißtischen Selbst beherrscht wird, das immer im Mittelpunkt stehen möchte, oder einem neurotischen Bedürfnis nach Macht und Autorität, oder von einer Menge von Ängsten und Befürchtungen, durch die er vom Meister seiner Klasse zu deren Stift degradiert wird.

2. Der gute Lehrer ist flexibel. Überhaupt wird das Adjektiv »flexibel« am häufigsten zur Beschreibung guter Lehrer verwendet. Dieses Merkmal taucht immer wieder entweder implizit oder explizit (meistens explizit) auf, wenn gutes Unterrichten in der Forschung diskutiert wird. Anders ausgedrückt, wird der gute Lehrer nicht nur von einer einzigen Ansicht beherrscht bis hin zur intellektuellen Kurzsichtigkeit. Ein guter Lehrer weiß, daß er nicht nur eine Art von Person bzw. eine Art des Vorgehens verkörpern kann, wenn er die vielerlei Bedürfnisse seiner Schüler befriedigen soll. Gute Lehrer sind in gewisser Hinsicht »ganze« Lehrer. D. h. daß sie fähig sind, so zu sein, wie sie sein müssen, um den Erfordernissen des Augenblicks gerecht zu werden. Sie scheinen sich mit den wechselnden eigenen, sowie den Bedürfnissen ihrer Schüler zu bewegen und das tun zu können, was notwendig ist, um die Situation zu bewältigen. Ein ganzer Lehrer kann, wenn es notwendig ist, fest sein (»nein« sagen und das auch meinen) oder sich permissiv verhalten (»warum sollen wir es nicht so versuchen, wie du meinst?« und dies ebenfalls meinen), je nach Situation. Dies hängt von vielen Dingen ab, und gute Lehrer scheinen den Unterschied zu kennen (*Hamachek*, 1969, S. 341—343).

7.1. Welches Kriterium — Produkt, Prozeß oder Vorbildung — halten Sie für die Beurteilung der Lehrereffektivität als am besten geeignet? Warum? Bei welchem der vorstehenden Kriterien würden Sie selbst die höchsten bzw. niedrigsten Werte erzielen, wenn man Sie beurteilen würde? Was kann man tun, um mehr Effektivität zu entwickeln?

7.2. Die Untersuchungen von Ryans *und* Veldman *und* Peck *besagen, daß Lehrer mit einer schlechten fachlichen Vorbereitung oft als schlechte Lehrer eingestuft werden, während ausgezeichnete Lehrer sich im allgemeinen einer gründlichen fachlichen Unterrichtsvorbereitung unterziehen. Auch Kriterien wie Verständnis für und gute Zusammenarbeit mit Schülern, Organisieren effektiver Lernsituationen und andere berufliche Verhaltensweisen sind entscheidend. Betrachten Sie die*

Hochschulkurse, die Sie in Ihrem Fachgebiet und Pädagogik belegt haben; beantworten Sie dann bitte folgende Fragen:
a) Bestand ein ausgewogenes Gleichgewicht zwischen Ihrer fachlichen und pädagogischen Ausbildung?
b) Haben Sie den Eindruck, daß Ihre pädagogische Ausbildung ausreichend war?
c) Haben Sie den Eindruck, daß die anderen Kurse ausreichend waren?
d) Sie wissen inzwischen selbst einigermaßen, was zur Vorbereitung auf den Lehrerberuf notwendig ist; stellen Sie selbst ein ideales Vorbereitungsprogramm in Ihrem Fachbereich zusammen. Gehen Sie ins Detail.

7.3. Die Lehrer gehören meist der Mittelschicht an. Viele Lehrer kommen jedoch ursprünglich aus der unteren Mittelschicht oder Unterschicht. Man hat vorgeschlagen, daß die letzteren evtl. besser geeignet wären, zur Erziehung von Unterschichtskindern und deshalb an Schulen in benachteiligten Gebieten unterrichten sollten. Was meinen Sie dazu? Gehen Sie ins Detail.

7.4. Denken Sie an den besten Lehrer, den Sie jemals hatten. Vergleichen Sie Ihre Beschreibung dieses Lehrers mit den in den Tabellen 7.2 und 7.3 angeführten Merkmalen.

7.2 Differenzierte Lehrerrollen

Corwin (1969) wies auf vier Entwicklungen hin, die die Vorstellung von einem einzelnen Lehrer, der alle unterrichtlichen Aufgaben in seiner abgeschlossenen Klasse effektiv bewältigt, veraltet erscheinen lassen. (1) Die Wissensexplosion hat zur Folge, daß die Strukturen unserer Kenntnisse so komplex geworden sind, daß kein einziger *Berufszweig*, noch viel weniger eine einzelne Person, alle fassen oder sie als Ganzes behandeln kann. (2) Um ihren Beruf ausüben zu können, müssen Lehrer zeigen, daß sie spezielle Kenntnisse und Fähigkeiten erworben haben, über die andere Gruppen nicht verfügen. Kein einziger Lehrer kann zugleich Fachmann auf allen Gebieten des Curriculums, des Unterrichts, Meßverfahren, der Schule-Eltern-Beziehungen und so weiter sein. Statt dessen ist Spezialisierung vonnöten. (3) Viele Aufgaben sind auf den Lehrer abgewälzt worden, die mit dem tatsächlichen Unterrichten nichts zu tun haben, z. B. Geld zählen, Vervielfältigungsmaschine bedienen, Beaufsichtigung von Essen und Spielen; diese Aufgaben lenken Lehrer von ihren primär unterrichtlichen Funktionen ab. (4) Die Technologie, z. B. programmierte Unterweisung und Organisation, multimediale Darbietung unter Einsatz von Computern verändern die Erziehung, insbesondere den abgeschlossenen Klassenraum. Technologie bringt nicht nur neue Rollen an der Schule hervor; sie stellt auch Mittel zur Trennung von nicht-unterrichtlichen und unterrichtlichen Tätigkeiten dar. Zwei kürzlich erstellte Pläne zur Differenzierung des Schulpersonals, die sich auf die von *Corwin* und anderen genannten Aspekten beziehen, haben beträchtliche nationale Aufmerksamkeit erzeugt. Der erste Plan *(multiunit)* wurde in Zusammenarbeit mit Schulleuten direkt für die Grundschule entwickelt. (Die unterschiedlichen Rollen oder Positionen und die darauf bezogenen Programme zur Vorbereitung des entsprechenden Personals wurden noch während der frühen siebziger Jahre formuliert.) Der zweite Plan *(Temple City)*, auf den wir nach dem ersten eingehen, ist mehr auf die Sekundarstufe als auf die Grundschule gemünzt.

7.2.1 Differenzierte Rollen an der Multiunit Schule

Im Kapitel 6 dieses Bandes wurde ein System individuell geplanter Erziehung (IGE) auf der Grundschulebene beschrieben, wobei der Schwerpunkt darauf gelegt wurde, inwieweit das System darauf angelegt ist, einzelnen Schülern im Hinblick auf ihre individuellen Unterschiede zu helfen. Wir stellten in jenem Kapitel fest, daß IGE viele Abweichungen vom gegenwärtigen System der altermäßig gegliederten, abgeschlossenen Klasse erfordert, einschließlich einer neuen Form der Unterrichtsorganisation und des Einsatzes des Personals. Diese Veränderungen werden in der Multiunit-Schule konkretisiert, was den wohl besten Weg zur Realisierung der IGE darstellt. In diesem Abschnitt beschreiben wir zunächst die Entwicklung der Multiunit-Schule, dann die Unterrichtsorganisation und schließlich die neuartigen und wechselnden Rollen des Personals.

Das Entstehen des Multiunit-Konzepts

1965 startete das *Wisconsin Research and Development Center for Cognitive Learning (R & D Center)* Forschungsarbeiten und Entwicklungsprojekte in sieben Grundschulen in dem Versuch, Schulen zur Bewältigung eines permanenten Programms der Selbsterneuerung in der Grundschulerziehung zu befähigen (*Klausmeier, Morrow & Walter*, 1968). (Bis 1970 hatte sich der Versuch auf mehr als 200 Schulen ausgedehnt.) Diese Grundschulen verfügten ursprünglich über einige wenige Lehrerteams, waren jedoch vorwiegend in der Form abgeschlossener Klassen organisiert.

Eine sorgfältige Analyse der Situation in den sieben Grundschulen enthüllte mehrere Mängel: (1) Während des Schultages fanden die Lehrer keine Zeit, sich mit der Verbesserung ihrer unterrichtlichen Anstrengungen zu beschäftigen. Die Lehrer waren während des ganzen Schultages mit den Kindern beschäftigt und fanden keinerlei Zeit, um mit anderen Lehrern innovative Tätigkeiten zu besprechen, diese zu planen, durchzuführen oder zu evaluieren. Ein anderer Faktor hing hiermit zusammen: wie die Lehrer (die nahezu alle einer Lehrerorganisation angehörten) mit Recht ausführten, konnte vor und nach den Schulstunden nur wenig Arbeit in der Form unbezahlter Überstunden erledigt werden. (2) Die Lehrer hatten keine Aufgaben zu erfüllen, die ihre unterschiedlichen Interessen, Erfahrungen und Fähigkeiten berücksichtigten. Es existierten keine differenzierten Rollen, die es einem Lehrer gestattet hätten, im Hinblick auf bestimmte Tätigkeiten – etwa Mathematikunterricht, Forschungsarbeiten in einem Curriculumbereich, Planung des Unterrichtsbereichs usw. – mehr Verantwortung zu übernehmen als ein anderer Kollege. (3) Es hatte sich an keiner dieser Schulen ein Mechanismus herausgebildet, der den Leiter und die Lehrer der Schule befähigt hätte, ein Erziehungsprogramm für ihre Schüler zu planen und auszuführen. Beispielsweise folgten viele Stadtschulen in den Jahren 1964–65 denselben Curriculum-Richtlinien und verwendeten dieselben Unterrichtsmaterialien wie alle anderen Schulen im größeren Stadtbereich.

Verwaltungsleute und Lehrer, die mit dem R & D Center zusammenarbeiteten, versuchten, ein effektiveres Gesamt-Unterrichts-System für eine Grundschule zu entwickeln, angefangen mit der Unterrichtsorganisation und den darauf bezogenen Rollen. Was nach mehreren Jahren der Entwicklung, der Überprüfung und Verbesserung herauskam, heißt nun Individuell Geplante Erziehung an einer Multiunit-Grundschule (*Klausmeier, Morrow & Walter*, 1968).

Die Organisation der Multiunit-Schule

Man kann sich die Organisation der Multiunit-Grundschule als eine Erneuerung vorstellen, in der die besten Praktiken des Team-teaching, der Schule ohne altersmäßige Klassengliederung, der Rollendifferenzierung bei Unterrichts- und übrigem Personal, der Entscheidungsfindung in Gruppen, sowie des individualisierten Unterrichts gepflegt werden. Die Organisation wurde explizit zum Zwecke einer individuell geplanten Erziehung für alle Kinder entwickelt.

Abb. 7.1 veranschaulicht die Organisation einer Multiunit-Grundschule mit 600 Schülern. Die organisatorische Hierarchie besteht aus drei aufeinander bezogenen Gruppen auf drei unterschiedlichen Operationsebenen. Auf der Ebene der Schulklassen gibt es vier *Instruction and Research Units (I & R)*; (Unterrichts- und Forschungseinheiten), auf der Schulebene das *Instructional Improvement Committee (IIC)* (Komitee zur Unterrichtsverbesserung) und auf der Ebene des gesamten Systems, das *System-Wide*

Policy Committee (SPC); (Komitee für die Gesamt-Organisation). Wir gehen nun auf jede dieser Operationsstufen genauer ein:

Die I & R Einheit

Die nicht nach Schuljahren gegliederte I & R Einheit ersetzt die altersmäßig gegliederte, in sich geschlossene Klasse. Wir nennen dies »Einheit« *(unit)* und nicht »Team« *(team)*, weil damit auch die Schüler gemeint sind, und weil es auch viele andere Merkmale aufweist, wie z. B. die nicht nach Klassen vorgenommene Aufteilung, die beim Team-teaching sonst normalerweise nicht vorkommen. In dem in Abb. 7.1. gezeigten Prototyp steht über jeder I & R Einheit ein Leiter, dazu kommen vier Lehrer, ein Lehrassistent, eine Unterrichtssekretärin, ein Praktikant, sowie 150 Schüler. In der tatsächlichen Praxis haben manche Einheiten lediglich 75 und andere an die 200 Kinder. Auch variiert das Verhältnis von Unterrichtspersonal zur Zahl der Schüler von einem Schulsystem zum anderen, und innerhalb desselben Schulsystems variiert es zwischen Stadt und Land. Zahl und Verhältnis der ausgebildeten Lehrer, Hilfskräfte, Sekretärinnen und Unterrichtspraktikanten variiert innerhalb der Einheiten und Schulen.

Die acht Mitglieder des Lehrkörpers einer jeden Einheit treffen sich einmal pro Woche oder, falls notwendig, öfter. Solche Besprechungen können von einer halben Stunde bis zu einem halben Tag dauern, wobei ein wenigstens zweistündiges Treffen pro Woche besonders während des ersten Jahres notwendig erscheint. Man hat eine Anzahl von Vorkehrungen getroffen, um diese Zeit während der Unterrichtsstunden verfügbar zu machen. Die am häufigsten angewandte Praxis besteht in der Verlängerung des Schultages an vier Wochentagen, während die Schüler am fünften Tag eine oder zwei Stunden früher entlassen werden.

Die Kinder werden vorwiegend aufgrund der bereits verbrachten Schuljahre bestimmten Einheiten zugeordnet; das Alter innerhalb einer Einheit kann um vier Jahre variieren, wenn zwei normale Schuljahre innerhalb einer Einheit zusammengefaßt werden. Zwischen den einzelnen Einheiten besteht für einen Teil des Unterrichts ein gewisser Austausch der Schüler. Beim Prototyp gibt es überhaupt keine Klassengrenzen, insofern Kinder an Unterrichtsveranstaltungen in Form von Eins-zu-Eins-, Kleingruppen-, Klassengruppen- und Einheiten-Tätigkeiten teilnehmen. In der Praxis arbeiten Lehrer mit Kindern unterschiedlicher Altersstufen, und die Unterrichtsgruppen in Lesen, Mathematik, Social Science usw. werden unabhängig von der Altersstufe gebildet.

Der Lehrkörper einer jeden Einheit ist für sämtliche unterrichtlichen, forschungsmäßigen, entwicklungsmäßigen, Lehrertrainings- und andere Funktionen innerhalb der eigenen Einheit verantwortlich. Das Unterrichtsprogramm für jeden einzelnen Schüler, wie es im Kapitel 6 dieses Bandes beschrieben wurde, wird vom Lehrkörper der betreffenden Einheit durchgeführt. Berater von der zentralen Verwaltung oder einer anderen Stelle assistieren dem

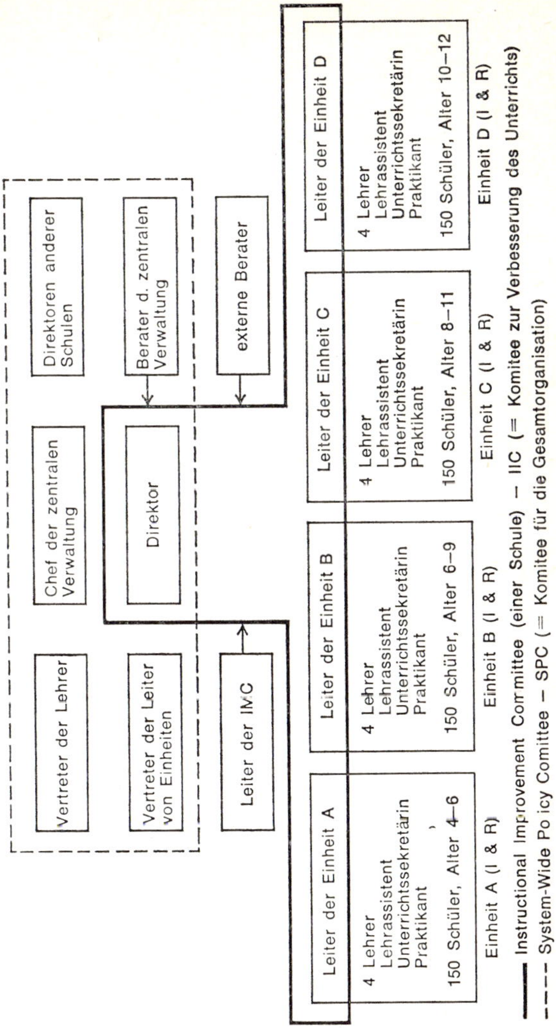

Abb. 7.1 Schaubild der Organisation einer Multiunit-Grundschule mit 600 Schülern.

Team einer jeden Einheit bei der Planung des Unterrichtsprogramms, sowie bei Forschungs- und Entwicklungsprojekten. Die Zeit der Berater wird innerhalb der Einheit effektiv genutzt, da die Treffen während der regulären Schulstunden stattfinden und klar definierte Zielsetzungen haben.

Das Instructional Improvement Committee

Die zweite Organisationsstufe nimmt das IIC der Schule ein. Dabei handelt es sich um eine neue Organisationsform, die vor dem Jahre 1966 noch an keiner Grundschule in Wisconsin bestand. Die Möglichkeit und sogar Notwendigkeit dazu ergab sich, als ganze Schulen in der Form von Einheiten organisiert wurden. Wie in Abb. 7.1. erkenntlich, besteht das IIC beim Prototyp aus dem Direktor der Schule sowie den Leitern der einzelnen Einheiten. Auch andere Mitglieder des Schulpersonals, wie z. B. der Leiter der Lernmittelabteilung (Instructional Material Resource Center — IMC) treffen sich regelmäßig mit dem Komitee. Berater der zentralen Verwaltung treffen sich mit dem IIC, wenn einem bestimmten Curriculumbereich, etwa Lesen oder Mathematik, innerhalb der Schule besondere Aufmerksamkeit gewidmet wird. Das IIC trifft sich wöchentlich; die Tagesordnung für die einzelnen Besprechungen wird vom Direktor in Absprache mit den Leitern der Einheiten ausgearbeitet.

Die drei Hauptfunktionen des IIC bestehen im Interpretieren und Durchführen der das gesamte Schulwesen betreffenden Maßnahmen, der Entwicklung von Rahmenrichtlinien für das Erziehungsprogramm der Schule und der Koordination der Aktivitäten der Einheiten, einschließlich dem Einsatz von Geräten, Zeit, Material usw., die nicht unabhängig voneinander organisiert werden können. Es handelt sich also um eine Entwicklungs- und Koordinierungsfunktion, jedoch nicht um Supervision. Supervision bleibt die Aufgabe des Direktors und der zentralen Verwaltung.

Die Schule ist der geeignete Platz für das Treffen bestimmter Entscheidungen, die folgendermaßen auf das individuelle Programm eines jeden Kindes bezogen sind: (1) Lehrer bestimmen das Programm für jedes einzelne Kind im Rahmen der weiten Grenzen einer Einheit. (2) Jede Einheit bestimmt das Programm für alle Kinder der Einheit innerhalb des Konzepts der Schule. (3) Jede Schule arbeitet im Rahmen der vom gesamten Schulwesen und dem Staat gesetzten Bestimmungen. Der Nutzeffekt liegt darin, daß der Einfluß sowohl der zentralen Verwaltung oder anderer außenstehender Stellen sowie einzelner Lehrer bei der Festlegung des Unterrichtsprogramms für ein bestimmtes Kind reduziert, als auch der Einfluß des IIC der Schule sowie des Unterrichtspersonals einer jeden I & R-Einheit vergrößert wird.

Das System-Wide Policy Committee

Wie aus Abb. 7.1. ersichtlich, gehören dem SPC, dessen Vorsitz der Chef der zentralen Verwaltung oder dessen Stellvertreter inne hat, Berater und weitere wichtige Beamte der zentralen Verwaltung und Vertreter der Schuldirektoren, der Leiter der Einheiten, sowie weitere Lehrer an. Die Besprechungen finden weniger häufig statt als die der anderen Gruppen, aber sein Wirken ist wichtig für den Erfolg der Multiunit-Schule. Die vier Aufgabenbereiche des SPC betreffen das Identifizieren der Funktionen, die die Multiunit-Schulen innerhalb des Systems zu erbringen haben, die Anstellung des Personals für jede Schule, die Bereitstellung der Unterrichtsmaterialien, sowie die Bereitstellung relevanter Informationen innerhalb des Systems und der Gemeinde.

Im Zusammenhang mit diesen Aufgabenbereichen kann auch die Entscheidung darüber getroffen werden, daß eine bestimmte Multiunit-Schule etwa ein neues naturwissenschaftliches Programm zu adaptieren und zu evaluieren hat, um herauszufinden, ob dieses im gesamten Schulsystem eingeführt werden soll. Das Personal wenigstens einer Multiunit-Schule muß an diesem Entscheidungsprozeß teilnehmen. Nachdem die Entscheidung getroffen ist, sorgt das SPC dafür, daß die benötigten naturwissenschaftlichen Unterrichtsmaterialien und entsprechende Berater zur Verfügung stehen für die Schule, und daß das Projekt gegenüber der Schulaufsicht und der Gemeinde in geeigneter Weise vertreten wird.

Personal-Rollen an der Multiunit-Schule

Wesentliches Merkmal der Multiunit-Schule sind die veränderten Rollen des Schuldirektors, der Leiter der Einheiten, der Lehrer, Praktikanten und Hilfskräfte.

Direktor. Die Rolle des Direktors hat sich an der Multiunit-Schule in zweierlei Weise verändert. Zum einen organisiert er das Komitee einer Schule und sitzt diesem vor, arrangiert dessen Besprechungen und stellt die Tagesordnung auf. Zum anderen übernimmt er die Verantwortung für drei Funktionen, die es an der Grundschule sonst nicht gibt, d. h. er übernimmt die Verantwortung für das Erziehungsprogramm einer Schule, organisiert die Lehrerausbildung innerhalb seiner Schule und sorgt für die Durchführung der Forschungs- und Entwicklungsarbeiten sowie für die nach außen gerichteten Tätigkeiten. Es geht an dieser Stelle nicht darum, die Verwaltungsaufgaben des Direktors zu definieren, sondern um den Hinweis auf die Schlüsselrolle, die der Direktor an einer Multiunit-Schule einnimmt. In der Tat sind viele Direktoren nur mit Hilfe eines speziellen Inservice-Trainings zur Durchführung dieser neuartigen Aufgaben fähig.

Leiter einer Einheit. Die Stellenbeschreibung des Leiters einer Einheit stellt den ersten umfangreichen Versuch zur Einrichtung des Berufsbeamtentums für Lehrer an Grundschulen dar. Der Leiter einer Einheit ist beamteter Lehrer, nicht Verwaltungsbeamter oder Supervisor. Er ist der Leiter der Lehrer, Hilfskräfte und Schüler innerhalb seiner Einheit. Er übt seine Leiterrolle vorwiegend dadurch aus, daß er das Unterrichtsprogramm für seine Einheit plant, die Tätigkeiten seines Stabes koordiniert sowie als Ausbildungslehrer fungiert. Die Aufgaben des Leiters einer Einheit sollen im folgenden im Zusammenhang mit dem Unterricht, der Forschung und damit zusammenhängenden Tätigkeiten und der Lehrerausbildung beschrieben werden. Obwohl der Leiter einer Einheit die genannten Aufgaben in eigener Verantwortung durchführt, kooperiert er mit dem Schuldirektor, dem Stab der Einheit, dem zentralen Verwaltungspersonal, einschließlich Psychologen, Sozialarbeitern, Lehrern mit besonderen Aufgaben, Fachberatern und anderen.

A. Unterricht

1. Formuliert bzw. plant das Programm der individuell geführten Erziehung für seine Einheit, indem er sich mit Lernzielen, Unterrichtsmaterialien, Aktivitäten, der Leistungsbeurteilung usw. befaßt.
2. Koordiniert die Tätigkeit des Unterrichtsteams, die Zuordnung der Kinder zu geeigneten Aktivitäten, den materialmäßigen, zeitlichen, räumlichen Einsatz usw.
3. Formuliert und koordiniert ein Programm für die Beziehungen zwischen Elternhaus und Schule der Schüler seiner Einheit.
4. Unterrichtet während 50 bis 80 % der Arbeitszeit oder ist auf andere Weise direkt mit den Kindern beschäftigt.
5. Verwendet einen Teil der verbleibenden 50 bis 20 % seiner Arbeitszeit,
   a) um als Mittler zwischen Schuldirektor und Unterrichtsteam (und Schüler) seiner Einheit zu fungieren;
   b) um sich mit den Teammitgliedern seiner Einheit zu treffen, damit der Unterricht geplant werden kann und deren Verständnis für die individuell geplante Erziehung erweitert wird;
   c) um sich mit dem IIC zu treffen (Leiter einer Einheit nehmen oft an einem ganztägigen Workshop oder Seminar außerhalb der Schule teil).
6. Versucht sich auf dem neuesten Kenntnisstand seines Fachgebiets, der Unterrichtsmaterialien und anderer Komponenten des Systems der individuell geplanten Erziehung zu halten.

B. Forschung, Entwicklung, Innovation

1. Forschung
   a) Plant mit geeignetem Personal seiner Einheit, der Schule, der zentralen Verwaltung und anderer Stellen die Forschungsaktivitäten innerhalb der Einheit.
   b) Koordiniert die Forschungsaktivitäten innerhalb der Einheit.
   c) Leitet die Durchführung von Experimenten in bezug auf Unterrichtsmethoden, Materialien und Medien, indem er Mitarbeiter abordnet, die die ordnungsgemäße Entwicklung der Untersuchungen entsprechend des aufgestellten Designs überwachen und für die Datensammlung sorgen.
   d) Leitet die Datensammlung und, falls es die Zeit erlaubt, die Analyse der Informationen.
   e) Hält sich auf dem neuesten Stand der Forschungsergebnisse und Methoden.
2. Entwicklung
   a) Plant die Entwicklungsaktivitäten seiner Einheit mit geeignetem Personal der Einheit, der Schule, der zentralen Verwaltung und anderen Stellen.
   b) Koordiniert die Entwicklung eines Systems individuell geplanter Erziehung innerhalb der Einheit, einschließlich der Aufstellung der Lernziele, der Beurteilung der Fähigkeiten der Schüler, des Unterrichtsprogramms sowie der Evaluationsverfahren.
   c) Nimmt direkt an der Vorbereitung von Unterrichtsmaterialien, diagnostischen Verfahren, Meßinstrumenten usw. teil.
3. Innovation
   a) Koordiniert die Einführung neuartiger Unterrichtsmaterialien, neuartiger Meß- und Evaluationsverfahren, sowie neuartiger Unterrichtsmethoden usw.
   b) Regt die Entwicklung neuer Unterrichtsmethoden in seiner Einheit an.
   c) Hält sich über Innovationen im gesamten Schulsystem, dem Staat und der Nation durch Besuche, Konferenzen und Literaturstudium auf dem laufenden.

C. Lehrertraining

1. Inservice
   a) Entwickelt in Kooperation mit dem qualifizierten Unterrichtsteam der Einheit, dem Direktor der Schule sowie dem zuständigen Stab der zentralen Verwaltung ein Trainingsprogramm für das bereits ausgebildete Lehrpersonal, einschließlich der Lehrer, die ihr erstes Unterrichtsjahr absolvieren; führt die relevanten Elemente des Trainingsprogramms in seiner Einheit durch.

b) Entwickelt ein ähnliches Programm für die Hilfskräfte und führt dieses auch durch.
c) Koordiniert das Inservice-Training für Lehrer und Hilfskräfte, wobei die pädagogische Einigung der Hilfskräfte festgestellt und verbessert wird und die qualifizierten Lehrer zur effektiven Zusammenarbeit mit den Hilfskräften angeregt werden.

2. Vorbereitungsdienst (Preservice)
a) Entwickelt in Zusammenarbeit mit den Lehrern seiner Einheit, dem Direktor der Schule, dem zuständigen Personal der zentralen Verwaltung sowie Vertretern der Institute zur Ausbildung von Lehrern das an der Schule durchzuführende Programm für Praktikanten, verfährt in seiner Einheit entsprechend.
b) Koordiniert den Einsatz der Praktikanten innerhalb der Einheit sowie die unterrichtlichen Tätigkeiten der Praktikanten in Verbindung mit pädagogisch ausgebildetem Personal und Hilfspersonal.

Lehrer innerhalb der Einheit. Der Lehrer innerhalb der Einheit absolviert ein volles Deputat. Er unterrichtet, außer wenn er an Besprechungen der Einheit teilnimmt, sich weiterbildet, oder mit der Unterrichtsvorbereitung beschäftigt ist. Er besitzt mindestens ein Jahr Lehrpraxis und ist im Normalfall theoretisch nicht so gründlich ausgebildet wie der Leiter der Einheit. Bei vielen Lehrern dieser Art handelt es sich um verheiratete Frauen, die sich mehr ihrer Familie widmen möchten, als dies Leitern einer Einheit möglich ist. D. h. daß diese Lehrer sehr gut mit Kindern umgehen können, jedoch nicht die zusätzlichen Belastungen, die ein Leiter der Einheit zu tragen hat, auf sich nehmen wollen. Man versucht für jede Einheit Lehrer zu bekommen, die in fachlicher Hinsicht unterschiedlich spezialisiert sind.

Die Rolle des Lehrers in einer Einheit unterscheidet sich dadurch von der Rolle des Lehrers in einer geschlossenen Klasse, daß er mit anderen Mitgliedern der Einheit gemeinsam plant, mit vielen Kindern und mit anderen Lehrern der Einheit anstatt für sich allein mit einer kleineren Anzahl von Kindern zusammenarbeitet. Außerdem ist seine Tätigkeit insofern professionalisierter als die des normalen Klassenlehrers, als er an Forschungs- und Entwicklungsarbeiten teilnimmt und sich mit wesentlichen Unterrichtsbelangen auseinandersetzt, indem er die Ziele für jedes Kind aufstellt, dessen Merkmale bestimmt, ein entsprechendes Unterrichtsprogramm entwickelt, neue Materialien und Geräte verwendet und neue Unterrichtsverfahren erprobt.

Praktikant. Normalerweise werden Praktikanten einer Einheit für ein volles Semester zugewiesen. Es gibt aber auch zweisemestrige Praktikanten, gewöhnlich wechseln diese am Ende des ersten Semesters auf eine andere Einheit über. Dies funktioniert dann am besten, wenn sich mindestens zwei Praktikanten an derselben Schule befinden. Praktikanten werden für unterrichtliche Zwecke eingesetzt, nicht für Routine- oder Verwaltungsarbeiten (letztere werden von Sekretärinnen bzw. Hilfskräften ausgeführt). Was das Unterrichtsprogramm betrifft, so hat der Praktikant zunächst Beobachtungen durchzuführen und unterrichtet relativ selten selbst, übernimmt jedoch dann sehr schnell Aufgaben, die den später auf ihn als Lehrer zukommenden Tätigkeiten ähneln. Ein gut vorbereiteter Praktikant, der während des Vorbereitungsdienstes an einer Schule war und an einem Workshop für alle Lehrer der Schule vor dem Schuljahresbeginn teilgenommen hat, kann sogar innerhalb zweier Wochen die volle Unterrichtsverantwortung für die Arbeit mit einzelnen Kindern, Kleingruppen sowie größeren Gruppen übernehmen. Er hat jedoch keine Entscheidungsbefugnis in bezug auf das Unterrichtsprogramm der Einheit wie z. B. der Leiter und andere erfahrene Lehrer. Er nimmt allerdings an Sitzungen der Einheit teil.

Unterrichtssekretärinnen und Hilfskräfte. Die pädagogisch nicht qualifizierten Mitglieder der Einheit teilen sich in Unterrichtssekretärinnen und Hilfskräfte. Der Leiter der Einheit ist in Kooperation mit dem Direktor der Schule und den übrigen Lehrern seiner Einheit für den ihren Fähigkeiten und ihrer Ausbildung entsprechenden Einsatz verantwortlich. Die Unterrichtssekretärin erledigt eine Anzahl von Verwaltungsarbeiten wie Führen der Anwesenheitslisten, Einsammeln bestimmter Gelder von den Schülern, Vervielfältigen von Materialien, Erledigen der Schreibarbeiten und der Buchhaltung.

Die Aufgabenbereiche der Hilfskräfte variieren, da sie im einzelnen direkt von deren jeweiligen Ausbildung und Erfahrung abhängig gemacht werden. Hilfskräfte sind oft für technische Hilfsmittel zuständig (Beleuchtung, Ventilation, Reinigung, Unterrichtsmaterialien, Vorräte, Tafeln, Pflanzen usw.). Sie beaufsichtigen Kinder, wenn diese nicht am Unterricht teilnehmen, kümmern sich um deren Kleidung, essen und spielen mit den Kindern. Teilweise können sie auch bestimmte unterrichtliche Funktionen ausüben.

Die oben beschriebene, differenzierte Aufgabenverteilung innerhalb des Lehrkörpers wird noch nicht von allen erfahrenen Lehrern, die in sogenannten geschlossenen Klassen unterrichten, und größere Autonomie wünschen, akzeptiert, und das gleiche gilt für manche Direktoren, die nicht eine derart große Verantwortung für das Erziehungsprogramm ihrer Schule übernehmen möchten. Andererseits sind viele Verfechter dieser neuen Richtung der Meinung, daß der eingeschlagene Weg nicht schnell genug beschritten wird. Immerhin haben sich in den drei kurzen Jahren, die es dauerte, bis aus der ersten etwa einhundert Schulen dieser Art geworden waren, Hunderte von Lehrern, Schulleitern, Verwaltungsbeamten und andere Personen engagiert, um die neuen Rollen zu definieren und in die tägliche Praxis umzusetzen. Dies wurde mit einem nur geringen Mehraufwand der Kosten pro Schüler an den örtlichen Schulen erreicht. Die schnellen positiven Auswirkungen des Programms auf die Einstellung der Lehrer und andere Aspekte der Erziehung werden im folgenden Kapitel beschrieben.

7.2.2 Der Temple City Plan

Rand und English (1968) beschreiben das Entwicklungsmodell eines differenzierten Personalplans für die Schulen in Temple City, einer Gemeinde im Stadtbereich von Los Angeles. Abb. 7.2 zeigt den Stand der Planung vom Januar 1968 (außer daß zu jener Zeit die Positionen des Lehrers mit Forschungsaufgaben und Curriculumaufgaben im Sinne einer Zusammenlegung revidiert werden sollten; auch die Höhe der Gehälter war vorläufig). Es sollte beachtet werden, daß auf allen Stellen auch unterrichtliche Aufgaben wahrzunehmen sind; das Verhältnis variiert von 100 Prozent (Hauptlehrer) bis 60 Prozent (Lehrer mit Forschungsaufgaben). Wir beschreiben im folgenden die einzelnen Stellen.

Lehrer mit Forschungsaufgaben (Teaching Research Associate; TRA). Der Arbeitsschwerpunkt eines Lehrers mit Forschungsaufgaben liegt auf der Einführung neuer Konzepte und Gedanken in das Schulsystem. Er ist auf Forschungsmethodologie und Evaluation von Curriculummaterialien und Unterrichtsprozessen spezialisiert. Ihm steht Zeit für Forschung und Evaluation zur Verfügung, seine Hauptaufgabe besteht jedoch darin, die neuesten Forschungs- und Curriculumentwicklungen für die Lehrer des Systems verfügbar zu machen. Der TRA verbringt aus diesem Grunde viel Zeit mit gemeinsamer Diskussion und Planung mit den übrigen Lehrern. Wie in Abb. 7.2. ersichtlich, steht der TRA in bezug auf Gehalt und Ausbildung an der Spitze der Hierarchie. Es handelt sich jedoch nicht um eine beamtete Position, sondern um eine auf 12 Monate befristete Anstellung.

Lehrer mit Curriculumaufgaben (Teaching Curriculum Associate; TCA). Lehrer mit Curriculumaufgaben verfügen unter Umständen über geringere Kenntnisse in bezug auf Forschungsmethologie und sind dafür stärker auf Curriculumfragen spezialisiert. Der TCA ist Fachmann auf wenigstens einem Curriculumgebiet und hält sich über nationale und übernationale Curriculumuntersuchungen auf dem neuesten Stand. Bei der Modifikation nationaler Untersuchungen im Hinblick auf örtliche Notwendigkeiten fungiert er als Leiter. Der TCA nimmt innerhalb der Hierarchie die zweite Stufe ein. Seine Beschäftigungszeit beträgt elf Monate.

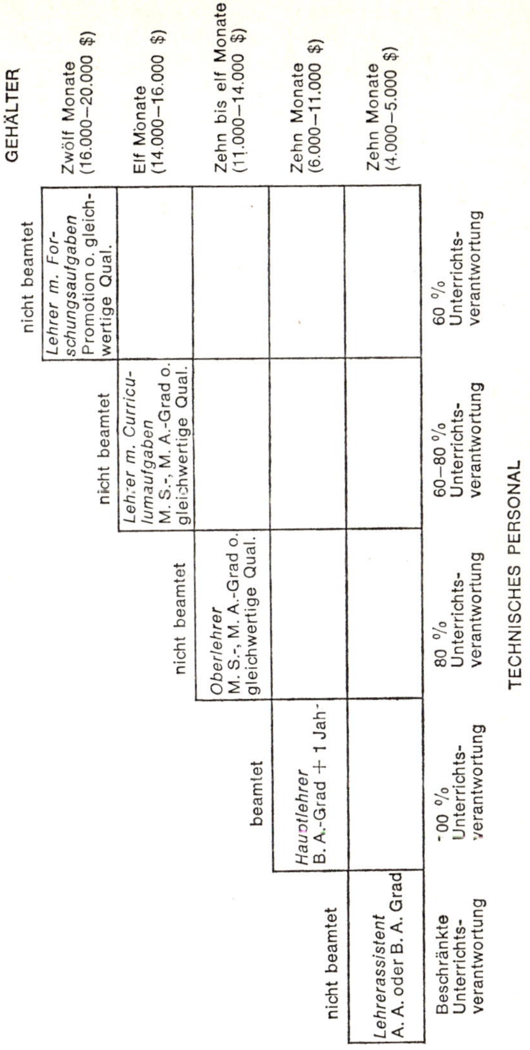

Abb. 7.2. Modell eines differenzierten Personalplans: Temple City Unified School District (*Rand & English*, 1968, S. 267).

Oberlehrer (Senior Teacher). Rand & English (1968) beschreiben den *Senior Teacher* als »Lehrer der Lehrer«, als anerkannt hervorragenden Praktiker, als Lerntechniker und als fähigen Lernprozeß-Diagnostiker. Der *Senior Teacher* wendet curriculare und unterrichtliche Innovationen als erster an. Er ist zuständig für die Leitung eines Fachbereichs, etwa Englisch, Social Studies oder Naturwissenschaft, und bestimmt zusammen mit dem Leiter der Schule die Auswahl der Hauptlehrer. In Team-teaching-Situationen fungiert der *Senior Teacher* als Teamleiter. Der *Senior Teacher* ist für zehn Monate angestellt und ebenfalls nicht beamtet.

Hauptlehrer (Staff Teacher). Der *Staff Teacher* verbringt seine gesamte Arbeitszeit mit den Schülern. Er arbeitet in ähnlicher Weise wie die meisten seiner Lehrerkollegen an herkömmlichen Schulen, nur daß Verwaltungs- und nichtunterrichtliche Tätigkeiten von Hilfskräften erledigt werden. Er ist Beamter.

Lehrassistent (Academic Assistant). Es gibt zwei Arten: a) Hilfskraft mit pädagogischer Zusatzausbildung; b) Praktikant. Der Lehrassistent arbeitet direkt mit den Schülern und kann sie auf seinem speziellen Fachgebiet unterrichten. Er kann auch verantwortlich sein für die Instandhaltung der Unterrichtsmaterialien, Benotung und Überwachung der selbständigen Schülerarbeit in Material- oder Leseecken. Die Anstellungszeit beträgt zehn Monate.

Technisches Personal (Educational Technician). Dieser Arbeitsbereich umfaßt haushaltsmäßige und verwaltungstechnische Aufgaben. Typisch hierfür sind Aktenführung, Materialvervielfältigung, Schreibarbeiten, Beaufsichtigung nichtunterrichtlicher Tätigkeiten der Schüler, Überwachung der Anwesenheit usw. Das technische Personal übt keine unterrichtlichen Tätigkeiten aus.

Weitere Rollen und Einrichtungen. Im Temple City Modell bilden die *Senior Teachers* den *Schulsenat (Academic Senate)*, der Regelungen im Zusammenhang mit dem Erziehungsprogramm der Schule festlegt. Außerdem nehmen die *Senior Teachers* an der »Professionalisierung und Disziplinierung ihres eigenen Berufsstandes« durch den Schulsenat teil. Wie wir bereits ausführten, entscheiden sie über die Auswahl der anzustellenden Hauptlehrer.

Die Lehrer mit Forschungsaufgaben bilden zusammen mit den einzelnen Schulleitern einen *Schul-Koordinierungs-Ausschuß (Academic Coordinating Council)*, dem der Schulrat vorsitzt. Dieser Ausschuß sorgt dafür, daß erziehungspolitische Bestimmungen entwickelt und im ganzen Schulsystem ausgeführt werden.

Die Lehrer mit Curriculumaufgaben sind Teil eines Ausschusses zur Koordinierung des Curriculums, dem der stellvertretende Schulrat vorsitzt. Dieser Ausschuß ist für die Curriculumentwicklung innerhalb des ganzen Schulsystems verantwortlich. Demnach sind *Senior Teachers* und *Staff Teachers* nicht in den Schul- bzw.

Curriculumausschüssen des Gesamtsystems vertreten. Weiter sind lediglich die *Senior Teachers* am Schulsenat der einzelnen Schulen beteiligt. Sie sind mit anderen Worten also voll für unterrichtliche Tätigkeiten freigestellt.

Statt eines stellvertretenden Schulleiters ist ein *Schulmanager* angestellt. Er übernimmt geschäftsführende und organisatorische Aufgaben, wiederum beabsichtigt man dadurch die Freisetzung des Schulleiters für unterrichtliche Zwecke.

Es gibt andere Wege zur Erreichung einer differenzierten Personalstruktur, aber der beschriebene Multiunit- und Temple City Plan setzten sich in der Praxis der 74er Jahre am stärksten durch. Dennoch kann nicht verläßlich vorhergesagt werden, wie es diesen Versuchen in der Zukunft ergehen wird. Ihr Erfolg wird in erster Linie von der Reaktion der organisierten Lehrergruppen abhängen. Diese werden drei Bedingungen akzeptieren müssen: (1) Mindestens zwei Qualifikationsstufen im Lehrerberuf; (2) Ausführung nichtunterrichtlicher Funktionen durch pädagogisch nicht qualifiziertes Personal; (3) relativ weniger hoch bezahlte Spezialisten an den Schulen, die nicht direkt unterrichten. Es könnte scheinen, als ob Lehrer den dritten Punkt beinahe automatisch akzeptieren würden, aber man sollte bedenken, was dieser Punkt tatsächlich beinhaltet: Lehrer an der Multiunit-Schule und Senior-Teachers im Temple City Plan müssen bestimmte Aufgaben im Bereich der Curriculumentwicklung, des Testens, Beratens sowie der Elternarbeit übernehmen, die im Augenblick von nicht-unterrichtenden Spezialisten wahrgenommen werden.

7.3 Merkmale der Lehrerorganisationen

Während der ersten Hälfte des 20. Jahrhunderts organisierten sich viele Berufsgruppen erfolgreich, gewannen Macht und beeinflußten politische Maßnahmen, die ihre Mitglieder betrafen. Die Lehrer jedoch zählten erst in den 60er Jahren effektiv zu diesen Gruppen. Während dieses Jahrzehnts festigten sich die bestehenden Organisationen der Lehrer in steigendem Maß. So haben in jüngster Zeit auch die Lehrer begonnen, Macht auszuüben – in der Tat beeinflussen sie jetzt erziehungspolitische Maßnahmen auf regionaler, staatlicher und nationaler Ebene. Sie haben in vielen Gemeinden und Staaten beträchtliche Gehaltserhöhungen und verbesserte Arbeitsbedingungen erzielt. Was noch wichtiger ist, sie haben als Regierungsangestellte das gesetzliche Recht zu Kollektivverhandlungen. Dieses Recht bringt verlockende Möglichkeiten mit sich, da es, wenn es richtig ausgeübt wird, nicht nur angewandt werden kann, um Gehalt und Arbeitsbedingungen der

Lehrer zu verbessern, sondern auch die gegenwärtige Erziehung der Kinder.

Diese Gelegenheiten werden nicht immer wahrgenommen. Tatsächlich wird die Macht – und dieser Irrtum ist nur zu verbreitet – nur mit ihrem Mißbrauch identifiziert; man nimmt allgemein an, daß Macht nur zu selbstsüchtigen Zwecken verwendet werde. So tendiert man, was die Macht der Lehrer betrifft, zu der Annahme, mehr Macht der Lehrer würde für sie mehr Geld und weniger Arbeitsstunden bedeuten. Die Borniertheit dieses Standpunktes wird gut dargestellt von *Lieberman:*

> Eine Gruppe, die zu schwach ist, um ihre unmittelbaren eigenen Interessen wahrzunehmen, ist gewöhnlich auch zu schwach, um die öffentlichen Interessen wahrzunehmen. Lehrer brauchen Macht, um die akademische Freiheit zu schützen, die Rassentrennung in der Erziehung auszurotten, um mehr und besseres Informationsmaterial zu liefern, und um viele andere Dinge zu tun, die wenig oder keine Beziehung haben zum sozialen Status des Lehrers. Wenn die Lehrer schwach sind, können sie das öffentliche Interesse an der Erziehung nicht wahrnehmen. Aus diesem Grund ist die Schwäche der Lehrer als organisierte Gruppe eines der bedeutendsten Probleme der amerikanischen Erziehung heute (*Liebermann,* 1967, S. 38).

Die Fortschritte, die die Lehrer gemacht haben, kamen durch ihre Kollektivbemühungen in zwei Organisationen – in der *National Education Association* und der *American Federation of Teachers.* Die meisten Lehrer gehören einer dieser Organisationen an, und die meisten zukünftigen Lehrer werden während ihres ersten Unterrichtsjahres Mitglieder.

7.3.1 Die National Education Association

Die *National Education Association* (NEA) entstand 1870; sie war die Fortführung einer 13 Jahre alten Organisation, der *National Teachers' Association (Dershimer,* 1969). Ihre Mitgliederzahl schwankte in den ersten 13 Jahren zwischen 150 und 380, stieg 1884 auf 2729 an und betrug von da an niemals weniger als 1000. Die Mitgliederzahl wuchs 1920 auf 52 850, 1921 auf 87 414, 1922 auf 118 032 und 1964 auf über 900 000 an (nach *Dershimer).* Es gibt staatliche und regionale Erzieherverbände, die der NEA angeschlossen sind, und obgleich die Stärke dieser staatlichen und regionalen Gruppen variiert, bilden die regionalen, staatlichen und nationalen Erziehungs-Verbände zusammen ein sehr starkes Verbindungsnetz.

Der militante Vorstoß der NEA während der 60er Jahre und ihre führende Rolle bei der Festsetzung von Zielen für die staatlichen und regionalen Verbände spiegeln sich deutlich wider in einer Erklärung, die der geschäftsführende Sekretär der NEA 1967 gab:

Letztes Jahr hatte die NEA 1 030 000 Mitglieder; Ende dieses Jahres werden wir wenigstens 1 100 000 Mitglieder haben. In zehn Jahren wird unsere Mitgliederzahl auf 2 000 000 ansteigen; die überwiegende Mehrheit ist von größter Loyalität. Sie sind Angehörige des Berufes auf jeder Ebene — auf regionaler, staatlicher und nationaler. Jetzt fangen wir an, Macht und Einfluß für die Belange einzusetzen, die wirklich die wichtigsten sind.

Die NEA wird
— unerbittlich sein auf der Suche nach besseren wirtschaftlichen Bedingungen für Lehrer in der Wohlstandsgesellschaft,
— eine politische Macht werden, die keiner anderen Sonderinteressengruppe nachsteht,
— darauf bestehen, daß der Berufsstand auf jeder Ebene Mitspracherecht hat bei der Festlegung erziehungspolitischer Maßnahmen, bei Curriculumänderungen und bei Unterrichtsplanung,
— mehr und mehr zu entscheiden haben, wie ein Lehrer ausgebildet wird, ob er zu dem Beruf zugelassen werden sollte, und ob er ihn behalten soll,
— ihr Programm wirtschaftlicher Vorteile für Mitglieder erweitern und verbessern,
— die alte Streitfrage in den eigenen Reihen — sozialer Status versus erzieherische Leitung — beenden; beides sind notwendige und zentrale Teile unseres Programms und werden weiter ausgebaut werden,
— weiterhin jeden Lehrer, Rektor oder Schulrat in diesem Land verteidigen und schützen, dessen bürgerliche oder berufliche Rechte bedroht oder negiert werden.
— Und letztlich wird die NEA diesen Berufsstand von Grund auf umorganisieren und vernünftige Arbeitseinheiten bilden, die schnell und effektiv handeln können und eine Durchschlagskraft besitzen wie keine andere organisierte Gruppe im Land (*Lambert*, 1967, S. 36).

Die positiveren Aspekte der Ziele der NEA — jene, die sich weniger mit dem sozialen Status des Lehrers und mehr mit den zu verbessernden Ausbildungsmöglichkeiten für Kinder befassen — erhielten 1969 augenscheinlich stärkeren Nachdruck. Damals war bei Verhandlungen um höhere Gehälter schon ein beträchtlicher Erfolg verzeichnet worden. Auszüge aus einigen ihrer vielen Beschlüsse, die auf der Zusammenkunft der NEA 1969 abgefaßt wurden, geben eine Vorstellung von den neueren NEA-Zielen: freie Schulausbildung für alle von früher Kindheit bis zum Erwachsenenalter. Schulen ohne Rassentrennung, größerer Einsatz von Lehrassistenten und Hilfskräften, um den Lehrer von Routinearbeiten und anderen Pflichten, die nichts mit dem Unterricht zu tun haben, zu befreien. Mehrzweckräume und besseres Hilfsmaterial, qualifizierterer Unterricht, größere staatliche Unterstützung der Erziehung, höhere Gehälter für Lehrer, bessere Altersversorgung und weitere Vergünstigungen, schriftliche und nichtdiskriminierende Abmachungen in bezug auf Anstellungsverhältnisse (NEA, 1969 b).

7.3.2 Die American Federation of Teachers

Dershimer (1969) verzeichnet auch den Aufstieg der *American Federation of Teachers*, die sich 1916 aus neun in Chicago versammelten regionalen Lehrervereinigungen formierte. 1940 hatte sie nur rund 40 000 Mitglieder, aber 1966 war ihre Zahl auf 130 000 angewachsen. Bedeutender als Zahlen ist nach *Dershimer* das Faktum, daß die AFT in geheimer Abstimmung gegen regionale NEA-Gruppen das Recht erworben hat, für alle Lehrer vieler unserer größeren Städte, angefangen bei New York selbst, Verhandlungen zu führen.

Da sie der *AFL-CIO* angeschlossen ist, benutzt die AFT Terminologie und Methoden der Arbeiterschaft, einschließlich Streiks (1970 wurde die Verbindung etwas getrübt, als einzelne Abteilungen innerhalb der AFL-CIO eigenständiger wurden). Die AFT-Mitgliedschaft ist auf Großstädte konzentriert. Auch läßt sie im Unterschied zur NEA keine Verwaltungsbeamten als Mitglieder zu; nur Lehrer können ihr beitreten. Nach *Dewing* (1968) stammen diese Mitglieder vorwiegend aus Minderheitengruppen, einschließlich vieler Katholiken, Juden und Neger. Weiterhin war die AFT – wie organisierte Gruppen der Arbeiterschaft allgemein – beständig in vorderster Linie, wenn es um progressive Erziehungsformen in den Vereinigten Staaten ging. In der Tat war sie nach Dewing (1968) der NEA voraus in dem Bestreben, bessere Arbeitsbedingungen für Lehrer und Schulen ohne Rassentrennung zu erreichen.

Nichtsdestoweniger wurde die AFT in Konflikte mit Ghettobewohnern verwickelt, anläßlich einer kürzlichen Kontroverse über die Kontrolle der Anstellung und Kündigung von Lehrern in New York City (*Zeluck*, 1969).

Nach *Lieberman* (1968) stimmten AFT und NEA gegen Ende der 60er Jahre in den meisten ihrer Ziele weitgehend überein. In der Tat lud 1968 die AFT die NEA zu Gesprächen über eine Fusion ein. Doch war die Fusion bis Anfang 1970 noch nicht zustandegekommen, augenscheinlich wegen des Widerstandes der NEA. Nichtdestoweniger hat – wie allgemein angenommen wird – der Wettbewerb mit der AFT um Mitglieder und Macht während der frühen 60er Jahre der NEA Anreiz gegeben, sehr viel stärker zu werden. Bezüglich der vorgeschlagenen Fusion kam *Lieberman* zu dem Ergebnis:

Es scheint mir, daß einer der erfreulichsten Aspekte der gegenwärtigen Situation die ungeheure Verbesserung der Führung der Lehrerschaft ist, und daß die Wahrscheinlichkeit besteht, daß eine Fusion Tendenzen in dieser Richtung bestärken wird. Wenn dies der Fall ist, wird der Kampfgeist der Lehrer wachsen und sich ständig mehr konstruktiver Öffentlichkeitsarbeit wie auch Zielen der Lehrer widmen (*Liebermann*, 1968, S. 144).

7.3.3 Kollektivverhandlungen

Wie erwähnt bestand der von den organisierten Lehrergruppen während der 60er Jahre erzielte Hauptvorteil in dem Recht, Kollektivverträge und -verhandlungen abzuschließen und zu führen.

Bei diesem Vorgang verhandeln ordnungsgemäß gewählte Arbeitnehmervertreter mit ihren Arbeitgebern über Bedingungen und Voraussetzungen der Anstellung und über andere Angelegenheiten, denen die Parteien zustimmen sollen oder über die zu verhandeln sie ersucht werden. Typisch ist, daß Vertreter der Schulbehörde, des Verwaltungspersonals und Vertreter einer Lehrerorganisation die Verhandlungen führen. Nach *Elam, Lieberman und Moskow* (1967) gab es vor 1960 keinen einzigen Staat, der Kollektivverhandlungen zwischen Lehrern und Schulbehörde genehmigte oder erforderlich machte. In den frühen 70er Jahren dagegen besaß die Hälfte der Staaten gesetzliche Bestimmungen über Kollektivverhandlungen.

Bei Kollektivverhandlungen wird eine spezielle Lehrerorganisation offiziell als der alleinige Bevollmächtigte der Lehrer zur Führung von Verhandlungen anerkannt. Die Erziehungsbehörde wird auf rechtlichem Wege ersucht, mit diesem Lehrervertreter zu verhandeln, und der Vertreter seinerseits muß gewisse rechtliche Forderungen erfüllen. Der Umfang der Verhandlungen und Verfahren zur Überwindung einer ausweglosen Situation wird in den Statuten aufgeführt. Obwohl Bezahlung und Arbeitsstunden wichtige Verhandlungspunkte sind, können auch andere Angelegenheiten, die die Erziehung direkter berühren, besprochen werden.

7.3.4 Druckmittel und Streiks

Wenn Verhandlungen fehlschlagen, sind die zwei Hauptmittel, mit Hilfe derer die Lehrer versuchen können, ihre Ziele zu erreichen, Druckmittel und Arbeitsabbruch, also Streik. Die NEA zieht Druckmittel vor. Die AFT dagegen tritt offen für das Streikrecht der Lehrer ein, widersetzt sich Anti-Streik-Gesetzen und gerichtlichen Verfügungen (*Cogen*, 1967). Die Anwendung von Druckmitteln oder Streiks könnte einen massiven Unwillen der Öffentlichkeit erzeugen. Nichtdestoweniger scheint die Gesamtwirkung bis jetzt positiv gewesen zu sein, wie kurz erläutert werden soll.

Carter (1967) beschreibt zwei Beispiele für die Anwendung von Sanktionen durch die NEA. Im Mai 1964 übte die NEA öffentliche Kritik am Staat Utah, dem es nicht gelungen war, die Arbeitsbedingungen, einschließlich der Bezahlung der Lehrer, zu verbessern. Die NEA erklärte daraufhin, es sei für jeden Lehrer außerhalb des Staates unethisch, sich dort um einen Vertrag zu bemühen, drohte mit dem Ausschluß von Mitgliedern, die dies taten, und informierte Zulassungsbehörden und Lehrerausbildungsstätten über ihre Aktion. Die Zwangsmaßnahme wurde im März 1965 wieder aufgegeben, nachdem Utah sein zweijähriges Ausbildungsbudget um 25 Millionen Dollars erhöht hatte.

Gegen Ende des Jahres 1964 wandte sich die *Oklahoma Education Association* an ihre Mutterorganisation, die NEA, um die Schulprobleme ihres Staates untersuchen zu lassen.

Die NEA-Beauftragten fanden bald heraus, daß diese Probleme ein kritisches Stadium erreicht hatten. Im März 1965 erklärte die *Oklahoma Education Association*, sie wolle Druck ausüben auf den Staat, und die NEA folgte unmittelbar 2 Monate später, kurz nachdem die Wähler des Staates eine geringfügige Erhöhung der 2prozentigen Umsatzsteuer abgelehnt hatten. Daraufhin informierte die NEA die größeren Kapitalgesellschaften und Banken über die Mängel der Erziehung in Oklahoma. Außerdem errichtete sie 5 »Zentren des Ortswechsels« zur Unterstützung von Lehrern, die evtl. aus dem Staat wegziehen wollten, und sorgte für eine Notkasse, die diese notfalls in Anspruch nehmen konnten. Das direkte Ergebnis war, daß der Gouverneur von Oklahoma am 7. Juli 1965 ein neues Erziehungsgesetz unterzeichnete, das das zweijährige Budget für allgemeine und Fachschulen um 28,7 Millionen Dollars erhöhte. Durch diesen Betrag, der eine Steigerung um 25 Prozent gegenüber dem vorigen Budget ausmachte, war das Schulbudget bei weitem das größte in der Geschichte Oklahomas. In diesen zwei Fällen, die beide gegen den Staat gerichtet waren, hatte nach *Carters* Urteil die Anwendung eines Druckmittels eine mächtige Wirkung darauf, daß zusätzliche Staatsgelder für die Erziehung beschafft werden konnten.

Lehrerstreiks, oft Proteste oder Boykotts genannt, sind selbstverständlich geworden. Oft werden von Lehrern Forderungen nach höheren Gehältern gestellt, die man vor dem Streik ärgerlich als unvernünftig abstempelte, sofort oder kurz darauf erfüllt. Lehrerstreiks richten sich in steigendem Maße gegen Bedingungen, die dürftige Lernmöglichkeiten für Schüler verursachen. Als z. B. die *Association of Classroom Teachers* in Los Angeles. der größte regionale Verband der NEA (19 200 Mitglieder), am 18. September 1969 Klassen boykottierte, kündigten ihre Leiter an, daß folgende Bedingungen der Verbesserung bedürfen:

> Klassen umfassen mehr als 38, 39, 40, ja sogar 45 Schüler.
>
> Das Gehalt der Lehrer wird ständig weniger konkurrenzfähig. Dies trägt dazu bei, daß in den Zentren der Großstädte die Hälfte der Lehrer jährlich die Schule wechseln, was sich verheerend auf die Erziehung auswirkt.
>
> Schulabbruch in den Inner-city-Gymnasien liegt zwischen 30 und 45 Prozent.
>
> Lesetestergebnisse liegen weit unter staatlichem und nationalem Durchschnitt und werden von Jahr zu Jahr schlechter.
>
> Es herrscht ein großer Mangel an Materialien, Geräten, Schulbüchern und anderem Anleitungsmaterial; vieles ist auch veraltet und in schlechtem Zustand.
>
> Viele der baufälligen Schulgebäude des Distrikts haben ungenügende Sicherheitsvorkehrungen und mangelhafte sanitäre Anlagen. Die Instandsetzung wird jährlich weiter reduziert ...
>
> Angesichts dessen haben die Lehrer keinerlei Stimmrecht, wenn es um vorrangige Probleme des Distrikts geht, und keinen Einfluß auf die Entscheidungsbildung (NEA-Reporter 1969c, S. 1).

Die Bedingungen sind in vielen unserer Großstadtzentren und ärmeren Landstrichen für Lehrer wie Schüler sehr schlecht. Um es noch genauer zu sagen, sie haben sich seit dem 2. Weltkrieg stetig verschlechtert, und der Trend verläuft noch nicht in umgekehrter Richtung. Viele Lehrer haben einzeln und ohne viel Erfolg versucht, die Bedingungen zu verbessern. Doch ist es nicht genug, unter diesen Voraussetzungen in einem der obengenannten Gebiete nur seine Kompetenz als Lehrer zu verbessern. Augenscheinlich kann die Kompetenz zu lehren allein, auch wenn sie mit echtem Engagement verbunden ist, keinen großen Unterschied in bezug auf die Leistung der Schüler hervorrufen, wenn andere Komponenten des schulischen Erziehungssystems (vgl. Kap. 1 des ersten Bandes) nicht ordnungsgemäß funktionieren oder regelrecht zusammengebrochen sind — wie dies in den ebengenannten Forderungen der Lehrer in Los Angeles aufgezeigt wurde. Lehrern, die mit solchen Schulsituationen konfrontiert werden, bleibt nur die Wahl, sich zu organisieren und kollektiv zu handeln — nicht notwendigerweise durch Streiks und Druckmittel, sondern durch Aktionen, die vielen amerikanischen Schülern vernünftige Bildungschancen garantieren.

Obgleich die NEA sehr groß und bürokratisch ist und die AFT

eher den Anschein einer Gewerkschaft als den einer Berufsvertretung hat, sind beide in der Lage, auf wechselnde Bedingungen einzugehen, wie aus ihren Leistungen der 60er Jahre ersichtlich wird. Diese organisierten Lehrergruppen bieten eine wirkliche Hoffnung für die Erziehung. Weit mehr als Schulbehörden, Universitätsprofessoren und Eltern haben diese Gruppen die Fähigkeit, notwendige Verbesserungen in der Erziehungspraxis herbeizuführen. Die Lehrer selbst müssen aus dem Lehren einen Beruf machen; niemand anders kann es für sie tun.

7.5. Welches sind die Hauptunterschiede und Gemeinsamkeiten zwischen der NEA und der AFT? Welche Organisation ziehen Sie als Vertretung der Lehrer in Kollektivverhandlungen vor? Warum?

7.6. Unter welchen Umständen, wenn überhaupt, würden Sie als Lehrer den Gebrauch von Druckmitteln begünstigen? Und Arbeitsabbruch? Sind Sie der Meinung, daß die oben beschriebenen Bedingungen in Los Angeles einen Arbeitsabbruch rechtfertigten?

7.7. Wieviel Wert sollte in einem Programm zur Lehrerbildung auf kollektives Verhalten und dessen Ausübung zur Erreichung erwünschter Ziele gelegt werden?

7.4 Zusammenfassung

Allgemeine intellektuelle Fähigkeit, pädagogischer und fachspezifischer Leistungsdurchschnitt auf der Hochschule und bei den Lehrproben zeigen eine niedrige, aber positive Korrelation mit der nachfolgenden Unterrichtseffektivität. Während der tatsächlichen Unterrichtstätigkeit sind Fachkenntnisse, Informationen über Schüler und deren richtige Interpretation sowie die Fähigkeit zur Lösung unterrichtlicher Probleme ebenfalls mit der Effektivität des Unterrichtens verbunden. Was den effektiven Bereich betrifft, so sind freundliches und fröhliches, verantwortliches, sachliches und begeisterndes Auftreten ebenfalls mit der Effektivität verbunden.

In zunehmendem und wünschenswertem Maß wird aus einem unabhängig von anderen arbeitenden und für alle möglichen Dinge undifferenziert zuständigen Lehrer ein kooperatives Teammitglied mit differenzierten Aufgabenstellungen. Unterricht ist so spezialisiert geworden, daß eine Person allein niemals mehr Fachmann in allen Teilbereichen sein kann. Die in Wisconsin entwickelte Multiunit-Grundschule und der in Kalifornien entwickelte Temple City Plan sind die beiden am besten ausgearbeiteten Pläne der frühen 70er Jahre. Die Charakteristika dieser kompletten Organisationen haben weitreichende Implikationen sowohl für die Ausbildung der Lehrer als auch für die unterschiedlichen Arten des an diesen Schulen beschäftigten Personals.

Während der 60er Jahre entstanden organisierte Lehrerverbände auf nationaler, staatlicher und örtlicher Ebene. Kollektive Verhandlungen, Druckmittel gegenüber einzel- und bundesstaatlichen Stellen sowie Streiks wurden üblich. Sowohl die NEA als auch die AFT bewiesen, daß sie in konstruktiver Weise auf die verschlechterte Unterstützung von Schulen, Rassenprobleme und andere das amerikanische Erziehungssystem ernsthaft gefährdende Problem zu reagieren verstanden. Die organisierten Lehrer sollten nicht länger davor zurückscheuen, ihren Teil an Verantwortung im Hinblick darauf zu übernehmen, daß für mehr Schüler bessere erzieherische Möglichkeiten geschaffen werden und der Lehrberuf eine größere Professionalisierung erfährt.

7.5 Weiterführende Literatur

Carter, B.: The teachers give Oklahoma a lesson. In Elam, S. M., Liebermann, M. & Moskow, M. (Hrsg.). Readings on collective negotiations in public education. Chicago: Rand McNally, 1967, S. 381 bis 388.

Es handelt sich um den Bericht eines Reporters über die von der NEA und OEA angewandten Druckmittel und deren Auswirkungen.

Dechert, H.-W. (Hrsg.): Team Teaching in der Schule. München, Piper 1972.

Von den zwölf Aufsätzen beschäftigen sich sieben mit theoretischen, sechs mit empirischen Fragestellungen des Team Teaching. Beigefügt ist ein terminologischer Apparat sowie eine Liste deutscher Team-Teaching-Projekte.

Dershimer, R. A.: Professional educational organizations. In Ebel, R. L., (Hrsg.) Encyclopedia of educational research. New York: Macmillan, 1969, S. 1008—1016.

Ein fundierter historischer Abriß über die Lehrerorganisationen in Amerika, einschließlich der NEA und der AFT.

Hamachek, D. E. (Hrsg.): Human dynamics in psychology and education: Selected Readings. Boston: Allyn and Bacon, 1968.

Die Artikel 13 bis 16 behandeln die Dynamik von Schulklassen und Unterrichtsprozessen: D. Hamachek »What Research Tells Us about the Characteristics of ›Good‹ and ›Bad‹ Teachers«, S. 187—203; W. James, »Psychology and the Teaching Art«, S. 204—206; W. J. McKeachie, »Students, Groups and Teaching Methods«, S. 207—215; und C. Rogers, »Personal Thoughts on Teaching and Learning«, S. 216—218.

Kounin, J. S. & Gump, P. V.: The comparative influence of punitive and non-punitive teachers upon children's concepts of school misconduct. In Ripple, R. E. (Hrsg.) Readings in learning and human abilities. New York: Harper & Row, 2nd ed., 1971.

Die Effekte von strafendem und nichtstrafendem Verhalten des Lehrers auf die Einstellung von Kindern gegenüber schulischem Fehlverhalten werden in diesem Forschungsbericht aufgezeigt.

8. Interaktionen in der Klasse und Erziehungsstile

In den ersten vier Kapiteln dieses Bandes wurden nacheinander vier Komponenten eines schulischen Lernsystems behandelt: Erziehungs- und Unterrichtsziele, Unterrichtsmaterialien und Ausstattung, Entwicklungstand der Schüler in bezug auf Lernen und Maßnahmen für individuelle Unterschiede sowie Merkmale von Lehrern als Einzelpersonen und als organisierte Gruppen. Wir haben in diesen Kapiteln die fundiertesten Forschungsergebnisse und Praktiken der Vergangenheit zusammengestellt, jedoch auch versucht, Vorhersagen über die Art des schulischen Lernens in der Zukunft zu treffen. In diesem Kapitel beschäftigen wir uns mit Lehrer-Schüler-Interaktionen, Erziehungsstilen, Beziehungen zwischen Lehrern und dem Klima im Team und schließlich Schüler-Schüler-Interaktionen.

8.1 Lehrer-Schüler-Interaktionen

Der Lehrer interagiert mit Schülern durch Sprechen, Schreiben und körperliche Bewegungen. Wenn es z. B. darum geht, zu zeigen, wie ein bestimmtes Problem gelöst wird, so kann der Lehrer darüber sprechen, alles oder einiges an die Tafel schreiben und beim Sprechen und Schreiben entsprechende Gesten ausführen. Der Musiklehrer kann, wenn er zum erstenmal ein Lied vorsingt, dieses mit geeigneten Gesten und Bewegungen begleiten, um nicht nur den Text und die Melodie, sondern auch die Stimmung zu vermitteln.

Schüler verfügen über z. T. dieselben Mittel zur Interaktion mit dem Lehrer. Der Lehrer jedoch kontrolliert normalerweise Art und Menge der Interaktionen. Wenn der Lehrer sich beispielsweise zu einem Vortrag entscheidet oder die Schüler selbständig arbeiten läßt, gibt es weder zwischen den Schülern noch zwischen Lehrern und Schülern verbale Interaktionen. Andererseits erfordern Diskussionen innerhalb der Klasse, Frage- und Antwort-Sitzungen und Kleingruppenaktivitäten sehr viel Interaktion.

Als Teil der fortgesetzten Bemühungen vieler Forscher, nützliche Informationen für Lehrer zur Verfügung zu stellen, wurden während der vergangenen Jahre Versuche unternommen, Menge und Art der Lehrer-Schüler-Interaktionen auf Lernergebnisse zu beziehen. An erster Stelle steht die Analyse speziell des verbalen Lehrer- und Schülerverhaltens. In einem nächsten Schritt werden die Auswirkungen der unterschiedlichen Lehrerverhaltensweisen direkt auf Schülerleistungen oder andere Verhaltensweisen bezogen. Wir gehen nun auf die zwei in kürzlich durchgeführten Untersuchungen verwendeten Methoden und deren Ergebnisse genau ein, dann stellen wir weitere Informationen dar, die dem Lehrer bei der Steuerung seiner eigenen Interaktionen mit Schülern hilfreich sein können.

8.1.1 Flanders Analyse verbaler Interaktionen

Flanders (1968, 1969) entwickelte ein weithin verwendetes System zur Beobachtung, Aufzeichnung und Interpretation von Lehrer-Schüler-Interaktionen. Dieses System ist nur mit verbalem Verhalten befaßt und geht von der Annahme aus, daß das verbale Lehrer- und Schülerverhalten ein adäquates Muster ihres Gesamtverhaltens darstellt. Auch kann verbales Verhalten mit höherer Zuverlässigkeit beobachtet werden als nichtverbales. Wir gehen hier ausführlich auf das *Flander*sche System ein, so daß der Lehrer mit einer wissenschaftlichen Methode zur Beobachtung und Analyse von Interaktionen, mit unterschiedlichen Interaktionsmustern in der Klasse sowie mit den Beziehungen zwischen den verschiedenen Interaktionsmustern, Schülerleistungen und Einstellungen vertraut wird. Andere Systeme zur Beobachtung und Analyse von Interaktionen in der Klasse, die etwa ebenso komplex sind, beschreiben wir hier nicht. *Medley* und *Mitzel* (1963) haben eine detaillierte Darstellung der verschiedenen Methoden geliefert, und auch *Flanders* (1969) referiert die Ergebnisse in bezug auf mehrere unterschiedliche Methoden.

Interaktionskategorien

Im *Flander*schen Interaktionsanalyse-System werden alle Lehreräußerungen zuerst als »indirekte« oder »direkte« Beeinflussung klassifiziert. Indirekte Beeinflussung vergrößert den Freiheitsspielraum der Schüler. Direkte Beeinflussung vermindert den Freiheitsspielraum der Schüler im Hinblick auf ihre Äußerungen. Die Schüleräußerungen werden ebenfalls nach zwei Kategorien aufgeteilt — »dem Lehrer antworten« und »aus eigener Initiative sprechen«. Außerdem gibt es noch eine dritte Klassifikation, nämlich »Ruhe oder Lärm«, um auch Verhalten registrieren zu können, das weder unter die Kategorien der Lehrer, noch die der Schüleräußerungen subsumieren läßt.

Wie aus Tab. 8.1 ersichtlich, werden die Lehreräußerungen, die indirekte Beeinflussung enthalten, in vier Subkategorien eingeteilt: akzeptiert Empfindungen, lobt oder ermutigt, akzeptiert und verwendet Ideen von Schülern, stellt Fragen. Die Kategorien der direkten Beeinflussung sind: Vortragen, Anweisungen geben, kritisieren, Kritik üben oder rechtfertigen von Autorität. Wir lassen eine vollständigere Beschreibung der Kategorie 7 folgen:

Kategorie 7: Kritik üben oder rechtfertigen von Autorität. Eine kritisierende Äußerung soll nicht-akzeptierbares Schülerverhalten annehmbar machen. Der Lehrer sagt sinngemäß: »Ich möchte nicht, daß du das tust, tu etwas anderes.« Zu dieser Kategorie gehören auch Äußerungen, die der Verteidigung oder Selbstrechtfertigung des Lehrers dienen. Solche Äußerungen sind dann besonders schwer aufzudecken, wenn es den Anschein hat, als wolle der Lehrer der Klasse eine Aufgabe oder die Gründe, warum er eine Aufgabe durchnimmt, erklären. Wenn er sein Verhalten und seine Maßnahmen erklärt und sich dabei dem Schüler gegenüber verteidigt und rechtfertigt, gehört die Äußerung in Kategorie 7. Auch Äußerungen, die stark selbstbezogen sind oder Äußerungen, durch die der Lehrer die Kinder ständig dazu anhält, ihm einen Gefallen zu erweisen, gehören ebenfalls in diese Kategorie (*Amidon & Flanders*, 1963, S. 9).

Wie bereits erwähnt wurde, wird nur *mündliches verbales* Verhalten kategorisiert. Anders ausgedrückt, wenn der Lehrer spricht (Kategorien 1 bis 7), wird angenommen, daß die Schüler zuhören, und wenn die Schüler sprechen (Kategorien 8 und 9), nimmt man an, daß der Lehrer zuhört.

Beobachtung und Aufzeichnung der Integrationen

Obwohl dieses Analysesystem kompliziert aussehen mag, ist es leicht handhabbar. Es kann ein Tonbandgerät zur Aufzeichnung einer Zeitperiode zur späteren Analyse verwendet werden, ein trainierter Beobachter in der Klasse wird die Interaktionen jedoch effektiver analysieren können. Alle drei Sekunden entscheidet der Beobachter, welche der neun Interaktionskategorien soeben vorgekommen ist. Für jede Beobachtungsminute zeichnet er also 20 Kategorienzahlen auf.

Ein kurzes Beispiel soll zeigen, wie dieses System funktioniert: nehmen wir an, daß ein Zeitintervall von 21 Sekunden von einem Beobachter folgendermaßen notiert wurde: 10 – 9 – 3 – 3 – 3 – 4 – 8 – 10. Es spielte sich also folgendes ab: nach einer kurzen Pause (10) schlug ein Schüler eine neue Beweismöglichkeit für einen geometrischen Satz vor (9), der Lehrer akzeptierte den Vorschlag und griff den Gedanken des Schülers auf (3 – 3 – 3), der Lehrer stellte eine Frage, um den Gedanken anzuwenden (4), und ein Schüler antwortete (8). Die 10 am Ende zeigt lediglich an, daß die notwendige Beobachtungseinheit abgeschlossen ist, z. B. Stundenende, Beobachtungsende oder Wechsel der Unterrichtsaktivitäten.

Tabelle 8.1. *Kategorien der Interaktionsanalyse*

Lehreräußerungen und Schüleräußerungen
Lehreräußerungen
Indirekte Beeinflussung (Response)
1. *Akzeptiert Empfindungen:* akzeptiert und klärt die Gefühlshaltungen der Schüler, ohne zu drohen. Die Gefühle können positiv oder negativ sein. Das Voraussagen von oder Sicherinnern an Gefühlshaltungen ist eingeschlossen.
2. *Lobt oder ermutigt:* lobt den Schüler für seine Handlungsweise oder sein Verhalten oder ermutigt ihn; Scherze zur Verminderung der Spannung, jedoch nicht auf Kosten eines anderen; Kopfnicken und Äußerungen wie »hm« oder »weiter« sind eingeschlossen.
3. *Akzeptiert und verwendet Ideen von Schülern:* klärt und entwikkelt Anregungen von Schülern; wenn der Lehrer vorwiegend eigene Ideen verwendet, benutzt man Kategorie 5.
4. *Stellt Fragen:* stellt Fragen nach Inhalt und Verfahren, die die Schüler beantworten sollen.
Direkte Beeinflussung (Initiation)
5. *Vortragen:* nennt Tatsachen oder Meinungen über Inhalte und Verfahren; äußert seine eigenen Gedanken, stellt rhetorische Fragen.
6. *Gibt Anweisungen:* befiehlt, ordnet an, steuert den Unterricht und erwartet, daß die Schüler Folge leisten.
7. *Übt Kritik oder rechtfertigt Autorität:* will mit seinen Äußerungen das Verhalten des Schülers in seinem Sinne verändern; schreit einen Schüler an; gibt die Gründe für sein Verhalten an; extreme Selbstdarstellung.
Schüleräußerungen
Indirekte Beeinflussung (Response)
8. *Schüler antwortet:* Schüler antworten dem Lehrer: Lehrer initiiert den Kontakt oder bittet um Schüleräußerung.
9. *Schüler spricht freiwillig:* Schüler sprechen auf eigenen Wunsch hin. Wenn der Lehrer nur aufruft, um die Reihenfolge der Sprecher festzulegen, müssen Sie entscheiden, ob der Schüler etwas sagen wollte. Wenn ja, benutzt man diese Kategorie.
10. *Ruhe und Lärm:* Pausen, kurze Perioden der Ruhe und Perioden des Durcheinanders, in denen der Beobachter nichts verstehen konnte.

Quelle: *Flanders*, 1968, S. 128.

Zur Bereitstellung eines Gesamtbildes der Interaktionen und um dem Lehrer die Analyse des Geschehenen zu erleichtern, werden die für die Kategorien stehenden Nummern in eine 10×10 Matrix eingeordnet. Dabei faßt man die Beobachtungsnummern zu *Paaren* zusammen. Aus unserem Beispiel ergeben sich also folgende Paare: (a) 10-9, (b) 9-3, (c) 3-3, (d) 3-3, (e) 3-4, (f) 4-8 und (g) 8-10. Die erste Zahl jedes Paares bezeichnet die Reihe, die zweite Zahl die Spalte der Matrix. Hieraus ergibt sich die Zelle, in die das Nummernpaar eingetragen wird. Die Zelle also, in die das erste Paar a eingetragen wird, ist durch die zehnte waagrechte Reihe und die neunte senkrechte Spalte festgelegt. Die Zelle für das zweite Paar, also b, liegt im Schnittpunkt der Reihe 9 und der Spalte 3 usw. Abb. 8.1 veranschaulicht das Ergebnis der Übertragung (die Buchstaben der Interaktionspaare sind lediglich zum Zwecke der Verdeutlichung eingesetzt – normalerweise tut man das nicht; auch werden im Normalfall mehrere hundert Interaktionspaare in einer einzigen Matrix festgehalten).

	1	2	3	4	5	6	7	8	9	10
1										
2										
3			(c,d) II	(e) I						
4								(f) I		
5										
6										
7										
8										(g) I
9			(b) I							
10									(a) I	

Abb. 8.1. *Flandersche* Matrix der Interaktionssequenz (nach *Amidon & Flanders*, 1963, S. 27).

Interpretation der Interaktionen

Abb. 8.2 zeigt, wie die Beobachtungen zum Zwecke der Interpretation bestimmten Bereichen zugeordnet werden können. Die in der Abbildung enthaltenen Bereiche, allesamt sehr wichtig für Lehrer, schließen natürlich sehr viel mehr mögliche Beobachtungen ein als die in Abb. 8.1. Die Kategorien 1 bis 4 (Lehreräußerungen) sind im Bereich A zusammengefaßt, um den prozentualen Zeitanteil der indirekten Lehreräußerungen anzugeben; Bereich B faßt die Kategorien 5-7 zusammen, um den prozentualen Zeitanteil der direkten Lehreräußerungen festzuhalten. In ähnlicher Weise sind die Kategorien 8 und 9 im Bereich C sowie die Kategorie 10 im Bereich D zusammengefaßt, um den prozentualen Zeitanteil der Schüleräußerungen, Ruhe- und Lärmperioden anzuzeigen.

Der Bereich D, der alle Striche aus den Kategorien 1-3 enthält, gibt an, inwieweit der Lehrer Empfindungen akzeptiert, lobt oder ermutigt und Ideen der Schüler akzeptiert bzw. verwendet.

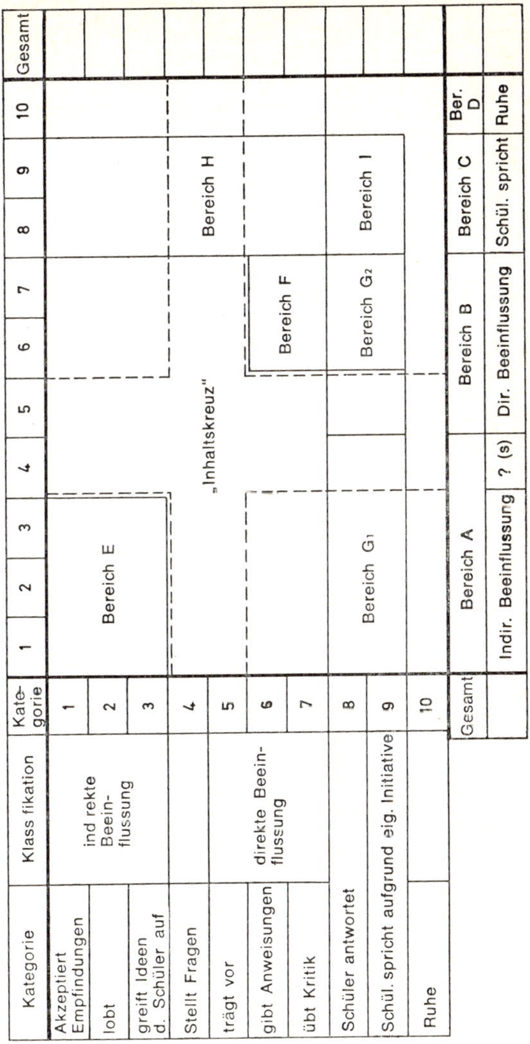

Abb. 8.2. Matrix einer Interaktionsanalyse sowie entsprechender Interpretationsbereiche (*Flanders*, 1968, S. 129).

Der Bereich F, der die Kategorien 6 und 7 enthält, zeigt an, inwieweit der Lehrer Anweisungen erteilt und Kritik übt. Nach *Flanders* (1968) zeigt eine Häufung von Strichen in diesem Bereich Disziplinschwierigkeiten des Lehrers an. Besonders wichtig in diesem Zusammenhang sind die beiden Zellen 6 und 7. Striche in der Zelle 6-7 weisen auf einen Übergang von Anweisungen zu Kritik hin, d. h. daß die Reaktion der Schüler auf Anweisungen als nicht ausreichend betrachtet wird; Striche in der Zelle 7-6 zeigen an, daß man von Kritik zu Anweisungen übergeht, d. h. daß Schüler, nachdem sie kritisiert worden sind, in verstärktem Maße Anweisungen erhalten.

Die Bereiche G_1 und G_2 veranschaulichen die Lehreräußerungen unmittelbar nach Beendigung von Schüleräußerungen. Striche in G_1 zeigen an, daß der Lehrer Schülerideen akzeptiert und verwendet, und daß er Schüler lobt. (Kategorien 1-3); Striche in G_2 zeigen an, daß der Lehrer nach Schüleräußerungen Anweisungen erteilt oder Kritik übt (Kategorien 6 und 7).

Der Bereich H zeigt Lehrerfragen oder Äußerungen an, die Schülerteilnahme hervorrufen. Man würde erwarten, daß eine Lehrerfrage (4) eine Schülerantwort (8) oder Schülerfragen (9) hervorruft. Bereich I zeigt anhaltende Schülerbeteiligung wie in einer Diskussion oder ähnlichem an. Nicht angezeigt wird, welche oder wieviele Schüler in einer ganzen Gruppe mündlich interagieren.

Der Vergleich der Gesamtzahl der Striche im »Inhaltkreuz« mit den Strichen außerhalb des Kreuzes ergibt einen groben Hinweis darauf, wieviel Unterrichtszeit tatsächlich stoffbezogen verbracht wurde.

8.1.2 Auswirkungen der indirekten und direkten Lehrerbeeinflussung

Aus dem oben gesagten ergibt sich deutlich, daß eine Unterscheidung, die im Hinblick auf Lehrer gemacht werden kann, in ihrem Gebrauch der indirekten bzw. direkten Beeinflussung liegt. Eine zweite Unterscheidung betrifft das Ausmaß der Äußerungen auf seiten des Lehrers bzw. der Schüler.

Flanders (1969) gibt einen Überblick über eine Vielzahl von Untersuchungen, die sich in den 60er Jahren mit den Unterschieden zwischen Lehrern in bezug auf die Verwendung indirekter bzw. direkter Beeinflussungen befaßten. Die meisten dieser Untersuchungen wurden mit Lehrern der Primar- und Sekundarstufe durchgeführt, die keine Unterweisung in der Verwendung indirekter Methoden erhalten hatten; in einigen wenigen Fällen wurde jedoch eine Kontrollgruppe in solchen Methoden unterrichtet. Eines der signifikantesten Ergebnisse dieser Untersuchungen besteht darin, daß indirekte Verhaltensweisen — die von

Flanders beschriebenen oder ähnliche Lehrerverhaltensweisen — mit wenigen Ausnahmen nicht nur mit höheren Schülerleistungen in bezug auf den Lernstoff, sondern auch mit günstigeren Einstellungen der Schüler gegenüber Lehrern, dem Lernstoff und weiteren Aspekten der Schulsituation verbunden waren.

Im Zusammenhang mit dem Ausmaß an Lehreräußerungen konnte *Flanders* (1969) auch feststellen, daß viele Untersuchungen einen 65- bis 75prozentigen Anteil von Lehreräußerungen an der gesamten Unterrichtszeit ausmachten. Darüberhinaus waren die Lehreräußerungen meistens von der Art, daß die Schüler lediglich auf die Initiative des Lehrers hin zu antworten hatten, anstatt daß der Lehrer so auf die Schüler reagierte, daß diese sich aus eigenem Antrieb heraus äußerten. *Gallagher* (1965) z. B. wies nach, daß viele Schülerantworten zeigten, daß die Schüler lediglich auf etwas vom Lehrer Verlangtes reagierten. *Flanders* faßt die Auswirkungen einer solch direkten Lehrerbeeinflussung zusammen:

> Der Unterricht ermutigt Schüler nicht zu eigener Initiative und zum selbständigen Denken. Die meisten dieser Untersuchungen zeigten, daß Lehrer in sehr viel mehr Punkten übereinstimmten als sie sich unterscheiden. Die weniger effektiven Lehrer gleichen sich mehr, sind weniger flexibel und lassen sich wahrscheinlich leichter identifizieren als effektivere Lehrer ... Bisher sieht es überwiegend so aus, daß die meisten praktizierenden Lehrer Verhaltensmuster übernehmen könnten, die es ihnen erlaubten, mehr auf die Ideen und Meinungen der Schüler einzugehen und auf diese Weise sowohl positivere Schülereinstellungen als auch höhere Leistungen zu erzielen (*Flanders*, 1969, S. 1429).

Diese Schlußfolgerungen führen zu der Frage: was genau ist »indirektes Lehrerverhalten«? Wir gehen nun genauer auf dieses Verhalten ein, das so offensichtlich in der Lage zu sein scheint, höhere Schülerleistungen und günstigere Schülereinstellungen zu erzielen. Die höhere Leistung rührt teilweise daher, daß entweder der Lehrer *oder* die Schüler durch mannigfache mündliche Interaktionen in bezug auf den Lernstoff das richtige oder geeignete Verhalten der Schüler verstärken und sichern. Die Verhaltensweisen der Schüler können in Diskussionen, Frage- und Antwort-Perioden und anderen die Teilnahme der Schüler erfordernden Tätigkeiten verstärkt werden. Beispielsweise diskutieren die Mitglieder kleinerer Gruppen innerhalb einer Klasse ein Experiment, das jeder soeben durchführt. Bei der Diskussion dieses Projekts werden zwischen den Mitgliedern jeder Gruppe große Informationsmengen ausgetauscht. Ebenso werden in vom Lehrer geleiteten Diskussionen Schülerantworten sofort verstärkt oder korrigiert, und zwar nicht nur durch den Lehrer, sondern auch durch die Klassenkameraden. Arbeit an der Tafel kann manchmal ebenfalls effektiv sein, weil es dem Lehrer Gelegenheit gibt, die Ergebnisse der Arbeit einiger Schüler sofort zu sehen, Richtiges zu verstärken und ihnen zu helfen, Fehler und Schwierigkeiten sofort festzustellen und zu überwinden.

Das Hervorbringen günstiger Einstellungen ist direkt verbunden mit einer nahezu überall als Faktum akzeptierten Theorie — nämlich daß Menschen darauf angewiesen sind, Zuneigung zu geben und zu bekommen und Aufmerksamkeit und Zustimmung zu erfahren. Wenn die Gelegenheit dazu besteht, befriedigen Schüler diese Bedürfnisse in der Klasse zum Teil durch ihre mündlichen Interaktionen mit anderen Schülern. Außerdem verläßt sich der effektive Lehrer auf mündliche Interaktionen mit Schülern, um einen Teil seiner eigenen sozialen Bedürfnisse zu befriedigen. Um sich selbst zu verwirklichen und eine relativ ausgeglichene Persönlichkeit aufrechterhalten zu können, muß der Lehrer erfahren, daß seine Schüler unter seiner Anleitung tatsächlich etwas lernen. Dies wird möglich, wenn Schüler aktiv an Unterrichtstätigkeiten teilnehmen, so daß der Lehrer ihre Fortschritte ständig beobachten kann.

Das Herstellen eines entweder mit kognitiven oder affektiven Aspekten des Lernens zusammenhängenden Feedbacks ist ein zweiseitiger Vorgang. Schüler selbst können eine besonders wichtige Informationsquelle für ihre Lehrer darstellen — vorausgesetzt, daß man ihnen die Gelegenheit dazu bietet.

Tuckman und *Oliver* (1968) zeigten dies auf ziemlich dramatische Weise. In ihrer Untersuchung bestimmten sie die Auswirkungen des Feedbacks von drei Gruppen auf Lehrer: nur von Schülern, nur vom stellvertretenden Direktor und von Schülern und stellvertretenden Direktoren zusammen. Als Feedback erhielten die Lehrer die Ratings und Bemerkungen ihrer Schüler, ihres stellvertretenden Direktors oder beides. Diese Ratings und Bemerkungen bezogen sich auf zehn Bereiche, einschließlich der Fachkenntnis, der Fähigkeit zu erklären, der Fähigkeit, Disziplin zu halten, dem Ausmaß an freundlichem Verständnis, der Fairneß sowie dem gezeigten Interesse.

Die Beurteilungen der Auswirkungen des Feedbacks erfolgte aufgrund der gemessenen Veränderungen in den Ratings der *Schüler* über 256 Lehrer während einer zwölfwöchigen Periode.

Der Feedback durch die Schüler führte zu einer positiven Veränderung in den auf einen Lehrer bezogenen Ratings. D. h. daß sich die Lehrer aufgrund des Feedbacks durch die Schüler nach deren Meinung während der zwölf Wochen in einer wünschenswerten Weise verändert haben. Der Feedback durch Schüler und stellvertretende Direktoren zusammen erbrachte ebenfalls gewünschte Veränderungen. Jedoch hatte der Feedback durch die stellvertretenden Direktoren allein Veränderungen in der entgegengesetzten Richtung zur Folge; d. h., daß die Stichprobe der Lehrer, die nur einen Feedback von den stellvertretenden Schuldirektoren erhielten, sich nach den Ratings ihrer Schüler in einer negativen Weise verändert hat. Diese Auswirkungen wurden folgendermaßen interpretiert:

Es kann nur angenommen werden, daß Lehrer eine defensive (oder sogar feindliche) Einstellung gegenüber Aufsichtsbeamten haben, die, ohne über eine notwendige Beurteilungsgrundlage zu verfügen, ihnen sagen wollen, wie sie zu unterrichten haben. Tatsache ist jedoch, daß die einzige Quelle des Feedbacks für Lehrer normalerweise deren Supervisoren darstellen. Die hier zusammengefaßten Daten zeigen, daß ein solcher Feedback mehr Schaden als Gutes anrichtet, wobei die beste Quelle des Feedbacks, nämlich die Schüler, übersehen werden (*Tuckman & Oliver*, 1968, S. 300).

8.1.3 Andere Interaktionen

Isaacson et al. (1964) untersuchten das Verhaltensmuster von Hochschullehrern. Man ließ Studenten ihre Lehrer mit Hilfe einer Vielzahl von aus verschiedenen Erhebungsinstrumenten stammenden Items einsetzen und konnte sechs allgemeine Muster, Faktoren oder Dimensionen identifizieren. Die Bezeichnungen dieser Dimensionen sowie einige wenige Beispiele relevanter Verhaltensweisen beschreiben bestimmte Aspekte des Verhaltens von Hochschullehrern (obwohl) sich diese Faktoren natürlich auf Lehrer aller Schulstufen beziehen lassen):

1. *Dimension generelles Unterrichtsgeschick (skill).* Lehrer legt seinen Unterrichtsstoff in einer interessanten Art dar, stimuliert die intellektuelle Neugierde seiner Studenten, erklärt Dinge klar, beobachtet die Reaktionen seiner Studenten aufmerksam.
2. *Dimension hohe geforderte Arbeitsleistung (overload).* Er fordert mehr von den Studenten, als sie leisten können.
3. *Dimension Strukturierung und Planung des Unterrichts (structure).* Er entscheidet im Detail, was und wie es getan werden sollte; er plant im Detail die Aktivitäten jeder Periode.
4. *Dimension Stellungnahme zu Leistungen in der Studentengruppe (feedback).* Er lobt Studenten wegen ihrer Arbeit vor der gesamten Gruppe, kritisiert schlechte Mitarbeit.
5. *Dimension Gruppeninteraktion (interaction).* Die Studenten in seiner Gruppe sind freundlich, drücken freimütig ihre Meinung aus, äußern sich gerne.
6. *Dimension Studenten-Lehrer-Beziehung (rapport).* Lehrer hört aufmerksam zu, wenn Gruppenmitglieder sprechen; er ist

freundlich, permissiv und flexibel, erklärt die Gründe für seine Kritik.

Isaacson versuchte nicht, diese Verhaltensweisen im Sinne der Lernleistungen von Studenten oder deren Reaktionen gegenüber ihren Lehrern auf die Lehrereffektivität zu beziehen. Der Leser mag dies jedoch aufgrund seiner eigenen Erfahrungen für sich selbst tun.

Leeds (1954) verglich Schülerratings über die 10 beliebtesten und 10 unbeliebtesten Lehrer in bezug auf eine Anzahl unerwünschter Verhaltensweisen; er führte zwei Untersuchungen durch, eine im Jahre 1946 und die andere im Jahre 1951. Die Tabelle 8.2 führt lediglich jene Verhaltensweisen an, bei denen große Unterschiede zwischen den beiden Lehrergruppen festgestellt wurden. Beispielsweise bezeichneten 1946 nur 4 Prozent der Schüler »schimpft Schüler oft« als unerwünschte Verhaltensweise bei den 10 beliebtesten Lehrern, während 71 Prozent dies als unerwünschtes Verhalten bei den 10 unbeliebtesten Lehrern beurteilten. Erwartungsgemäß erhielten die 10 unbeliebtesten Lehrer in beiden Jahren viel mehr Mißbilligung; immerhin wurde von vielen Schülern an den 10 beliebtesten Lehrern kritisiert, daß sie Schüler vor der Klasse schimpften, daß sie sich leicht ärgerten oder aus der Fassung bringen ließen, daß sie Schüler außerhalb der Unterrichtszeit oder nach der Schule dabehielten, daß sie Schüler vor der Klasse straften und daß sie sich für außerschulische Aktivitäten der Schüler nicht interessierten. Obwohl einige ziemlich deutliche Unterschiede in manchen der Items zwischen den Lehrern von 1951 und 1946 bestanden, schätzten die Schüler unerwünschte Verhaltensweisen der beliebtesten und unbeliebtesten Lehrer mit überraschender Konsistenz ein. Außerdem wurden die Untersuchungen von 1946 und 1951 in unterschiedlichen Staaten durchgeführt.

Aus der *Leeds*-Untersuchung erfahren wir nicht, wie gut die Schüler bei den beliebtesten bzw. unbeliebtesten Lehrern lernten. Andere Untersuchungen jedoch beziehen die Schülerleistung und -einstellung genauer auf die Interaktionen in der Klasse sowie auf den organisatorischen Kontext. Beispielsweise identifizieren *Walberg und Anderson* (1968) mehrere Aspekte der *Klassenorganisation,* wie Redebeschränkung, Zielgebung, demokratischen Führungsstil sowie mehrere Aspekte *individuellen Affekts* in der Klasse, etwa Zufriedenheit, Vertrautheit, Spannung und soziale Heterogenität. Diese Faktoren korrelierten mit den Leistungswerten der Schüler in Physik, mit ihrem Verständnis für naturwissenschaftliche Begriffe, mit ihren Empfindungen in bezug auf den Physikkurs sowie mit bestimmten Schülertätigkeiten in Verbindung mit Physik. Die Ergebnisse sind bemerkenswert:

Tabelle 8.2. *Häufigkeit der Schülerreaktionen gegenüber unerwünschten Verhaltensweisen in bezug auf die zehn beliebtesten bzw. unbeliebtesten Lehrer nach Schülerratings (Untersuchungen von 1946 und 1951).*

	Schülerreaktionen in Prozent			
	10 beliebteste Lehrer		10 unbeliebteste Lehrer	
Unerwünschte Lehrerverhaltensweisen	1946 (n=281)	1951 (n=257)	1946 (n=265)	1951 (n=261)
Verbales Verhalten bei zwischenmenschlichen Beziehungen				
Schimpft Schüler oft	4	7	71	50
Gewöhnlich übellaunig	3	4	59	20
Oft rechthaberisch	2	4	58	32
Schimpft Schüler vor der Klasse	44	23	91	80
»Meckert« immer an Schülern herum	6	2	58	31
Redet zu viel	5	3	63	40
Nichtverbale Verhaltensweisen bei zwischenmenschlichen Beziehungen				
Schwer ansprechbar in bezug auf Probleme	5	6	56	26
Es ist schwer, ihm etwas recht zu machen	7	4	64	33
Leicht verärgert oder aus der Fassung gebracht	17	11	70	61
Sieht Dinge nicht so, wie Kinder sie sehen	3	5	52	37
Verhaltensweisen bei der Arbeit und Planung				
Nimmt an Spielen der Kinder nicht teil	9	17	64	64
Uninteressiert an außerschulischen Aktivitäten der Schüler	33	9	63	39
Gibt »eine Menge« Hausaufgaben	5	8	54	55
Gibt Arrest	16	30	69	87
Bestraft die ganze Klasse für einen oder zwei Schuldige	12	8	71	41

Quelle: nach *Leeds*, 1954, S. 31–32.

Beispielsweise nahmen Schüler, die im physikalischen Leistungstest die höchsten Werte erzielten, ihre Klassen als sozial homogene Einheiten wahr, in denen vertraute Gruppen an einem Ziel arbeiteten. Man könnte annehmen, daß das Ziel in der Erreichung hoher Werte im physikalischen Test besteht. Andererseits sahen Schüler mit einem größeren naturwissenschaftlichen Verständnis ihre Klasse als gut organisiert an, mit nur wenig Spannungen zwischen ihren Klassenkameraden, und obwohl die Klasse als egalitär und ungeschichtet angesehen wird, hatten die Schüler mehr unterschiedliche Interessen ... Schüler, die mehr Spaß an Laborarbeiten hatten, nahmen ihre Klassen als ungeschichtet, demokratisch, zielgerichtet und befriedigend wahr. Schüler, die am meisten Interesse an Physik entwickelten, betrachteten ihre Klassen als gut organisiert und ungeschichtet ... Schließlich empfanden sich Schüler, die sich aus eigenem Antrieb häufiger an physikalischen Aktivitäten beteiligten, als vertraut mit ihren Klassenkameraden, weniger isoliert und weniger streng kontrolliert (*Walberg & Anderson*, 1968, S. 417).

8.1.4 Lehrtechnische Fertigkeiten

Unter anderen hat auch *Gage* (1968) darauf hingewiesen, daß, obwohl man die Anfänge der pädagogischen Forschung um 1900 herum zu suchen hat, bis vor kurzem wenig über Lehrmethoden und Unterrichtseffektivität bekannt war. Lehrmethoden — wie z. B. Vortrag, Gruppendiskussion, Fragen und Antworten, Laborarbeit usw. — sowie auch die Effekte dieser Methoden im Sinne der Unterrichtseffektivität wurden weithin lediglich als einzelne Schemata betrachtet, die man beliebig auf Schüler anwenden kann. Diese Betrachtungsweise hat sich als ineffektiv erwiesen. Was wir brauchen, sind explizit definierte Lehr-*Verhaltensweisen*, die direkt auf explizit beschriebene, beobachtbare Schüler-*Verhaltensweisen* bezogen werden können. *Gage* bezeichnete die Lehrverhaltensweisen als *technische Fertigkeiten*. Er identifizierte mehrere Fertigkeiten, wie *Verwendung von Fragen, Erkennen und Erlangen von Verhaltensweisen, die Aufmerksamkeit anzeigen, Bereitstellen des Feedbacks, das Erteilen von Belohnungen und Bestrafungen* sowie *Erklären*. Das Verfahren zur Vermittlung dieser Fertigkeiten und ebenso für deren Beobachtung heißt *Microteaching*.

Microteaching

Michroteaching, so wie es von *Gage* definiert wird, ist ein Mittel zur Vermittlung lehrtechnischer Fertigkeit für zukünftige oder praktizierende Lehrer. Der Begriff »Micro« gibt an, daß es um eine jeweils isolierte Fähigkeit geht, wobei ein Unterrichtsabschnitt nur 5—10 Minuten dauert und nicht mehr als 5 Studenten mit dem Lehrer interagieren. Jede Sitzung wird auf Videoband genommen, und sofort anschließend sieht und hört der Lehrer sich selbst. Der zukünftige Lehrer erhält außerdem Hinweise und Ratschläge von seinem Instruktor.

Daraufhin führt er dieselbe Übung mit einer neuen kleinen Studentengruppe durch, um seine Fertigkeit zu verbessern. (Inzwischen wird der Begriff Microteaching auch noch für andere mit Videoaufnahmen verbundene Techniken im Unterricht verwendet.)

Die Fähigkeit des Erklärens

Gage (1968) beobachtete, daß Erklären, eine seiner lehrtechnischen Fertigkeiten, von Lehrern aller Schulstufen weithin praktiziert wird. Es verdient an dieser Stelle also Berücksichtigung. Bei der Behandlung von Grundbegriffen und Prinzipien (vgl. Kapitel 11 des 3. Bandes) kann der Lehrer einem Schüler zu einem besseren Begriffsverständnis helfen, indem er Beispiele des Begriffes anbietet, auf Merkmale des Begriffes hinweist, Synonyme oder Gegensätze darstellt, den Begriff in einem Satz oder in anderem Zusammenhang anwendet oder eine Analogie herstellt. Alles Beispiele für Verhaltensweisen des Erklärens.

Rosenshine (1968) bezog die Fähigkeit des Erklärens von 40 Social Studies Lehrern auf die Schülerleistung im Hinblick auf den erklärten Lernstoff. Jeder Lehrer hatte 15 Minuten Zeit, um etwas über Jugoslawien zu erklären; Rater beurteilten die besten und schlechtesten Erklärungen. Die beiden Verhaltensweisen, die als Kriterien zwischen den besten und schlechtesten Erklärungen galten, waren das Ausmaß, zu dem der Lehrer das Wie, Warum oder den Effekt von etwas beschrieb und der Grad, in dem der Lehrer einen neuen Begriff oder ein Prinzip explizit formulierte. Beispiele davon gab und dann das ganze in einer Reihe von Veranschaulichungen auf einer höheren Abstraktionsebene als die Veranschaulichungen selbst zusammenfaßte.

Minicourses

Das *Far West Laboratory for Educational Research and Development* versucht, über die Microteaching-Forschung durch die Entwicklung selbstinstruierender *Minicourses* für erfahrene Lehrer hinauszugehen. Ein Minicourse, bestehend aus gedrucktem Material und Videobändern, versucht eine spezielle Unterrichtsfertigkeit innerhalb von vier Stunden zu vermitteln. Minicourse 1 besteht beispielsweise aus zwei selbstinstruierenden Lektionen in Buchform über das Leiten einer Klassendiskussion, zwei Videobändern mit einer Modelldiskussion für den Lehrer sowie zwei Instruktionsbändern, die genauere Anweisungen darüber geben, wie eine Klassendiskussion geleitet werden soll. Der Kurs soll Verhaltensänderungen im Hinblick auf 12 spezielle Lehrerverhaltensweisen erzeugen.

Borg (1969) untersucht die Effektivität des Minicourses 1 bei 48 Lehrern. Zur Entscheidung darüber, ob die erwünschten Verhaltensänderungen eintraten, erhielt jeder Lehrer zunächst ein Instruktionsblatt zur Vorbereitung einer Diskussionsstunde vor dem Kurs. Dann wurde diese Stunde in der normalen Klasse dieses Lehrers von ihm durchgeführt und auf Videoband genommen. Daraufhin absolvierte der Lehrer den Minicourse 1. Sobald er diesen abgeschlossen hatte, erhielt er identische Instruktionen zur Vorbereitung einer Diskussionsstunde nach dem Kurs. Auch diese Stunde wurde in seiner normalen Klasse auf Videoband aufgezeichnet. Die beiden Videoaufnahmen von der vor dem Kurs und nach dem Kurs wurden dann ausgewertet, um zu bestimmen, inwieweit der Lehrer die speziellen Fertigkeiten angewendet hatte.

Tabelle 8.3. *Ergebnisse der Analyse der vor- bzw. nach Minicouse 1 aufgenommenen Videobänder.*

Verglichene Verhaltensweisen	vor dem Kurs Mittelwert	nach dem Kurs Mittelwert
Verhaltensweisen, die verstärkt werden sollten.		
Zahl der vom Lehrer neu formulierten Anweisungen	26.69	40.92
Zahl der vom Lehrer gegebenen verbalen Impulse	4.10	7.17
Zahl der vom Lehrer verwendeten genaueren Erklärungen	4.17	6.73
Länge der Schülerantworten in Wörtern (aufgrund von 5-Minuten-Abschnitten der beiden Bänder)	5.63	11.78
Anteil der Fragen in bezug auf die Menge aller Fragen, die höhere kognitive Schülerantworten erfordern und nicht so sehr Faktenwissen	37.30	52.00
Verhaltensweisen, die verringert werden sollten.		
Zahl der Lehrerfragen, die vom Lehrer selbst wiederholt wurden	13.68	4.68
Zahl der Lehrerechos	30.68	4.36
Zahl der Fälle, in denen der Lehrer seine eigenen Fragen beantwortete	4.62	0.72
Zahl der Einwort-Antworten auf seiten der Schüler (aufgrund von 5-Minuten-Abschnitten der beiden Bänder)	5.82	2.57
Anteil der Lehreräußerungen an der Gesamtdiskussionszeit	51.64	37.75

Quelle: *Borg*, 1969.

Tab. 8.3. zeigt die Ergebnisse der Analyse der Videobänder vor und nach dem Kurs in bezug auf 10 durch den Minicourse 1 hervorgerufen Verhaltensänderungen, die nach *Borg* (1969) groß genug waren, um sowohl von praktischer als auch statistischer Signifikanz zu sein. Man beachte besonders die folgenden Veränderungen: höherer Anteil an Lehrerfragen, die höherrangige kognitive Reaktionen auf seiten der Schüler erforderten; merklich geringerer Prozentsatz von Lehreräußerungen; merkliche Zunahme der durchschnittlichen Wortzahl der Einwort-Antworten auf seiten der Schüler. Auch andere erwünschte Verhaltensveränderungen traten auf. Man kann auch annehmen, daß diese Veränderungen sich im Hinblick auf höhere Schülerleistungen auswirken (obwohl die Untersuchung diesen Punkt nicht berücksichtigte).

Weitere von *Borg* (1969) durchgeführte Untersuchungen über die Effektivität des Minicourse 1 belegen, daß bei Lehrern und Lehrerinnen aller drei Klassenstufen (4, 5 und 6) sowie in bezug auf Schulen mit hohem und niedrigem sozioökonomischem Status gleichgute Ergebnisse erzielt wurden. Auch stellte er fest, daß die erwünschten Verhaltensänderungen ohne weiteres Üben verhältnismäßig dauerhaft waren.

8.1. Verbale Interaktionen zwischen Lehrer und Schülern können verschiedenen Zwecken dienen, wie z. B.: Identifizieren und Abgrenzen von zu lösenden Problemen; Setzen von Zielen; Sichern und Lenken von Aufmerksamkeit; Denkanleitung; Beurteilen von Leistungen und Handlungen; Bereitstellen eines Feedback. Beschreiben Sie ein Verfahren zur Erreichung einiger dieser Punkte, und zwar zunächst so, daß der Lehrer die Initiative ergreift und die Schüler darauf reagieren, und dann so, daß die Schüler die Initiative ergreifen und der Lehrer zu reagieren hat.

8.2. Können Sie einen oder zwei Gesichtspunkte aus dem Flanderschen *Interaktionsanalysemodell auf Ihr eigenes Lehrerverhaltenmodell anwenden?*

8.3. Bewerten Sie einen Ihrer Hochschullehrer als hoch, durchschnittlich oder niedrig in bezug auf die neun Items des Flanderschen *Systems oder die sechs Items von* Isaacson. *Bitten Sie einen Kommilitonen, dasselbe zu tun. Vergleichen Sie Ihre Ratings.*

8.4. Sowohl beim Microteaching als auch bei den Minicourses geht es um die Identifikation unterscheidbarer Unterrichtsfertigkeiten. Erklären und Leiten einer Klassendiskussion sind zwei solche Fertigkeiten. An welchen anderen Fertigkeiten, die durch etwa vierstündige Minicourses vermittelt werden könnten, wären Sie interessiert?

8.2 Erziehungsstile

Autorität kann definiert werden als die Macht, Entscheidungen zu treffen, die andere Leute beeinflussen. Beispielsweise hat der Lehrer die Autorität, seine Schüler betreffende Entscheidungen zu fällen. Die Art und Weise allerdings, wie der Lehrer als Leiter seiner Macht und Autorität zeigt, ruft unterschiedliche Ergebnisse hervor. Autorität ist jedoch nur ein Aspekt des Erziehungsstils. *Stout* (1963) zeigte, daß ein effektiver Leiter Interaktion und Kommunikation unter den Gruppenmitgliedern ermöglicht. *Bowers* und *Seashore* (1966) stellten darüberhinaus fest, daß Leiter die Mitglieder unterstützen, Interaktionen zwischen Gruppenmitgliedern erleichtern, die Arbeit begünstigen und Gruppenziele verstärken.

8.2.1 Autoritärer, demokratischer und laissez-faire-Erziehungsstil

Lewin und seine Mitarbeiter *Lippitt* und *White* führten eine Reihe von Experimenten zur Untersuchung der Effekte unterschiedlicher Erziehungsstile auf das individuelle bzw. Gruppen-Verhalten elfjähriger Jungen in einer Jugendgruppe durch. Die beste Zusammenfassung ihrer in vielen Artikeln und Filmen festgehaltenen Verfahren und Ergebnisse stammt von *Lippitt* und *White* (1958). Drei Erziehungsstile – der autoritäre (autokratische), der demokratische sowie der laissez-faire-Verhaltensform – wurden experimentell arrangiert; unter dem autoritären Erziehungsstil fanden sich zwei Reaktionen: aggressives und unterwürfiges Verhalten.

Die Situationen wurden so arrangiert, daß jede der Jungengruppen mit jedem Erziehungsstil in Verbindung kam, wodurch Vergleiche der Auswirkungen der Erziehungsstile auf dieselben Jungen möglich waren. Im folgenden nun eine Beschreibung der drei Führungsstilrollen:

Plan für die autoritäre Verhaltensform des Erziehers

Leiter bestimmt alle Aktivitäten der Kinder.
Zukünftiges Tun ist den Kindern meist unbekannt.
Leiter übernimmt die Verantwortung für die Tätigkeit aller Kinder.
Leiter lobt und tadelt ohne Angabe von Gründen.
Lob und Kritik meist persönlich gehalten.
Leiter hält sich von Gruppenaktivitäten meistens fern.

Plan für die demokratische Verhaltensform des Erziehers

Arbeitsgeschehen ist Gegenstand von Gruppendiskussionen und Gruppenentscheidungen unter Ermutigung und aktiver Hilfe des Leiters.
Leiter gibt Überblick über Gesamttätigkeit und Ziel.
Bei technischen Ratschlägen jeweils Vorschlag mehrerer Verfahren; Wahl durch die Kinder.

Keine Anordnung, daß bestimmte Kinder eine Untergruppe bilden sollen; dies bleibt dem spontanen Verhalten der Kinder überlassen.
Der Leiter gibt objektive und sachbezogene Gründe für Lob und Tadel an.
Leiter versucht, in seinem Verhalten reguläres Gruppenmitglied zu sein, ohne sich jedoch an der Arbeit der Kinder besonders zu beteiligen (so daß Vergleiche der Gruppenproduktivität unter den Gruppen selbst getroffen werden können).

Plan für die laissez-faire Verhaltensform des Erziehers

Leiter läßt den Gruppen und Einzelpersonen völlige Freiheit; er spielt selbst eine passive Rolle.
Leiter stellt alle Materialien zur Verfügung und fordert die Kinder auf, ihn zu fragen, wenn sie Informationen benötigen.
Er ergreift kaum Initiativen im Hinblick auf Vorschläge.
Er versucht keinerlei negative oder positive Bewertung von Einzelpersonen oder Gruppen.
Er ist immer eher freundlich als abweisend.
(*Lippitt & White*, 1958, S. 498).

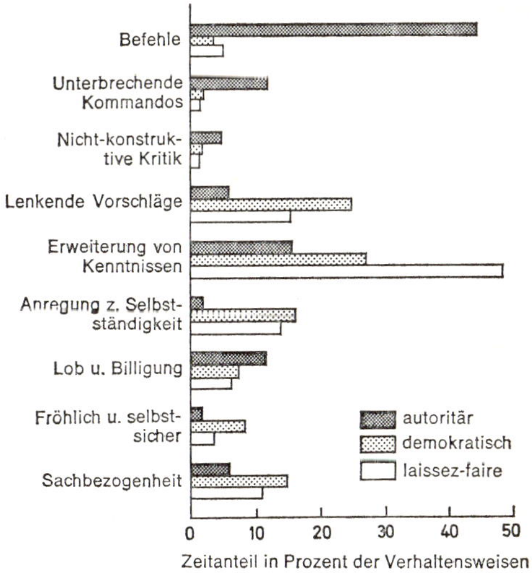

Abb. 8.3. Zeitlicher Anteil verschiedener Verhaltensweisen von autoritären, demokratischen und laissez-faire-Erziehern in Prozent (nach *Lippitt & White*, 1958, S. 499).

Abb. 8.3. zeigt die Verhaltensweisen, die die Lehrer in der Jugendgruppensituation tatsächlich ausführten. Der autoritäre Leiter erteilte viel mehr Befehle, unterbrechende Kommandos und nicht-konstruktive Kritik. Lenkende Vorschläge, Wissenserweiterung und Anregungen zur Selbsttätigkeit kamen beim autoritären sehr viel weniger häufig vor als beim demokratischen und Laissez-faire-Erziehungsstil. Lob und Billigung wurden am häufigsten vom autoritären Leiter zum Ausdruck gebracht, fröhliches, selbstsicheres und sachbezogenes Verhalten am meisten vom demokratischen Leiter. Wissenserweiterung war die einzige Verhaltensweise, bei der sich die Laissez-faire-Leiter am stärksten engagierten.

Abb. 8.4. zeigt die vier Reaktionsmuster der Jungengruppen auf die drei unterschiedlichen Erziehungsstile. Handlungen, die Abhängigkeit vom Leiter anzeigten, kamen beim autoritären Erziehungsstil sehr viel häufiger vor als beim demokratischen oder Laissez-faire. Ein erhebliches Unbehagen und viele Bemühungen, die Aufmerksamkeit des Leiters zu erregen, kamen beim autoritären Führungsstil ebenfalls häufiger vor. Freundliches und vertrauensvolles Verhalten sowie gruppenbezogene Vorschläge waren beim demokratischen Erziehungsstil am häufigsten, ebenfalls auch Gespräche über persönliche Belange und sachbezogene Dinge. Das

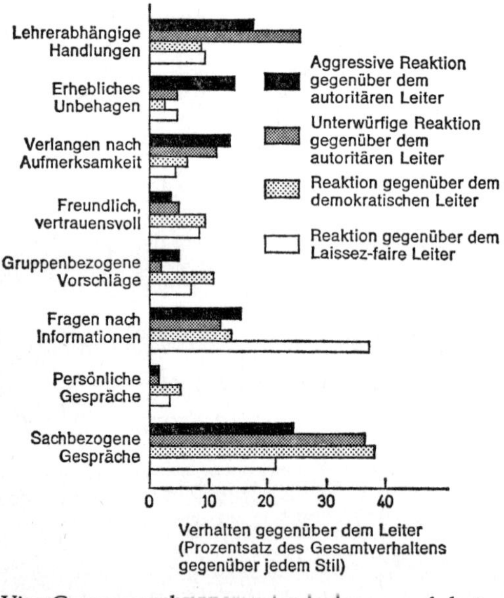

Abb. 8.4. Vier Gruppenreaktionsmuster in bezug auf drei unterschiedliche Erziehungsstile (nach *Lippitt & White*, 1958, S. 502).

Fragen nach Informationen war beim Laissez-faire-Erziehungsstil am häufigsten, 37 Prozent aller Verhaltensweisen gegenüber dem Laissez-faire-Leiter waren Fragen nach Information. Es ist interessant, daß in der unterwürfigen, autoritären Situation etwa ebensoviel sachbezogene Gespräche stattgefunden haben wie in der demokratischen.

Abb. 8.5 zeigt den Prozentsatz der mit großer Aktivität verbrachten Zeit. Beim autoritären Erziehungsstil waren die aggressiven Jungen etwa 53 Prozent der Zeit aktiv, wenn der Lehrer anwesend war, jedoch nur 17 Prozent, wenn der Lehrer aus der Gruppe gegangen war; diese Zahl stieg auf nahezu 60 Prozent, sobald der Lehrer zurückkehrte. Die Verhältnisse waren bei den unterwürfigen Jungen des autokratischen Lehrers etwa dieselben; allerdings war die tatsächlich verbrachte Zeit mit hoher Aktivität sehr viel größer. Beim demokratischen Führungsstil betrug die

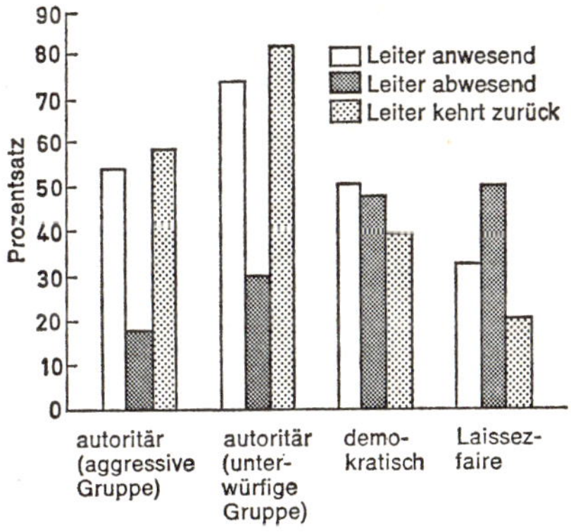

Abb. 8.5. Prozentsatz der Zeiten hoher Aktivität (nach *Lippitt & White*, 1958, S. 503).

Arbeitsaktivität etwa 50 Prozent bei Anwesenheit des Lehrers, fiel, wenn der Lehrer den Raum verließ, nur wenig ab, und stieg, wenn er zurückkehrte, nicht sofort wieder an. Beim Laissez-faire Erziehungsstil war der Prozentsatz der mit hoher Aktivität verbrachten Zeit in bezug auf die unterschiedlichen Erziehungsstilformen am niedrigsten, wenn der Lehrer anwesend war. Er war am höchsten, wenn der Lehrer nicht anwesend war. D. h. wenn der erwachsene Lehrer den Raum verließ, konnten Leiter aus der Jungengruppe auftauchen und Aktivitäten übernehmen; als Gruppe waren sie dann auch genügend an der Aktivität interessiert, um selbständig weiterzuarbeiten. Es ist besonders signifikant, daß beim autoritären Erziehungsstil die Aktivität bei Abwesenheit des Lehrers weit niedriger war, daß aber beim demokratischen und Laissez-faire-Erziehungsstil die hohe Aktivität der Jungen auch dann anhielt, wenn der erwachsene Lehrer den Raum verlassen hatte. Beim autoritären Erziehungsstil wußten die Jungen nicht, wie sie selbständig weiterarbeiten sollten, und offensichtlich wollten sie das auch in keinem Fall.

Lippitt und *White* kommen zu den folgenden weiteren Schlußfolgerungen:

Die Erwachsenen-Leiterrolle bestimmt weitgehend das soziale Interaktionsmuster und die emotionale Entwicklung der Gruppe. Trotz der erheblichen Unterschiede der Gruppenmitglieder im Hinblick auf deren soziale Erwartungen und Reaktionstendenzen je nach bereits erlebten Erwachsenen-Leitern (Eltern, Lehrer) stellten sich vier deutlich getrennte Typen sozialer Atmosphäre heraus:

Es war klar, daß die vorausgegangene Gruppengeschichte (d. h. vorangegangene soziale Klimata) sich wesentlich auf die soziale Wahrnehmung des Leiterverhaltens und die daraufhin erfolgende Reaktion der Gruppenmitglieder auswirkte. Beispielsweise war eine Gruppe, die ganz am Anfang ihrer Geschichte einen autoritären Leiter passiv akzeptiert hatte, nachdem sie Erfahrungen mit einem demokratischen Leiter gesammelt hatte, gegenüber einem zweiten autoritären Leiter sehr viel frustrierter und widerstrebender als eine Gruppe ohne eine solche Erfahrung (*Lippitt & White*, 1958, S. 510—511).

8.2.2 Dominanter und sozialintegrativer Erziehungsstil

Anderson (1943) maß in zwei Klassen drei Arten des dominanten bzw. sozialintegrativen Lehrerverhaltens. Nach der Berechnung der Quotienten für die »geistige Gesundheit« der beiden Klassen konnte er feststellen, daß dominantes Lehrerverhalten mit häufigen Konfliktsituationen zwischen Lehrern und Schülern gekoppelt war und dazu tendierte, einen niedrigen Quotienten der geistigen Gesundheit zu erzeugen. Andererseits war ein sozialintegratives Lehrerverhalten mit gemeinsamer Arbeit zwischen Lehrern und Schülern verbunden und erzeugte eine positive Situation in bezug auf die geistige Gesundheit der Klasse. Zur Erläuterung die folgenden kurzen Beispiele dominanten bzw. sozialintegrativen Lehrerverhaltens:

Dominantes Verhalten mit Konfliktsituationen als Folge

1. Lehrer macht willkürliche Arbeitsvorschriften: »Mach es nicht so. Ich sag Dir, was Du machen sollst.«
2. Lehrer antwortet mit »Nein« wenn Schüler fragt, ob er etwas tun darf.
3. Lehrer schickt ein Kind zu einem anderen Teil des Raumes.

4. Lehrer verschiebt etwas ohne Angabe von Gründen oder eines zukünftigen Datums: »Wir können das jetzt nicht machen.«
5. Lehrer verwendet Mißbilligung, Tadel, Beschämung, um Schüler zu einem anderen Verhalten zu bewegen.
6. Lehrer verwendet Warnungen, Drohungen, Bedingungen: »Nun, wenn wir alle schön brav sitzen und unsere Hände falten, werden wir zwei Geschichten hören.«
7. Lehrer ermahnt zur Aufmerksamkeit: »Jimmy, schau hierher, ja?«
8. Lehrer verweigert Kindern spezielle Materialien, Tätigkeiten, Rechte oder Privilegien, wendet manchmal körperliche Strafen an, weist ein Kind aus dem Raum, behält es nach der Schule da und schickt es zum Direktor.

Sozialintegratives Verhalten mit Zusammenarbeit als Folge

1. Lehrer hilft Schüler bei der Definition, Neudefinition oder Bewältigung eines Problems. Das Problem muß vom Schüler formuliert und akzeptiert sein.
2. Lehrer ist einverstanden mit, billigt oder akzeptiert Beiträge (n) des Schülers. Dies ist eine Reaktion auf spontanes oder selbstinitiiertes Verhalten; wenn mehrere Antworten möglich sind, billigt der Lehrer die Auswahl des Schülers.
3. Entsprechend den Wünschen bzw. Bedürfnissen des Schülers fördert der Lehrer diesen weiter.
4. Lehrer stellt Fragen im Hinblick auf die vom Schüler ausgedrückten Interessen oder Aktivitäten.
5. Lehrer geht auf solche Interessen oder Aktivitäten ein.
6. Lehrer übernimmt die Verantwortung für die Handlung eines Kindes, die einem anderen Kind gegenüber unangemessen, ungerecht oder unfair ist; er bekennt sich außerdem zu seiner eigenen Unkenntnis oder Unfähigkeit (*Anderson*, 1943, S. 465—468).

Die Auswirkungen unterschiedlicher Erziehungsstile auf unterschiedliche Schülertypen wurden ebenfalls untersucht. In einer Untersuchung über eine Gruppe weiblicher Lehrer identifizierten *Heil* und *Washburne* (1962) drei Lehrertypen: Typ A, ungestüm, impulsiv und variabel; Typ B, selbstdiszipliniert, ordentlich und sachorientiert; Typ C, ängstlich und unsicher. Die größten Unterschiede bestanden zwischen den Typen B und C. Die Lehrerinnen des Typs B waren freundlich und zeigten Empathie für andere; im Gegensatz zu Typ C waren sie nicht so ängstlich in bezug darauf, was andere über sie dachten. Die Lehrerinnen des Typs B waren streng gegenüber sich selbst, sie setzten sich und den Schülern bestimmte Standards und bemühten sich, diese zu erreichen. Lehrerinnen des Typs C waren nicht so gut im Organisieren und Anleiten anderer, sowohl direkt als auch indirekt, und hatten geringere soziale Interessen, zeigten jedoch ein größeres Maß an Feindseligkeit und Aggression.

Die Schüler profitierten am meisten von Lehrerinnen des Typs B, am wenigsten vom Typ C, wobei der Typ A dazwischen lag. Lehrerinnen des Typs B hatten bei Kindern, die selbst etwas unsicher waren, am meisten Erfolg. Die Lehrerinnen des Typs A erzielten unterschiedliche Resultate bei unterschiedlichen Schülertypen. Unsichere Kinder leisteten bei Lehrerinnen des Typs A wenig; die Gesamtgruppe der Kinder jedoch erzielte in den Fächern, an denen diese Lehrerinnen interessiert waren, gute Ergebnisse. Die Lehrerinnen des Typs C hatten bei keiner Art von Kindern Erfolg.

Welche Zusammenhänge zwischen dem Lehrertyp und dem Selbstwertgefühl der Schüler und deren Einstellung gegenüber der Autorität können vorausgesagt werden? Lehrerinnen des Typs B, also ziel- und sachorientierte, arbeiteten mit negativ und feindlich eingestellten Kindern am effektivsten. Gegen Ende des Schuljahrs zeigten diese Kinder eine positivere Einstellung gegenüber der Autorität, und ihre Ängstlichkeit nahm ab. Offensichtlich entwickelten sich die feindseligeren Kinder in einer geordneten, sachorientierten Umgebung besser als in einer permissiven. (Wir weisen darauf hin, daß diese letzte Schlußfolgerung in anderen Untersuchungen nicht immer bestätigt werden konnte).

Schließlich spiegelten sich die unterschiedlichen Lehrertypen in der gegenseitigen Einstellung der Kinder wider. Kinder, die eine Lehrerin des Typs B hatten, verhielten sich anderen Kindern gegenüber deutlich freundlicher als Kinder, die Lehrerinnen der beiden anderen Typen hatten. Offensichtlich entwickelten sich durch die strukturierenden und ordnenden Tendenzen des Typs B eine größere Sicherheit bei den Kindern.

8.2.3 Vergleich des Erzieherverhaltens und der Lernergebnisse der Schüler

Inwiefern beeinflussen die in diesem Kapitel diskutierten Aspekte des Erzieherverhaltens die Lernergebnisse der Kinder tatsächlich? Wir können Erzieherverhalten auf Schülerverhalten beziehen. Tab. 8.4. zeigt drei Dimensionen des Lehrerverhaltens — Wärme, Planung und Ausführung des Verhaltens in der Klasse und Verhalten in bezug auf Schülerverhalten und Lernstoff. Wie öfters bei der Behandlung psychologischer Gegenstände betrachten wir Lehrerverhaltensweisen als ein Kontinuum und nicht als etwas klar Abgegrenztes. So reicht die Dimension Wärme von »gefühlsmäßig und persönlich« über »warm und verständnisvoll« bis »zurückhaltend und egozentrisch«. Die Planung und Ausführung des Verhaltens in der Klasse reicht von »ungeplant und schlampig« über »verantwortungsbewußt« bis »dominierend«. Das Verhalten des Lehrers reicht von »impulsiv und ungestüm« über »stimulierend« bis »langweilig und routinemäßig«.

Es überrascht nicht, daß Lehrer, deren Verhalten etwa in der Mitte des Kontinuums liegt, die besten Ergebnisse im Hinblick auf den Lernstoff erzielen. Der Hauptgrund dafür besteht darin, daß sie in der Lage zu sein scheinen, ihre Unterrichtsverfahren auf Lernziele und Schülermerkmale abzustellen. Lehrer des dominierenden Typs erzielen hinreichend gute Leistungen in den von ihnen selbst betonten Bereichen, außer bei oppositionell eingestellten Schülern. In jedem Fall wird feindseliges Verhalten der Schüler dann verstärkt, wenn der dominierende Lehrer zurückhaltend bleibt und Macht und Zwang wahllos anwendet. Ein ungeplantes, nachlässiges Verhalten ruft inkonsistente Leistungen hervor, die je nach den Interessen und Fähigkeiten der Schüler variieren. Unsichere und mit geringen Fähigkeiten ausgestattete Schüler werden bei Lehrern dieses Verhaltensstils keine guten Ergebnisse erzielen.

Tabelle 8.4. *Vergleiche des Lehrerverhaltens und der Lernergebnisse der Schüler.*

Lehrerverhalten		
	Wärme	
Gefühlsmäßig persönliche Identifikation mit Schülern	Warm, verständnisvoll, selbstdiszipliniert hört aufmerksam zu akzeptiert Gefühle akzeptiert Gedanken der Schüler Beobachtet Reaktionen der Schüler sorgfältig Stellt Fragen Lobt und ermutigt	zurückhaltend egozentrisch ängstlich
	Planung und Ausführung des Verhaltens in der Klasse	
ungeplant schlampig	verantwortungsbewußt sachlich systematisch flexibel integrativ ordentlich, sachbezogen erklärt Dinge deutlich belohnt angemessen gibt Gründe für Kritik an	dominierend macht willkürliche Vorschriften verwendet wahllos Macht und Zwang verlangt mehr von Schülern als sie leisten können verwendet nichtkonstruktive Kritik

Lehrerverhalten		
	Verhalten in bezug auf Schülerverhalten und Lernstoff	
impulsiv, ungestüm, variabel	stimulierend, phantasievoll, mitreißend	langweilig, routinemäßig
	Unterrichtsverfahren	
einigermaßen effektiv bei einem Schülertyp; verhält sich möglicherweise am besten, wenn Schüler selbständig arbeiten	effektiv bei Gruppendiskussionen, Vorträgen und selbständigen Aktivitäten	effektiv bei einem Schülertyp; verhält sich möglicherweise am besten beim Vortragen
Schülerverhalten		
	Schülerleistung in bezug auf den Lernstoff	
inkonsistent, variiert je nach Interessen und Fähigkeiten der Schüler; unsichere Schüler lernen nicht gut	hoch und konsistent, wenn Unterrichtsverfahren auf Lernziele ausgerichtet sind und Schülermerkmale berücksichtigen	möglicherweise hoch bei besonders vom Lehrer angestrebten Lernergebnissen; feindselige Schüler lernen nicht gut
	Emotionale Sicherheit	
niedrig bei bereits unglücklichen Kindern; möglicherweise hoch bei Kindern, die sich mit dem Lehrer identifizieren	hoch, wenn Lenkung und Freiheit sich bei unterschiedlichen Tätigkeiten die Waage halten	niedrig bei den meisten Kindern

Die emotionale Sicherheit ist am höchsten bei warmen, verständnisvollen Lehrern, die auch sachlich sind. Diese Lehrer sind in der Lage, Lenkung und Freiheit bei verschiedenen Tätigkeiten in einem ausgeglichenen Verhältnis zu halten. Andererseits erzielen gegenüber Schülern zurückhaltende Lehrer, die auch noch dominierendes Verhalten zeigen, eine niedrige emotionale Sicherheit. In ähnlicher Weise können gefühlsbetonte, impulsive Lehrer, indem sie sich nur auf einige wenige Kinder konzentrieren und andere unbeachtet lassen, bei den meisten Kindern eine niedrige emotionale Sicherheit, jedoch ein adäquates emotionales Klima bei den Kindern, denen sie Aufmerksamkeit schenken und sich mit ihnen identifizieren. Kinder, die zu Hause zurückgestoßen, jedoch vom Lehrer mit ganzem Herzen und impulsiv akzeptiert werden, können bei diesem Lehrertyp sogar große emotionale Geborgenheit finden.

Die getroffenen Verallgemeinerungen beruhen auf der Voraussetzung, daß diese Verhaltensmuster keine reinen Typen darstellen: es verhält sich so, daß jeder Lehrer lediglich zum einen oder anderen Pol jeder Dimension *tendiert*. Außerdem wollen wir uns daran erinnern, daß wir nach *Flanders* und *Gage* erst am Anfang einer Aera stehen, in der spezielle Lehrerverhaltensweisen bezogen werden können.

8.5. Denken Sie an zwei Organisationen bzw. Einrichtungen, denen Sie angehören. Können deren Leiter als mehr oder weniger autoritär, demokratisch oder laissez-faire charakterisiert werden? Vergleichen Sie die beiden Organisationen im Hinblick auf das Vorkommen von in der Abb. 8.3. aufgeführten Verhaltensweisen.

8.6. Vergleichen Sie Anderson's *Konzept des sozialintegrativen Erziehungsstils mit* Flanders' *indirekten Lehrerverhaltensweisen.*

8.7. Versuchen Sie sich an einen Lehrer zu erinnern, in dessen Klasse beinahe alle Schüler interessiert schienen und gute Leistungen erzielten. Gehen Sie zu Tab. 8.4. zurück und prüfen Sie die Verhaltensweisen, die für diesen Lehrer und seine Klasse charakteristisch waren.

8.3 Lehrer-Lehrer-Interaktionen und Führungsstil in Unterrichtsteams

Während der späten 50er Jahre begannen Unterrichtsteams den unabhängigen Klassenlehrer zu ersetzen; dieser Trend beschleunigte sich während der 60er und 70er Jahre. Die im Kap. 7 des vorliegenden Bandes beschriebene Multiunit-Grundschule ist eine Unterrichtseinheit mit differenziertem Lehrerstab, in der die besten Praktiken des Teamteaching sowie andere Verfahren, die für die Effektivität eines Systems individuell geplanter Erziehung notwendig sind, angewandt werden. Wenn wir die Interaktionen des Lehrkörpers einer solchen Schule betrachten wollen, so können in abgeschlossenen Klassen durchgeführte Forschungsarbeiten nicht direkt relevant sein, weil sie sich nicht auf Teams bzw. Einheiten mit differenziertem Lehrerstab beziehen. Es wurden jedoch in letzter Zeit auch relevante Forschungsarbeiten durchgeführt. Die vorliegenden Ergebnisse sind wichtig, weil bei der Zusammenarbeit mehrerer Lehrer mit einer Schülergruppe innerhalb einer Einheit (Leiter der Einheit, zwei oder drei Hauptlehrer, ein Lehrer im Anerkennungsjahr, ein Praktikant sowie eine oder mehrere Hilfskräfte) Interaktionen zwischen den Lehrern eine ebenso wichtige Rolle spielen wie die zwischen den Schülern. Wenn ein Lehrer nicht vollständig verantwortlich für eine bestimmte Kindergruppe ist, teilen sich mehrere Lehrer in deren Führung.

Pellegrin (1969) veröffentlichte den ersten Bericht über eine

Längsschnittuntersuchung in bezug auf die Beziehungen zwischen Lehrern an Multiunit-Grundschulen. Er untersuchte drei Multiunit-Schulen und drei Kontrollschulen in drei unterschiedlichen Schulbezirken. (Die drei Kontrollschulen wurden vorwiegend in der Form abgeschlossener Klassen geführt; allerdings hatte die Schule, über die wir in diesem Abschnitt noch näher berichten, auch zwei Teams.) Die Informationen wurden durch strukturierte Interviews und einen Fragebogen vom Schulpersonal eingeholt. Die erste Untersuchung befaßte sich hauptsächlich mit: Abhängigkeitsbeziehungen der Lehrer untereinander und zwischen Lehrern und Schulleiter; Arbeitsspezialisierung der Lehrer; Autorität, Entscheidungsprozessen und Einfluß; den Arbeitszielen des Lehrkörpers; der Arbeitszufriedenheit und dem Arbeitsklima.

8.3.1 Abhängigkeitsbeziehungen

Abhängigkeitsbeziehungen, die mit den arbeitsbezogenen Interaktionsmustern zwischen Menschen zu tun haben, sind speziell die Interaktionen, die die Arbeitsfähigkeit von Menschen beeinflussen. Nach *Pellegrin* (1969) erleichtert ein hoher Interaktionsgrad (interdependence) die Arbeitsanstrengungen einer Gruppe. Zur Identifikation zweier Ebenen interdependenter Beziehungen in den Multiunit- und Kontrollschulen stellte man den Leitern einer Einheit und den Lehrern folgende Aufgaben:

1. Notieren Sie die Namen jener Personen innerhalb und außerhalb Ihrer Schule (keine Schüler) von denen Sie in bezug auf die effektive Ausführung Ihrer Arbeit am *stärksten* abhängen.
2. Welche der von Ihnen genannten Personen nehmen Aufgaben wahr, die so eng mit den von Ihnen durchgeführten zusammenhängen, daß diese Aufgaben Ihrer Meinung nach kooperativ durchgeführt werden *müssen,* damit jeder von Ihnen seine Arbeit effektiv bewältigen kann?

Die Beantwortung dieser Fragen lieferte das Rohmaterial für die Ergebnisse dieses Teils der Untersuchung. Abb. 8.6 zeigt die Abhängigkeitsverhältnisse an einer Multiunit-Schule mit fünf Units. Eine unterbrochene Linie bedeutet eine abhängige Beziehung, jedoch keine grundlegende (Frage 1), während eine durchgezogene Linie eine grundlegende Beziehung anzeigt (Frage 2). Man sieht, daß die Lehrer der fünf Einheiten der Schule ein Cluster interdependenter Beziehungen bildeten.

Die Mitglieder einer Einheit waren also zur Durchführung ihrer Arbeit stark von anderen Mitgliedern abhängig. Auch waren die Leiter einer Einheit Mittelpunkt der Interaktionen innerhalb der Einheiten und dienten zugleich als Verbindungspunkte zwischen den Lehrern in ihren Einheiten und dem Schulleiter. Drei Leiter einer Einheit betrachteten wiederum ihre Beziehung zum Schulleiter als grundlegend, während zwei sich lediglich abhängig von ihm fühlten. Die meisten Lehrer brachten eine abhängige, jedoch nicht grundlegende Beziehung zum Schulleiter zum Ausdruck. Interdependente Beziehungen über Einheiten hinweg wurden nicht genannt; d. h., daß kooperative Arbeit jeweils auf eine Einheit beschränkt war.

Pellegrin stellte außerdem fest, daß das Interaktionsnetz innerhalb der Einheiten auch Hilfs- und Verwaltungskräfte betraf. Diese Hilfskräfte wurden von den Leitern einer Einheit und von den Lehrern häufig genannt, und die Beziehungen wurden oft als grundlegend bezeichnet. Innerhalb der Einheiten dieser Schulen spielten die Hilfskräfte im Rahmen der interdependenten Beziehungen eine wichtige Rolle.

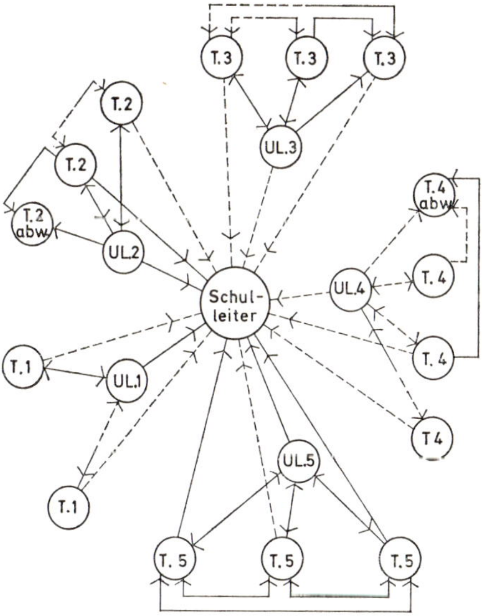

Abb. 8.6. Interdependente Beziehungen an einer Multiunit Grundschule (*Pellegrin*, 1969, S. 28).
Abkürzungen: T = Lehrer; UL = Leiter einer Einheit.

Abb. 8.7. veranschaulicht die interdependenten Beziehungen an einer Kontrollschule. Das Beziehungsgeflecht unterschied sich erheblich von dem einer Multiunit-Schule. Der Schulleiter stellte offensichtlich den Brennpunkt der Beziehungen dar, denn er erhielt 23 von 25 Nennungen, wobei 10 dieser 23 die Beziehung als grundlegend bezeichneten. Zwischen den Lehrern gab es wenig Interaktionen, und grundlegende Beziehungen waren eher die Ausnahme als die Regel. Das Beziehungsmuster oben links auf der Abbildung stellt eine Team-Teaching-Situation dar. Hier ähneln die Beziehungen der Lehrer zum Teamleiter sehr jenen in den Einheiten an der Multiunit-Schule. Die drei Lehrer ganz unten auf der Abbildung sind gleichermaßen für eine Klasse behinderter Kinder zuständig. Mit Ausnahme dieser beiden Situationen waren interdependente Beziehungen der Lehrer untereinander gering und nur selten grundlegend.

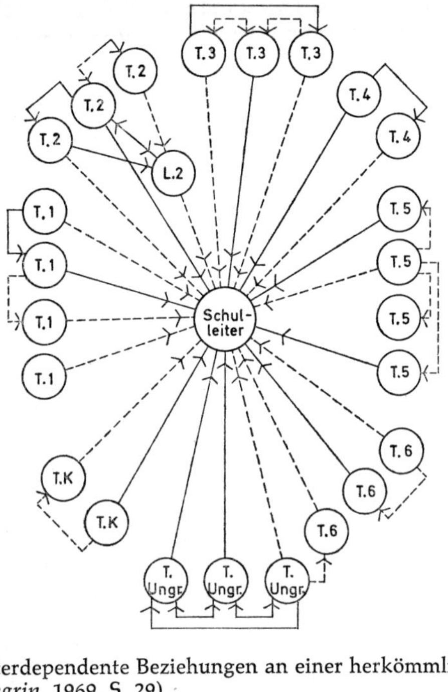

Abb. 8.7. Interdependente Beziehungen an einer herkömmlichen Grundschule (*Pellegrin*, 1969, S. 29).
Abkürzungen: T = Lehrer; L = leitender Lehrer; T. Ungr. = Lehrer einer nicht jahrgangsmäßig gegliederten Klasse.

Pellegrin kommt zu einigen verallgemeinernden Schlußfolgerungen:

Das Beziehungsgeflecht an der Kontrollschule, wie es in Abb. 8.7 dargestellt wird, ist nahezu identisch mit dem der übrigen Kontrollschulen unserer Stichprobe. Tatsächlich ist das Muster dem an anderen Grundschulen des Landes, die wir untersucht haben, sehr ähnlich. Die Kontrollschulen zeigen sogar mehr interdependente Beziehungen, als normalerweise anzutreffen sind, was auf das Vorhandensein von Team-Teaching-Situationen und anderen kooperativen Arbeitsformen zurückzuführen ist, die man an der durch den abgeschlossenen Klassenraum gekennzeichneten herkömmlichen Schule nicht findet. Tatsache ist, daß die auf traditionelle Weise organisierte Grundschule der Vereinigten Staaten eine primitive Arbeitsverteilung und Funktionsdifferenzierung innerhalb der Lehrerschaft aufweist. Die Jahrgangsklasse ist die einzige konsistente Basis für die Differenzierung der Lehrer. Die Betonung liegt auf dem Allround-Lehrer und nicht auf der Koordination spezieller Fähigkeiten (*Pellegrin*, 1969, S. 6).

8.3.2 Arbeitsspezialisierung

Das Multiunit-System (vgl. Kapitel 7 dieses Bandes) erfordert kooperatives Unterrichten, Planen und Auswerten. Außerdem erfordert die Multiunit-Schule differenzierte Rollen für leitende und sonstige Lehrer und eine größere Aufgabenspezialisierung der Lehrer entsprechend ihrer Kenntnisse, Interessen und Fähigkeiten. Die von *Pellegrin* beobachtete Spezialisierung an der Multiunit-Schule kann sehr kurz zusammengefaßt werden. Ein beträchtlicher Teil dieser Spezialisierung war im Grunde sehr konventionell; d. h., die Lehrer waren auf ein Unterrichtsfach spezialisiert. An großen Einheiten mit sieben oder mehr Erwachsenen erfolgte die Spezialisierung auch nach wie vor zu einem großen Teil nach Jahrgangsklassen, und manche Lehrer arbeiteten vorzugsweise mit bestimmten nach Fähigkeiten eingeteilten Gruppen oder verbrachten den größten Teil ihrer Zeit mit kleinen Förderklassen. Andererseits war die Spezialisierung an der Multiunit-Schule nicht auf diese konventionellen Formen beschränkt: Oft entstanden während des ersten Jahres neue Spezialisierungsformen in den Einheiten. Drei dieser neueren Formen wollen wir etwas näher beschreiben:

1. Manche Lehrer widmeten den größten Teil ihrer Zeit (75 %) der Arbeit mit einzelnen Schülern, während andere ebensoviel Zeit mit kleinen Gruppen und Gruppen in normaler Klassengröße verbrachten. Einige Lehrer arbeiteten sogar mit Gruppen, die die normale Klassengröße überschritten, und zwar gewöhnlich am Anfang oder Ende einer Unterrichtseinheit.
2. Eine andere Spezialisierungsform bestand darin, daß manche Lehrer als Berater ihrer Kollegen fungierten. Am deutlichsten war dies der Fall, wenn Lehrer mit speziellem Fachwis-

sen als Experten für die Lehrer innerhalb ihrer Einheit gelten. Selbst wenn spezielles Fachwissen fehlte, übernahm ein Lehrer die Aufgabe, sich über ein bestimmtes Gebiet speziell zu informieren und seine Kollegen darüber auf dem laufenden zu halten.

3. Ein weiterer Spezialisierungstyp betraf bestimmte Aufgaben, die nicht direkt mit der Unterrichtung von Kindern zusammenhingen. An mehreren Einheiten übernahmen Lehrer spezielle Aufgaben für die Planung unterrichtlicher Einheiten. In einem Fall wurde dieses Verfahren auf den gesamten Unterrichtsprozeß ausgedehnt; an einer Einheit planten die Lehrer die verschiedenen Phasen der Unterrichtseinheiten, wobei jeder Lehrer die Verantwortung für eine oder mehrere Phasen des gesamten Prozesses übernahm. Nach *Pellegrin* ermöglicht diese Art der Arbeitsverteilung die Bewältigung von Aufgaben, die an einer normalen Schule nicht durchführbar wären.

Im Zusammenhang mit der spezialisierten Rolle des Leiters einer Einheit berichtete ein Lehrer, daß der Leiter die Arbeit der übrigen Lehrer durch folgende Leistungen erleichterte:

> Besorgen und Vorbereiten neuer Materialien; zeitliche Planung der Aktivitäten innerhalb der Einheit sowie Bereitstellung der notwendigen Räume usw.; Gruppierung der Schüler und Verteilung der Unterrichtsaufgaben; Führen der Zeugnisse; Informieren der Lehrer über neue Entwicklungen; Diskussion unterrichtlicher Probleme mit einzelnen Lehrern; Unterstützung der Lehrer in bezug auf deren Beziehungen zu Eltern; Aufrechterhalten einer positiven Gruppenatmosphäre; Erleichterung von Routineaufgaben (*Pellegrin*, 1969, S. 12).

8.3.3 Autorität, Entscheidungsprozesse und Einfluß

Das Treffen von Entscheidungen sowie der ausgeübte Einfluß sind zwei wichtige Aspekte der Leitung. Im Zusammenhang mit Unterrichtsprogrammen für einzelne Kinder ist es wichtig, wer die Entscheidungen trifft. *Peliegrin* untersuchte die Rollen der Lehrer an Multiunit- und herkömmlichen Kontroll-Schulen in bezug auf unterschiedliche Entscheidungstypen: (1) Bestimmung der in der Klasse zu verwendenden Unterrichtsmethode; (2) Bestimmung des Umfangs und der Sequenz des Lernstoffs; (3) Auswahl der Unterrichtsmaterialien (außer Lehrbüchern); (4) Entscheidung über die Versetzung von Schülern; (5) Festsetzung der täglichen Aktivitäten der Klasse.

An der traditionellen Schule traf jeder einzelne Lehrer seine Entscheidungen entweder in Absprache mit den Schulleitern oder innerhalb der ihm vorgeschriebenen Grenzen. Es kam kaum vor, daß innerhalb von Lehrergruppen Entscheidungen gefällt wurden. Die gesamte Grundschule bestand aus voneinander getrennten, verhältnismäßig isolierten Klassen, in denen die Aktivitäten von den jeweiligen Lehrern bestimmt wurden, die wiederum mehr oder weniger vom Schulleiter dirigiert wurden.

Pellegrin stellt fest, daß die Organisation der Multiunit-Schule im Hinblick auf Entscheidungsprozesse bedeutsame Unterschiede gegenüber der traditionellen Schule aufwies. An den Multiunit-Schulen sahen sich weniger Lehrer als an den Kontrollschulen in der Rolle individueller Entscheidungsträger. Die meisten Lehrer wiesen darauf hin, daß Entscheidungen in Gruppenprozessen gemeinsam gefällt wurden. Normalerweise kamen Entscheidungen von leitenden und sonstigen Lehrern in einer kooperativen Situation zustande. Der Entscheidungsprozeß verlagerte sich also weg von individuellen Lehrern und dem Schulleiter zu den Lehrern innerhalb einer Einheit sowie dem Leiter einer Einheit. Es zeigte sich, daß die Leiter einer Einheit an einer Multiunit-Schule mindestens soviel Einfluß auf unterrichtliche Belange ausübten wie der Schulleiter. Darüberhinaus war der Einfluß des Schulleiters weniger direkt.

8.3.4 Arbeitsziele der Lehrer

Pellegrin konnte feststellen, welche der folgenden Arbeitsziele die Lehrer sich selbst setzten: Förderung der Kreativität der Schüler; Aufrechterhaltung von Ruhe und Ordnung in der Klasse; lebendiger Unterricht; individuelle Berücksichtigung einzelner Schüler; Experimentieren mit neuen Unterrichtstechniken; Diagnostizierung von Lernschwierigkeiten der Schüler; Koordinierung der Klassenaktivitäten mit anderen Teilen des Schulprogramms; Vermittlung von grundlegenden Fertigkeiten; Lösung persönlicher Probleme einzelner Schüler; Entwicklung der Fähigkeit zu analytischem Denken und Problemlösen; Entwicklung ästhetischer Fähigkeiten der Schüler. Jeder Lehrer gab die seiner Meinung nach drei wichtigsten Arbeitsziele an. An den Multiunit-Schulen rangierten »individuelle Berücksichtigung einzelner Schüler« und »Diagnostizierung von Lernschwierigkeiten« an erster und zweiter Stelle. Im Gegensatz dazu lag bei den Lehrern an den Kontrollschulen »Vermittlung grundlegender Fertigkeiten« an erster Stelle, gefolgt von »Entwicklung der Fähigkeit zu analytischem Denken und Problemlösen«. Anders ausgedrückt bildeten nach Meinung der Lehrer eine individuell geplante Erziehung sowie das Diagnostizieren von Lernschwierigkeiten die Hauptziele an einer Multiunit-Schule.

8.3.5 Berufliche Zufriedenheit und Arbeitsklima

Pellegrin bestimmte außerdem den Grad der Zufriedenheit von Lehrern mit ihrer Arbeit und dem Arbeitsklima. Verglichen mit den Lehrern an den Kontrollschulen waren Lehrer an den Multiunit-Schulen generell zufriedener. Im Hinblick auf sieben ihre Arbeit betreffende Aspekte zeigten die Lehrer an Multiunit-Schulen eine signifikant höhere Zufriedenheit. Es folgen diese 7 Aspekte, zusammen mit den Prozentzahlen in bezug auf »sehr zufrieden« der Multiunit- und Kontroll-Schulen: zufrieden mit dem Fortschritt bezüglich der persönlichen Ziele in der gegenwärtigen Stellung, 26 und 15 Prozent; zufrieden mit den persönlichen Beziehungen zu Verwaltungsbeamten und Leitern, 61 und 39 Prozent; Möglichkeit zur Übernahme von Verantwortung für eigene Arbeit oder die Arbeit anderer, 61 und 43 Prozent; Feststellen positiver Ergebnisse der eigenen Bemühungen, 36 und 15 Prozent; persönliche Beziehungen zu Kollegen, 73 und 55 Prozent; Zufriedenheit mit gegenwärtiger Stellung im Hinblick auf berufliche Erwartungen, 56 und 39 Prozent; Verfügbarkeit notwendiger Unterrichtsmaterialien und -hilfen, 60 und 27 Prozent. 93 Prozent der Lehrer an Multiunit-Schulen und 60 Prozent der Lehrer an den Kontrollschulen fühlten sich an ihren Schulen zu Experimenten mit neuen Unterrichtstechniken ermutigt; nur 6 Prozent der Lehrer an Multiunit-Schulen, jedoch 32 Prozent an den Kontrollschulen sehen sich zur strengen Beachtung der offiziellen Vorschriften und Richtlinien in bezug auf das Curriculum angehalten.

8.8. Ist der Leiter einer Einheit zur erfolgreichen Durchführung seiner Arbeit mehr oder weniger abhängig von anderen als die übrigen Lehrer der Einheit? Wie unterscheiden sich die interdependenten Beziehungen an einer Multiunit-Schule von denen an einer traditionellen Schule?

8.9. Pellegrin *gibt an, daß bestimmte Lehrer an den Multiunit Schulen die Verantwortung für Zuständigkeiten in bezug auf bestimmte Aufgaben übernahmen: Fachgebiete, Arbeit mit Schülern in unterschiedlichen Gruppierungen, Berater von Kollegen, Unterrichtsplanung. Beschreiben Sie die Aufgaben, die Sie an einer Einheit oder in einem Team gerne übernehmen würden.*

8.10. Die Lehrer einer Einheit haben viele den Unterricht betreffende Entscheidungen zu fällen. Würden Sie lieber eigene Entscheidungen treffen oder den Anweisungen anderer folgen? Welche den Unterricht betreffende Entscheidungen glauben Sie selbständig fällen zu können?

8.11. Geben Sie einige Merkmale und Verhaltensweisen von Lehrern an, die das Unterrichten innerhalb einer Einheit fördern würden. Welche würden sich störend auswirken?

8.4 Schüler-Schüler-Interaktionen

Ob im Team oder in einer abgeschlossenen Klassensituation – die meisten Schüler kommunizieren und interagieren miteinander, wenn sie Gelegenheit dazu finden. Diese Schülerinteraktionen können zur Erreichung sinnvoller Erziehungsziele eingesetzt werden. Es können sich kohäsive Gruppen und Führungseigenschaften entwickeln. Positive soziale Einstellungen und Werthaltungen können verstärkt und soziale Fertigkeiten erlernt werden. Andererseits können Schüler, deren Interaktionen nicht angeleitet werden, sich aufgrund von Mehrheitsverhältnissen, sozioökonomischem Status und anderen unerwünschten Aspekten organisieren.

8.4.1 Kohäsive Gruppen

Eine kohäsive Gruppe zeichnet sich dadurch aus, daß alle Mitglieder in ihr zu bleiben wünschen; anders ausgedrückt, die Gruppenmitglieder fühlen sich genügend voneinander oder durch Gruppenaktivitäten angezogen und wünschen aus diesem Grund, in dieser speziellen Klasse zu verbleiben. Abb. 8.8 zeigt eine Gymnasialgruppe, in der *keine* hohe Kohäsion herrscht. Die Kreise ganz links oben repräsentieren eine aus vier Mädchen bestehende Clique, die wechselseitige Bevorzugung angaben. Auf die Aufforderung, ihre fünf besten Klassenkameraden zu nennen, wählten sich diese Mädchen gegenseitig, wählten aber niemanden außerhalb ihrer Vierergruppe. Lediglich zwei Mädchen der ganzen Klasse wählten eine von ihnen als Freundin, und auch dann nur an vierter oder fünfter Stelle. Die Gruppe ganz unten rechts repräsentiert eine weitere Clique aus drei Mädchen und einem Jungen (Dreieck), in der zwei oder drei Mädchen einen anderen Jungen außerhalb der Gruppe wählten. Die zwei Jungen auf der linken Seite des Schaubilds waren von der Klasse isoliert; keiner nannte ein anderes Klassenmitglied als Freund, und keiner der beiden wurde von irgendeinem anderen Klassenmitglied als Freund gewählt. Diese Klasse wird also charakterisiert durch einige Cliquen, ein Mehrheits-Minderheits-Muster auf nicht näher bestimmter Grundlage mit sich daraus ergebender Isolation sowie einem starken männlichen Anführer, etwa in der Mitte des Schaubildes. Es handelt sich also um eine nicht kohäsive Gruppe.

Back (1951) nennt persönliche Zuneigung, Durchführung einer Aufgabe und Aufrechterhaltung des Gruppenprestiges als Grundlagen der Kohäsion. Wenn Kohäsion darauf basierte, daß eine Arbeit erledigt werden mußte, versuchten die Mitglieder, dies schnell und effektiv zu tun und verbrachten wenig Zeit mit nicht aufgabenbezogener Konversation. Wenn Kohäsion auf dem Gruppenprestige basiert, versuchten die Gruppenmitglieder, ihr Prestige möglichst nicht zu gefährden und handelten vorsichtig, indem sie sich auf ihre eigenen Handlungen konzentrierten und sich so gut wie möglich an ihre Partner anpaßten.

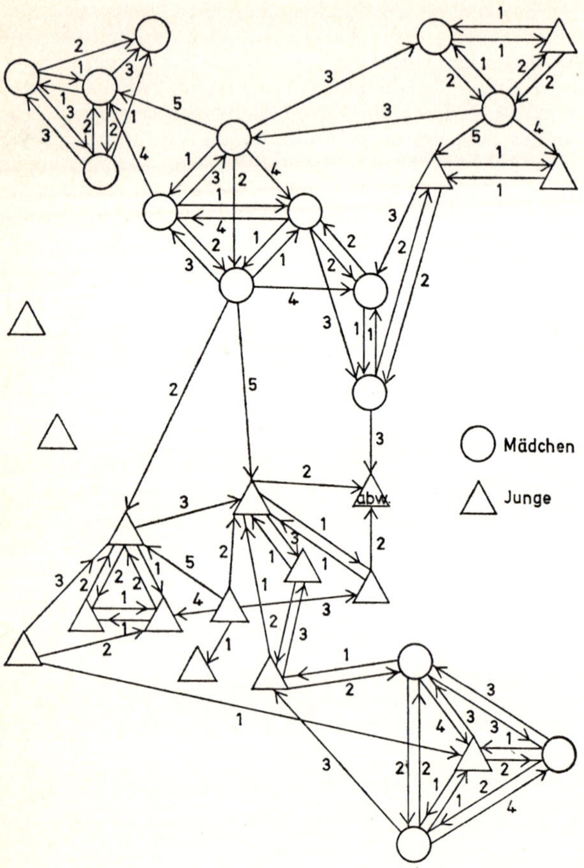

Abb. 8.8. Soziogramm einer Gymnasialklasse. Die Nummern verweisen auf die Rangfolge der Wahlen (nach *Klausmeier*, 1958, S. 54).

In ähnlicher Weise wurde eine größere Klasse in Gruppen mit jeweils fünf Personen desselben Geschlechts eingeteilt (*Lott & Lott*, 1961). Kongeniale Gruppenmitglieder nahmen aufgabenbezogenes Verhalten genauer wahr als Mitglieder nicht-kongenialer Gruppen. Kohäsive Gruppen kommunizierten effektiver miteinander und paßten sich besser an die herrschende Gruppenmeinung an als weniger kohäsive Gruppen. In einer anderen Situation wurden Kinder in der Gegenwart anderer Personen unterschiedlich stark belohnt (*James & Lott*, 1964). Kinder mit dem größten Maß an Belohnung hatten wechselseitig positivere Einstellungen zueinander.

Zur Erzeugung von Kohäsion in kleineren Gruppen können Lehrer Freunde oder Schüler mit gemeinsamen Interessen und Zielen an dieselbe Aufgabe setzen. Auch kann die jeweilige Aufgabe oder Aktivität so arrangiert werden, daß die Gruppenmitglieder Erfolgserlebnisse erfahren oder gelobt werden, weil sie die Arbeit gut erledigen. Ein ausgezeichnetes Mittel zur Förderung von Kohäsion und hohen Schülerleistungen besteht in der Arbeit mit einzelnen Schülern und kleineren Gruppen, so daß jedes Gruppenmitglied entsprechende Erfolgserlebnisse erhält.

8.4.2 Führungseigenschaften bei Schülern

Führungseigenschaften lassen sich bereits bei Kindern auf der Primarstufe erkennen. Unter Anleitung des Lehrers können Gruppenaktivitäten arrangiert werden, bei denen die meisten Kinder Führungseigenschaften entwickeln. Dies ist in keiner Weise unverträglich mit der Tatsache, daß alle Kinder hohe unabhängige Lerngewohnheiten und viele individuelle Fertigkeiten erwerben sollen.

Das Akzeptiertwerden von anderen ist ein Kriterium für die Beurteilung von Führungseigenschaften. *Bonney* und *Powell* (1953) berichten, daß Kinder, die akzeptiert werden, folgende Verhaltensweisen häufiger zeigen als andere: bessere Anpassung an Erfordernisse und Erwartungen der Klasse; bessere Anpassung an die Vorstellungen des Lehrers bezüglich geeigneten Verhaltens in bestimmten Situationen; häufigeres Lächeln; häufigeres Engagement an freiwilligen kooperativen Gruppentätigkeiten; häufigere freiwillige Beiträge zur Gruppe; weniger allein verbrachte Zeit während Freispiel- bzw. Freizeit-Perioden.

Bretsch (1952) berichtet, daß akzeptierte Jugendliche häufiger soziale Fähigkeiten zeigten wie Tanzen, Konversation, Singen, Kartenspielen, Spielen eines Musikinstruments, Schwimmen, Tennisspielen und Schlittschuhfahren.

Auch kognitive Fähigkeiten und andere Faktoren hängen mit dem Akzeptiertwerden und Führungseigenschaften zusammen. Beispielsweise stellten *Hudgins, Smith* und *Johnson* (1962) Zusammenhänge zwischen den Leistungen in Mathematik und sozialer Beliebtheit fest. *Gallagher* (1958) berichtet, daß Grundschulkinder mit höheren Leistungen und größerer Intelligenz akzeptierter waren als jene mit niedrigerer Intelligenz und Leistung. Allerdings stellten enge nachbarschaftliche Beziehungen ebenfalls einen wichtigen Faktor dar; dieser Faktor war unabhängig vom Intelligenzgrad und den Leistungen.

Kinder und Jugendliche bilden Gruppen auf ganz unterschiedlichen Grundlagen. Die Führung innerhalb solcher Gruppen basiert teilweise darauf, ob man beliebt ist und ob man Gruppenmitgliedern nützlich ist. Kinder wählen sich denjenigen Klassenkameraden zum Klassensprecher, der beliebt ist und von dem angenommen werden kann, daß er nützlich sein wird. Die Fußballmannschaft eines Gymnasiums wird denjenigen zum Kapitän machen, von dem angenommen wird, daß er seine Rolle effektiv ausführt und für alle Vorteile bringt. In der Schule entwickelte Führungshaltungen und -fertigkeiten wirken sich auf das Leben außerhalb der Schule aus und stellen daher wichtige Teilziele der schulischen Erziehung dar.

8.12. Sind sie ebenfalls der Meinung, daß kohäsive Gruppen und nicht Cliquenbildung in der Schule wünschenswert sind? Gibt es Bedingungen, unter denen eine pluralistische Schule, ähnlich wie pluralistische religiöse Gruppierungen in der Gemeinde, wünschenswert sein könnte?

8.13. Denken Sie an einige der kognitiven und affektiven Merkmale von Schülern (s. Kap. 6 dieses Bandes) sowie an die Merkmale von Lehrern (Kap. 7 und 8 dieses Bandes). Glauben Sie, daß es gut wäre, Lehrer und Schüler durch Computer oder andere Mittel zur Erreichung kongenialer Gruppen zusammenzubringen? Können Sie nun Ihre eigenen Merkmale und Verhaltensweisen beschreiben und daraus folgern, was für Schüler Sie am liebsten unterrichten würden?

8.5 Zusammenfassung

Es besteht ein enger Zusammenhang zwischen Interaktionen in der Klasse, Erziehungsstil, Unterrichtsmethoden, Schülerleistung und emotionaler Sicherheit. Ein Gleichgewicht zwischen schülerinitiierten und lehrerinitiierten Äußerungen kann hergestellt werden, wenn der Lehrer auf Vorschläge der Schüler eingeht, ihnen aufmerksam zuhört, Empfindungen der Schüler akzeptiert, Fragen stellt sowie lobt und ermutigt. Ein warmes, effektives Klima kann in einer Unterrichtsstruktur aufrechterhalten werden, die sich durch Sachlichkeit, Ordnung, Flexibilität und Fairneß auszeichnet. Eine solche emotionale Atmosphäre und Struktur, kombiniert mit einer Vielfalt unterrichtlicher Methoden zur Erreichung bestimmter Lernziele, erzeugt hohe Schülerleistungen, emotionale Sicherheit und Lust am Lernen.

Aufgrund der veränderten gesellschaftlichen Bedingungen und der zunehmenden Ansprüche von seiten der Schüler, Eltern und anderer Personen an die Schule, können nur noch wenige Lehrer Spezialisten auf mehreren Fachgebieten sein, den Unterricht planen und organisieren, vielfältige Methoden, Medien und Materiali enanwenden, effektive Eltern-Schule-Beziehungen entwickeln usw. Kooperative Bemühungen und differenzierte Rollen sind notwendig. Während der Schulstunden ist Zeit zum eigenen Studium und für die Planungsarbeiten des Lehrers zur Verfügung zu stellen, und es werden Hilfskräfte zur Durchführung nicht-unterrichtlicher Aufgaben benötigt. Zur Ermöglichung dieser Bedingungen wurde die Multiunit-Schule entwickelt, und diese Schulen eignen sich in der Tat zur Verstärkung interdependenter Beziehungen, zur Aufgabenspezialisierung, für gemeinsam getragene Entscheidungen und zur Hebung der Moral der Lehrer. Nicht alle erfahrene Lehrer und Schulleiter können sich dieser Organisationsform anpassen; ihre Befürworter jedoch empfinden ihren Beruf als reizvoller.

8.6 Weiterführende Literatur

Behrendt, D.: Away with tradition. American education. 1970, 6, S. 18 bis 22.

Ein Journalist des *Milwaukee Journal* berichtet von seinen Beobachtungen und Interviews über die individuell geplante Erziehung an einer Multiunit-Schule.

Deutsch, M.: The effects of cooperation and competition upon group process. In *Cartwright, D., & Zander A.* (Hrsg.) Group dynamics: Research and theory. New York: Harper & Row, 1968, S. 461—482.

Dieses ausführliche Kapitel, das eine Überprüfung von 34 Hypothesen referiert, hat Implikationen für Team-Teaching sowie für die Steuerung zwischenmenschlicher Beziehungen bei Schülern.

Gage, N. L. (Hrsg.): Handbuch der Unterrichtsforschung. Weinheim, Berlin, Basel: Beltz, 1970/71.

Deutsche Bearbeitung des amerikanischen Standardwerkes, herausgegeben von *Karlheinz Ingenkamp;* 3 Bände.

Gold, M.: Power in the classroom. In *Cartwright, D. & Zander A.* (Hrsg.) Group dynamics: Research and theory. New York: Harper & Row, 1968, S. 251—258.

Dieser Forschungsbericht vermittelt eine vorsichtige Einschätzung der relativen Machtpositionen von Grundschulkindern und deren Ursprünge.

Hanke, B., Mandl, H., Prell, S.: Soziale Interaktion im Unterricht. München: Oldenbourg, 1973, 2. Aufl. 1974.

Ausführliche Darstellung und Anwendung des Interaktionsanalysesystems von *N. A. Flanders* und dessen Weiterentwicklung. Das letzte

Kapitel dieses Buches bringt einen relativ umfassenden Abriß weiterer Beobachtungsinstrumente für den Unterricht.

Herrmann, Theo (Hrsg.): Psycholgoie der Erziehungsstile. Göttingen: Hogrefe, 1966, 2. Aufl. 1970.

Es handelt sich um die Zusammenstellung von 18 auf dem Braunschweiger Symposium über Erziehungsstile im März 1966 gehaltene Beiträge. Sie wurden zu 6 Kapiteln zusammengefaßt und behandeln die Bereiche »Methoden zur Erfassung von Erziehungsstilen«, »Erziehungsstile in ihrer Abhängigkeit von soziokulturellen Normen«, »Erziehungsstile in ihrer Abhängigkeit von der individuellen Eigenart des Erziehers«, »Einflüsse der Erziehung auf die Motivationsgenese«, »Variablen und psychologische Zusammenhänge der sozialen Interaktion zwischen Erwachsenen und Jugendlichen« und »Das pädagogisch-psychologische Problem der Beziehung zwischen Lehrstil und Lernleistung«.

Klausmeier, H. J. & O'Hearn, G. T. (Hrsg.): Research and development toward the improvement of education. Madison, Wisc.: Dembar Educational Research Services, 1968, S. 118—133.

In einem Artikel beschreibt *Flanders* seine Verfahren zur Analyse der Klasseninteraktionen. In einem anderen Artikel beschreibt *M. Gage*, wie seine eigenen Forschungsarbeiten über das Microteaching generell zur Forschung über Unterrichtsmethoden beigetragen haben.

Millman, J. & Johnson, M.: Relation of section variance to achievement gains in English and mathematics in grades 7 and 8. In *Ripple, R. E.* (Hrsg.): Readings in learning and human abilities. New York: Harper & Row, 2nd ed., 1971.

In einem Forschungsprojekt werden die Auswirkungen von Gruppierungen untersucht. Es werden Vorschläge gemacht, wie Unterschiede zwischen Schülern derselben Altersgruppe pädagogisch berücksichtigt werden können.

Tausch, R. & Tausch, A.-M.: Erziehungspsychologie. Göttingen: Hogrefe, 7. Aufl. 1974.

Eines der Standardwerke für den Bereich Erzieherverhalten und dessen Auswirkungen auf Kinder und Jugendliche.

Literaturverzeichnis

Allen, R. R., Kauffeld, F. J., O'Brien, W. R. (1968): A semiprogramed introduction to verbal argument. Madison, Wisc.: Wisconsin Research and Development Center for Cognitive Learning.

Allen, W. H. (1967): Media stimulus and types of learning. Audiovisual instruction. Washington, D. C.: National Education Association, 12:27—31.

Allendorf, Otmar, Dresing, Heinz, Starke, Ulrich: Pädagogische Technologie und Computerpraxis in Schule und Ausbildung. Köln: Müller, 1972.

Amidon, E. J., Flanders, N. A. (1963): The role of the teacher in the classroom: A manual for understanding and improving teachers' classroom behavior. Minneapolis: Amidon.

Ammons, M. (1969): Objectives and outcomes. In *Ebel, R. L., ed.*, Encyclopedia of educational research. New York: Macmillan. Pp. 908—914.

Anderson, H. H. (1943): Domination and socially integrative behavior. In *Barker, R. G., ed.*, Child behavior and development. New York: McGraw-Hill, 457—483.

Ankerstein, H. S. (Hrsg.): Lernprogramme und ihre Verwendung im Unterricht. Köln: Müller, 1971.

Association for Supervision and Curriculum Development (1970): To nurture humaneness: Commitment for the 70's Washington, D. C.: Association for Supervision and Curriculum Development.

Atkinson, J. W. (1965): The mainsprings of achievement oriented activity. In *Krumboltz, J. D., ed.*, Learning and the educational process. Chicago: Rand McNally. Pp. 25—66.

Atkinson, R. C. (1971): Computerized instruction and the learning process. In *Ripple, R. E., ed.*, Readings in Learning and Human Abilities. New York: Harper & Row, 2nd ed.

Atkinson, R. C., Wilson, H. A. (1968): Computer-assisted instruction. Science, 162:73—77.

Atkinson, R. C., Wilson, H. A., eds. (1969): Computer-assisted instruction: A book of readings. New York: Academic Press.

Back, K. W. (1951): Influence through social communication. Journal of abnormal and social psychology, 46:9—23.

Bayerischer Rundfunk: Fünf Jahre Schulfernsehen im Studienprogramm des Bayerischen Rundfunks. München, 1970.

Bebell, C. (1968): The educational program. In *Morphet, E. L., & Jesser, D. L., eds.*, Emerging designs for education: Program, organization, operation and finance. Eight-state project. 1362 Lincoln Street, Denver, Colorado, Pp. 1—56.

Behrendt, D. (1970): Away with tradition. American education, 6:18—22.

Bereiter, C., Engelmann, S. (1966): Teaching disadvantaged children in the preschool. Englewood Cliffs, N. J.: Prentice-Hall.

Bernstein, B. (1961): Social structure of language and learning. Educational research, 3:163—170.

Bloom, B. S. (1964): Stability and change in human characteristics. New York: Wiley.

Deutsche Ausgabe:
Bloom, B. S.: Stabilität und Veränderung menschlicher Merkmale Beltz, Weinheim/Basel, 1971.

Bloom, B. S. (1969): Some theoretical issues relating to educational evaluation. In: *Tyler, R. W., ed.:* Educational evaluation new roles, new means, 68th yearbook. Part II. National Society for the Study of Education. Chicago: University of Chicago Press. Pp. 26—50.

Bloom, B. S., ed. (1956): Taxonomy of educational objectives. Handbook I: Cognitive domain. New York: McKay.
Deutsche Ausgabe: Taxonomie von Lernzielen im kognitiven Bereich, Weinheim u. Basel: Beltz, 2. Aufl. 1973.

Blount, N. S., Klausmeier, H. J., Johnson, S. L., Fredrick, W. C., & Ramsay, J. G. (1967): The effectiveness of programed materials in English syntax and the relationship of selected variables to the learning of concepts, technical report no. 17. Madison, Wisc.: Wisconsin Research and Development Center for Cognitive Learning.

Bonney, M. E., & Powell, J. (1953): Difference in social behavior between sociometrically high and sociometrically low children. Journal of educational research, 46:481—495.

Borg, W. R. (1969): The minicourse as a vehicle for changing teacher behavior: The research evidence. Berkeley, Cal.: Far West Laboratory for Educational Research and Development.

Bowers, D. G., & Seashore, S. E. (1966): Predicting organizational effectiveness with a four-factor theory of leadership. Administrative science quarterly, 11:283—293.

Bowman, P. H. (1966): Improving the pupil self-concept. In *Strom, R. D., ed.,* The inner-city classroom: Teacher behaviors. Columbus, Ohio: Merrill. Pp. 75—91.

Bretsch, H. S. (1952): Social skills and activities of socially accepted and unaccepted adolescents. Journal of educational psychology, 43: 449—458.

Brezinka, W.: Was sind Erziehungsziele? Zeitschrift für Pädagogik, 1972, Nr. 4, S. 497—550.

Brown, W. N. (1970): Alienated youth. In *Frey, S. H., ed.,* Adolescent behavior in school. Chicago: Rand McNally. Pp. 325—334.

Carter, B. (1967): The teachers give Oklahoma a lesson. In *Elam, S., Liebermann, M., & Moskow, M., eds.,* Readings on collective negotiations in public education. Chicago: Rand McNally. Pp. 381—388.

Cattell, R. B. (1967): Theory of fluid and crystallized intelligence checked at the 5—6 year level. British journal of educational psychology, 37:209—224.

Chu, G. C., & Schramm, W. (1968): Learning from television. Washington, D. C.: National Association of Educational Broadcasters.

Clancy, N., & Smitter, F. (1953): A study of emotionally disturbed children in Santa Barbara county schools. California journal of educational research, 4:209—222.

Clark, C. A., & Walberg, H. J. (1971): The influence of massive rewards on reading achievement in potential urban school dropouts. In *Ripple, R. E., ed.,* Readings in learning and human abilities. New York: Harper & Row, 2nd ed.

Cogen, C. (1967): The American Federation of Teachers and collective negotiations. In *Elam, S. M., Liebermann, M., & Moskow, M. H., eds.*, Readings on collective negotiations in public education. Chicago: Rand McNally. Pp. 162—172.

Coleman, J. S., et al. (1966): Equality of educational opportunity. Washington, D. C.: U.S. Gouvernment Printing Office.

Conant, J. B. (1959): The American high school today. New York: McGraw-Hill.

Conant, J. B. (1961): Slums and suburbs. New York: McGraw-Hill.

Cooley, W. W., & Glaser, R. (1969): The computer and individualized instruction. Science, 166:574—582.

Corwin, R. G. (1969): Enhancing teaching as a career. Today's education 58:55.

Crowder, N. A. (1963): On the differences between linear and intrinsic programming. Phi delta kappan, 44:250—254.

Dale, E. (1967): Historical setting of programed instruction. In *Lange, P. C., ed.*, Programed instruction, 66th yearbook, Part II. National Society for the Study of Education. Chicago: University of Chicago Press. Pp. 28—54.

Dechert, H.-W. (Hrsg.): Team Teaching in der Schule. München: Piper, 1972.

Dershimer, R. A. (1969): Professional educational organizations. In *Ebel, R. L., ed.*, Encyclopedia of educational research. New York: Macmillan. Pp. 1008—1016.

Deutsch, M. (1963): Nursey education: The influence of social programming on early development. Journal of nursery education, 18: 191—197.

Deutsch, M. (1968): The effects of cooperation and competition upon group process. In *Cartwright, D., & Zander, A., eds.*, Group dynamics: Research and theory. New York: Harper & Row. Pp. 461—482.

Deutsch, M. (1969): The disadvantaged child and the learning process. In *Borgatta, E. F., ed.*, Social psychology: Readings and perspective. Chicago: Rand McNally. Pp. 168—179.

Deutsch, M., Katz, I., & Jensen, A. R., eds. (1968): Social class, race, and psychological development. New York: Holt, Rinehart and Winston.

Dewing, R. (1968): Teacher organization and desegregation. Phi delta kappan, 50:257—260.

Dunn, J. A. (1969): (American Institutes for Research, Palo Alto, California). Accommodation of individual differences in the development of personal programs of study. Paper presented to the American Psychological Association, Washington, D.C.

Editors, Education U.S.A. (June 1970): TV comes of age in the classroom: The shape of education for 1970—71. Washington, D.C.: National School Public Relations Association, 12:50—55.

Eisner, E. W. (1967): Educational objectives — Help or hindrance? School review, 75:250—260.

Eisner, E. W. (1969): Instructional and expressive educational objectives: Their formulation and use in curriculum. In *American Educational Research Association*, Instructional objectives. Chicago: Rand McNally .Pp. 1—19.

Elam, S. M., Lieberman, M. F., & Moskow, M. H. eds. (1967): Readings on collective negotiations in public education. Chicago: Rand McNally.

Elkind, D., & Sameroff, A. (1970): Developmental psychology. In *Mussen, P. H., & Rosenzweig, M. R., eds.,* Annual review of psychology. Palo Alto: Cal.: Annual Reviews. Pp. 149—238.

Fantini, M. O., & Weinstein, G. (1968): The disadvantaged: Challenge to education. New York: Harper & Row.

Feldhusen, J. F. (1963): Taps for teaching machines. Phi delta kappan, 44:265—267.

Feldhusen, J. F. (1969): A position paper on CAI research and development. A position paper for the Computers in Education project of the ERIC Clearinghouse on Educational Media and Technology. Stanford, Cal.: Stanford University.

Feldhusen, J. F., Treffinger, D. J., & Elias, R. M. (1970): Prediction of academic achievement with divergent and convergent thinking and personality variables. Psychology in the schools.

Findley, W. G. (1963): Purposes of school testing programs and their efficient development. In *Findley, W. G., ed.,* The impact and improvement of school testing programs, 62nd yearbook. Part II. National Society for the Study of Education. Chicago: University of Chicago Press. Pp. 1—27.

Fisher, A. D. (1969): White rights versus Indian rights. Transaction, 7:29—33.

Flanagan, J. C. (1967): Project PLAN. Paper given at the Aerospace Education Foundation seminar on education for the 1970s, Washington, D.C. Palo Alto, Cal.: American Institutes for Research.

Flanagan, J. C. (1968): Program for learning in accordance with needs. Paper presented to the American Educational Research Association, Chicago. Palo Alto, Cal.: American Institutes for Research.

Flanders, N. A. (1968): Interaction analysis and inservice training. In *Klausmeier, H. J., & O'Hearn, G. T., eds.,* Research and development toward the improvement of education. Madison, Wisc.: Dembar Educational Research Services. Pp. 126—133.

Flanders, N. A. (1969): Teacher effectiveness. In *Ebel, R. L., ed.,* Encyclopedia of educational research. New York: Macmillan. Pp. 1423 to 1437.

Frayer, D. (1969): Effects of number of instances and emphasis of relevant attribute values on mastery of geometric concepts by fourth- and sixth-grade children. Unpublished doctoral dissertation. Madison, Wisc.: University of Wisconsin.

Frayer, D., Fredrick, W. C., & Klausmeier, H. J. (1969): A schema for testing the level of concept mastery, working paper no. 16. Madison, Wisc. Wisconsin Research and Development Center for Cognitive Learning.

Frey, K.: Theorien des Curriculums. Weinheim u. Basel: Beltz, 1971.

Fuller, F. F. (1971): Concerns of teachers: A developmental conceptualization. In *Ripple, R. E., ed.,* Readings in learning and human abilities. New York: Harper & Row, 2nd ed.

Gage, N. L. (1965): Desirable behaviors of teachers. Urban education, 1:85—95.

Gage, N. L. (1968): An analytic approach to research on instructional methods. In *Klausmeier, H. J., & Harris, C. W., eds.*, Research and development toward the improvement of education. Madison, Wisc.: Dembar Educational Research Services. Pp. 119—125.

Gage, N. L. (ed.): Handbuch der Unterrichtsforschung. Weinheim, Berlin, Basel: Beltz, 1970/71.
Deutsche Bearbeitung des amerikanischen Standardwerkes herausgegeben von *Karlheinz Ingenkamp;* 3 Bände.

Gagné, R. M. (1965b): The conditions of learning. New York: Holt, Rinehart and Winston.

Gallagher, J. J. (1958): Social status of children related to intelligence, propinquity, and social perception. Elementary school journal, 58: 225—231.

Gallagher, J. J. (1965): Expressive thought by gifted children in the classroom. Elementary English, 42:559—568.

Gardner, J. W. (1961): Excellence: Can we be equal and excellent too? New York: Harper & Row.

Gardner, J. W. (1963): Self-renewal: The individual and the innovative society. New York: Harper & Row.

Getzels, J. W. & Jackson, P. W. (1962): Creativity and intelligence: Explorations with gifted students. New York: Wiley.

Glaser, Robert (Hrsg.): Programmiertes Lernen und Unterrichtstechnologie. Befunde und Empfehlungen. Deutsche Ausgabe *v. K.-H. Flechsig & W. Schultze.* Cornelsen-Velhagen & Klasing: Berlin 1971.

Glaser, R., & Taber, J. I. (1961): Investigations of the characteristics of programed learning sequences. Pittsburgh, Pa.: Programed Learning Laboratory.

Gold, M. (1968) Power in the classroom. In *Cartwright, D., & Zander, A., eds.*, Group dynamics: Research and theory. New York: Harper & Row. Pp. 251—258.

Greenberg, I. M. (1969): Project 100,000: The training of former rejectees. Phi delta kappan, 50:570—574.

Grossman, A. (1965): Data processing for educators. Chicago: Educational Methods.

Guilford, J. P. (1968): Intelligence, creativity, and their educational implications. San Diego, Cal.: Knapp.

Hamachek, D. E., ed. (1968): Human dynamics in psychology and education: Selected readings. Boston: Allyn and Bacon.

Hamachek, D. E. (1969): Characteristics of good teachers and implications for teacher education. Phi delta kappan, 50:341—344.

Hanke, B., Mandl, H., Prell, S.: Soziale Interaktion im Unterricht. München: Oldenbourg, 1973, 2. Aufl. 1974.

Harootunian, B., & Tate, M. W. (1960): The relationship of certain selected variables to problem solving ability. Journal of educational psychology, 51:326—333.

Hartshorne, H., & May, M. A. (1928): Studies in the nature of character: I. Studies in deceit. New York: Macmillan.

Havighurst, R. J. (1971): Minority subcultures and the law of effect. In *Ripple, R. E., ed.*, Readings in learning and human abilities. New York: Haraper & Row, 2nd ed.

Havighurst, R. J. (1966): Overcoming value differences. In *Strom, R. D., ed.*, The inner-city clasroom: Teacher behavoirs. Columbus, Ohio: Ohio State University. Pp. 41—56.

Havighurst, R. J., Bowman, P. H., Liddle, G. P., Matthews, C. V., & Pierce, J. V. (1962): Growing up in River City New York: Wiley.

Havighurst, R. J., & Moorefield, T. E. (1967): The disadvantaged in industrial cities. In *Witty, P. A., ed.*, The educationally retarded and disadvantaged, 66th yearbook. Part I. National Society for the Study of Education. Chicago: University of Chicago Press. Pp. 8—20.

Heil, L. M., & Washburne, C. (1962): Brooklyn college research in teacher effectiveness. Journal of educational research, 55:347—351.

Hellwig, J. (1969): Introduction to computers and programming. New York: Columbia University Press.

Herrmann, Theo (Hrsg.): Psychologie der Erziehungsstile. Göttingen: Hogrefe, 1966, 2. Aufl. 1970.

Hesselbart, J. C., D'Arms, T., & Zinn, K. L. (1968): File oriented interpretive language. Ann Arbor, Mich.: Center for Research on Learning and Teaching.

Hicklin, W. J. (1962): A study of long-range techniques for predicting patterns of scholastic behavior. Unpublished doctoral dissertation. Chicago: University of Chicago.

Hilton, E. (1969): Textbooks. In *Ebel, R. L., ed.*, Encyclopedia of educational research. New York: Macmillan. Pp. 1470—1478.

Hoehn, A. J. (1954): A study of social status differentiation in the classroom behavior of nineteen third-grade teachers. Journal of social psychology, 39:269—292.

Hoffman, L. W., & Hoffman, M. L., eds. (1966): Review of child development research. New York: Russell Sage Foundation.

Horn, J. L., & Cattell, R. B. (1966): Rafinement and test of the theory of fluid and crystallized intelligence. Journal of educational psychology, 57:253—270.

Horn, J. L., & Cattell, R. B. (1967): Age differences in fluid and crystallized intelligence. Acta psychologica, 26:107—129.

Hoyt, K. B. (1955): A study of the effects of teacher knowledge of pupil characteristics on pupil achievement and attitudes towards classwork. Journal of educational psychology, 46:302—310.

Hudgins, B. B., Smith, L. M., & Johnson, T. J. (1962): The child's perception of his classmates. Journal of genetic psychology, 101:401 to 405.

Hunt, J. M. (1961): Intelligence and experience. New York: Ronald.

Institut für Film und Bild in Wissenschaft und Unterricht: Literaturhinweise für die Sachgebiete »Didaktik der audiovisuellen Mittel« und »Massenkommunikationsmittel als Gegenstand der Pädagogik«.

Institut für Film und Bild in Wissenschaft und Unterricht: ava — Forschungsberichte, Band 3, 1971.

Isaacson, R. L., et al. (1964): Dimensions of student evaluations of teaching. Journal of educational psychology, 55:344—351.

James, G., & Lott, A. J. (1964): Reward frequency and the formation of positive attitudes toward group members. Journal of Social Psychology, 62:111—115.

Kearney, N. C. (1953): Elementary school objectives. New York: Russell Sage Foundation.

Klausmeier, H. J. (1958): Teaching in the secondary school. New York: Harper & Row.

Klausmeier, H. J., Feldhusen, J., & Check, J. (1959): An analysis of learning efficiency in arithmetic of mentally retarded children in comparison with children of average and high intelligence. U.S. Office of Education, cooperative research project no. 153. Madison, Wisc.: University of Wisconsin.

Klausmeier, H. J., Morrow, R., & Walter, J. E. (1968): Individually guided education in the multiunit elementary school: Guidelines for implementation. Madison, Wisc.: Wisconsin Research and Development Center for Cognitive Learning.

Klausmeier, H. J., & O'Hearn, G. T., eds. (1968): Research and development toward the improvement of education. Madison, Wisc.: Dembar Educational Research Services. Pp. 132—163.

Kleinert, E. J. (1969): The Florida migrant. Phi delta kappan, 51:90—93.

Kopstein, F. F., & Seidel, R. J. (1969): Computer-administered instruction versus traditionally administered instruction: Economics. In *Atkinson, R. C., & Wilson, H. A., eds.,* Computer-assisted instruction. New York: Academic Press. Pp. 327—362.

Kounin, J. S., & Gump, P. V. (1961): The comparative influence of punitive and nonpunitive teachers upon children's concepts of school misconducts. Journal of educational psychology, 52:44—49. Auch in *Ripple, R. E., ed.,* Readings in learning and human abilities. New York: Harper & Row, 2nd ed.

Krathwohl, D. R. (1965): Stating objectives appropriately for program, for curriculum, and for instructional materials development. Journal of teacher education, 16:83—92.

Krathwohl, D. R., Bloom, B. S., & Masia, B. B. (1964): Taxonomy of objectives: The classification of educational goals. Handbook II: Affective domain. New York: McKay.

Lambert, S. M. (1967): National Education Association and the real world of education. National education association journal, 56:34-36.

Lange, P. C. (1967): Introduction. In *Lange, P. C., ed.,* Programed instruction, 66th yearbook. Part II. National Society for the Study of Education. Chicago: University of Chicago Press. Pp. 57—60.

Leeds, C. H. (1954): Teacher behavior liked and disliked by pupils. Education, 75:29—36.

Lieberman, M. F. (1967): Power and policy in education: In *Elam, S. M., Lieberman, M. F., & Moskow, M. H., eds.,* Readings on collective negotiations in public education. Chicago: Rand McNally. Pp. 37—46.

Lieberman, M. F. (1968): Implications of the coming NEA-AFT merger. Phi delta kappan, 50:139—144.

Lindvall, C. M., & Bolvin, J. O. (1967): Programmed instruction in the schools: An application of programming principles in »individually prescribed instruction«. In *Lange, P. C., ed.,* Programmed instruction, 66th yearbook. Part II. National Society for the Study of Education. Chicago: University of Chicago Press. Pp. 217—254.

Lipetz, B. D. (1966): Information storage and retrieval. In *Scientific American, eds.,* Information. San Francisco, Cal.: Freeman, Pp. 175 to 192.

Lippitt, R., & White, R. K. (1958): An experimental study of leadership and group life. In *Maccoby, E. E., Newcomb, T. M., & Hartley, E. E., eds.*, Readings in social psychology. New York: Holt, Rinehart & Winston. Pp. 496—511.

Lott, A. J., & Lott, B. E. (1961): Group cohesiveness, communication level, and conformity. Journal of abnormal and social psychology, 62:408—412.

Lumsdaine, A. A. (1964): Educational technology, programed learning, and instructional science. In *Hilgard, E. R., ed.*, Theories of learning and instruction, 63rd yearbook. Part I. National Society for the Study of Education. Chicago: University of Chicago Press. Pp. 371—409.

Lyman, E. R. (1968): A descriptive list of PLATO programs, 1960—1968. CERL report X-2, Computer-Based Education Research Laboratory. Urbana, Ill.: University of Illinois.

Maccoby, E. E. (1966): The development of sex differences. Stanford, Cal.: Stanford University Press.

Mager, R. F.: Preparing objectives for programmed instruction. Palo Alto, Cal.: Fearon, 1962.
Deutsche Ausgabe: Lernziele und programmierter Unterricht. Weinheim u. Basel: Beltz, 4.—9. Aufl. 1969.

Markle, S. M., & Tiemann, P. W. (1969): Really understanding concepts: Or in frumious pursuit of the jabberwock. Champaign, Ill.: Stipes.

Marshall, H. H. (1971): Learning as a function of task interest, reinforcement, and social class variables. In *Ripple, R. E., ed.*, Readings in learning and human abilities. New York: Harper & Row, 2nd ed.

Mastin, V. E. (1963): Teacher enthusiasm. Journal of educational research, 56:385—386.

Mead, M. (Jan. 10, 1970): Youth revolt: The future is now. Saturday Review, 23—25, 113.

Medley, D. M., & Mitzel, H. E. (1963): Measuring classroom behavior by systematic observation. In *Gage, N. L., ed.*, Handbook of research on teaching. Chicago: Rand McNally. Pp. 247—328.

Meyer, W. J., & Thompson, G. G. (1956): Sex differences in the distribution of teacher approval and disapproval among sixth-grade children. Journal of educational psychology, 47:385—396.

Millman, J., & Johnson, M. (1971): Relation of section variance to achievement gains in English and mathematics in grades 7 and 8. In *Ripple, R. E., ed.*, Readings in learning and human abilities. New York: Harper & Row, 2nd ed.

Mitzel, H. E. (1960): Teacher effectiveness. In *Harris, C. W., ed.*, Encyclopedia of educational research. New York: Macmillan. Pp. 1481 to 1486.

Möller, Ch.: Technik der Lernplanung. — Weinheim, Basel: Beltz, 1969.

Morgan, R. M. (1969): A review of educational applications of the computer including those in instruction, administration and guidance. A series two paper from ERIC at Stanford, ERIC Clearinghouse on Educational Media and Technology at the Institute for Communication Research, Stanford University.

National Education Association (1963): Schools for the sixties. New York: McGraw-Hill.

National Education Association (1969b): Resolutions, 1969. Today's education, 58:42—46, 72, 76, 78—79.

National Education Association (Oct. 24 1969c): 17,000 Los Angeles teachers boycott classes to protest rapid deterioration of school system. National Education Association reporter, Pp. 1—6.

Oettinger, A. G., & Marks, S. (1969): Run, computer, run. Cambridge, Mass.: Harvard University Press.

Ojemann, R. H. (1971): Should educational objectives be stated in behavioral terms? In *Ripple, R. E., ed.,* Readings in learning and human abilities. New York: Harper & Row, 2nd ed.

Ojemann, R. H., & Wilkinson, F. R. (1939): The effect on pupil growth of an increase in teachers' understanding of pupil behavior. Journal of experimental education, 8:143—147.

Ornstein, A. C., & Vairo, P. D., eds. (1969): How to teach disadvantaged youth. New York: McKay.

Otto, W., & Peterson, J. (1969): A statement of skills and objectives for the Wisconsin prototypic system of reading skill development, working paper no. 23. Madison, Wisc.: Wisconsin Research and Development Center for Cognitive Learning.

Pellegrin, R. J. (1969): Some organizational characteristics of multiunit schools, working paper no. 22. Madison, Wisc.: Wisconsin Research and Development Center for Cognitive Learning.

Polley, I. (1969): What's right with American education? Phi delta kappan, 51:13—15.

Popham, W. J., Eisner, E., Sullivan, H. J., & Tyler, L. (1969): Instructional objectives. Chicago: Rand McNally.

Praxis und Perspektiven des programmierten Unterrichts, Band I u. II.: Schnelle, Quickborn: 1965 bzw. 1967.

Pressey, S. L. (1926): A simple apparatus which gives tests and scores — and teaches. School and society, 23:373—376.

Pressey, S. L. (1927): A machine for automatic teaching of drill material. School and society, 25:549—552.

Pressey, S. L. (1964): Autoinstruction: Perspectives, problems, potentials. In *Hilgard, E. R., ed.,* Theories of learning and instruction, 63rd yearbook. Part I. National Society for the Study of Education. Chicago: University of Chicago Press. Pp. 354—370.

Proshansky, H. & Newton, P. (1968): The nature and meaning of Negro self-identy. In *Deutsch, M., Katz, I., & Jensen, A., eds.,* Social class, race and psychological development. New York: Holt, Rinehart and Winston. Pp. 178—218.

Rahmlow, H. F. (1969): (American Institutes for Research, Palo Alto, California.) Use of student performance data for improvement of individualized instructional materials. Paper presented to the American Psychological Association, Washington, D.C.

Rand, M. J., & English, F. (1968): Towards a differentiated teaching staff. Phi delta kappan, 264—268.

Rosenshine, B. (1968): Behavioral correlates of effectiveness in explaining. Unpublished doctoral dissertation. Stanford, Cal.: Stanford University.

Ryans, D. G. (1960): Characteristics of teachers: Their description, comparison and appraisal. Washington, D.C.: American Council on Education.

Scannell, D. P. (1958): Differential prediction of academic success from achievement test scores. Unpublished doctoral dissertation. Iowa City, Ia.: State University of Iowa.

Schramm, W. (1964): The research on programed instruction: An annotated bibliography. Washington, D.C.: U.S. Government Printing Office.

Schramm, W. (1968): Instructional television around the world. In *Klausmeier, H. J., & Harris, C. W., eds.,* Research and development toward the improvement of education. Madison, Wisc.: Dembar Educational Research Services. Pp. 89—94.

Schramm, W., Coombs, P. H., Kahnert, F., & Lyle, J. (1967): The new media: Memo to educational planners. Paris: UNESCO and International Institute for Educational Planning.

Schultz, R. E., & Ohlsen, M. M. (1955): Interest patterns of best and poorest student teachers. Journal of educational sociology, 29:108 to 112.

Shannon, J. R. (1940): A comparison of highly successful teachers, failing teachers, and average teachers at the time of their graduation from Indiana State Teachers College. Education, administration and supervision, 26:43—51.

Shaycoft, M. F. (1967): The high school years: Growth in cognitive skills. Pittsburgh, Pa.: American Institutes of Research.

Simun, P., & Asher, J. W. (1964): The relationship of variables in undergraduate school and school administrators' ratings of first-year teachers. Journal of teacher education, 15:293—302.

Skinner, B. F. (1954): The science of learning and the art of teaching. Harvard educational review, 24:86—97.

Skinner, B. F. (1968): The technology of teaching. New York: Appleton-Century-Crofts.

Smith, I. M. (1964): Spatial ability: Its educational and social significance. London: University of London Press.

Sontag, L. W., Baker, C. T., & Nelson, V. L. (1958): Mental growth and personality development: A longitudinal study. Monograph of the Society for Research in Child Development, 23:1—143.

Stevenson, H. W., & Siegel, A. (1971): Effects of instructions and age on retention of filmed content. In *Ripple, R. E., ed.,* Readings in learning and human abilities. New York: Harper & Row, 2nd ed.

Stolurow, L. M. (1969a): Programmed instruction. In *Ebel, R. L., ed.,* Encyclopedia of Educational Research. New York: Macmillan. Pp. 1017—1022.

Stolurow, L. M. (1969b): Some factors in the design of systems for computer-assisted instruction. In *Atkinson, R. C., & Wilson, H. A., eds.,* Computer-assisted instruction, a book of readings. New York: Academic Press. Pp. 65—93.

Stout, R. (1969): Leadership. In *Ebel, R. L., ed.,* Encyclopedia of educational research. New York: Macmillan. Pp. 699—706.

Strom, R. D., ed. (1966): The inner-city classroom: Teacher behaviors. Columbus, Ohio: Merrill.

Symonds, P. M., & Dudek, S. (1956): Use of the Rorschach in the diagnosis of teacher effectiveness. Journal of projective techniques, 20: 227—234.

Tausch, R. & Tausch, A.-M.: Erziehungspsychologie. Göttingen: Hogrefe, 7. Auflage 1974.

Terman, L. M., & Merrill, M. A. (1937): Measuring intelligence. Boston, Mass.: Houghton Mifflin.

Tobias, S. (1971): Dimensions of teachers' attitudes towards instructional media. In *Ripple, R. E., ed.,* Readings in learning and human abilities. New York: Harper & Row, 2nd ed.

Tolor, A., Scarpetti, W. L., & Lane, P. A. (1967): Teachers' attitudes toward children's behavior revisited. Journal of educational psychology, 85:175—180. Auch in *Ripple, R. E., ed.,* Readings in learning and human abilities. New York: Harper & Row, 2nd ed.

Traxler, A. E. (1950): Reading growth of secondary-school pupils during a five-year period. Achievement Testing Program in Independent Schools and Supplementary Studies. Educational records bulletin, 54: 96—107.

Tuckman, B. W., & Oliver, W. F. (1968): Effectiveness of feedback to teachers as a function of source. Journal of educational psychology, 59:297—301.

Turner, R. L. (1965a): Acquisition of teaching skills in elementary school settings: A research report. Bloomington, Ind.: Indiana University School of Education Bulletin, 41:1—94.

Turner, R. L. (1965b): Characteristics of beginning teachers: Their differential linkage with school-system type. School review, 73:48—58.

Turner, R. L. (1967): Some predictors of problems of beginning teachers. Elementary school journal, 67:251—256.

U. S. Government Printing Office (1968): How to use ERIC. GPO 0-310-154, Washington, D.C.: U. S. Government Printing Office.

Van Engen, H., & Parr, R. B. (1969): Using mass communication media to improve arithmetic instruction. Audio-visual instruction, 14:34 to 38.

Van Ness, R. G. (1966): Principles of data processing with computers. Elmhurst, Ill.: Business Press.

Veldman, D. J., & Peck, R. F. (1963): Student teacher characteristics from the pupils' viewpoint. Journal of educational psychology, 54: 346—355.

Vernon, P. E. (1950): The structure of human abilities. New York: Wiley.

Walberg, H. J., & Anderson, G. J. (1968): Classroom climate and individual learning. Journal of educational psychology, 59:414—419.

Warner, W. L., Havighurst, R. J., & Loeb, M. B. (1944): Who shall be educated? New Haven, Conn.: Yale University Press.

Weizenbaum, J. (1966): ELIZA — A computer program for the study of natural language communication between man and machine. Communication of the ACM, 9:36—45.

Wilson, A. B. (1963): Social stratification and academic achievement. In *Passow, A. H., ed.,* Education in depressed areas. New York: Teachers College Press. Pp. 217—236.

Wing, R. L. (1966): Two computer-based economics games for sixth graders. The American behavioral scientist, 10:31—35.
Witty, P. A., ed. (1967): The educationally retarded and disadvantaged, National Society for the Study of Education, 66th yearbook. Part I. Chicago: University of Chicago Press.
Wiviott, S. (1970): Bases of classification of geometric concepts used by children of varying characteristics. Unpublished doctoral dissertation. Madison, Wisc.: University of Wisconsin.
Wright, C. E. (1969): Special problems of evaluation activities in an individualized education program. Paper presented to the annual meeting of the American Psychological Association, Washington, D.C.
Zeluck, S. (1969): The UFT strike: Will it destroy the AFT? Phi delta kappan, 50:250—254.
Ziechmann, J.: Curriculumkonstruktion. Bad Heilbrunn: Klinkhardt, 1973.
Zifreund, W. (Hrsg.): Schulmodelle, Programmierte Instruktionen und Technische Medien. Ehrenwirth: München, 1968.

Namenverzeichnis

Sachverzeichnis